廃墟のブッダたち

銀河の果ての原始経典

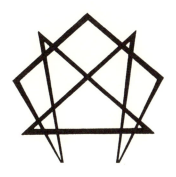

無名庵 EO

無明庵の本は自らの責任で
自分の人生を生きる覚悟のある方のみ、お読み下さい。

素晴らしき いたずら者が世にいでて
多くの人を 惑わするかな

本書を以下の『いたずら者たち』へ捧げる

老子、荘子、そしてブッダとボーディダルマへ。
ヨシュア、マイスター・エックハルトそして
バーナデット・ロバーツへ。
クリシュナムルティー、ラマナ・マハリシ、そして和尚ラジニーシへ。
桃水、風外、一休、良寛、そして無名の禅師たちとタントラの門下たちへ。
そしてダンテス・ダイジに捧げる。

などと いうことはない。

なぜならば、『彼ら』は『どこにも』『存在しない』者たちだからだ。

そのかわりに、そこに今もなお「自分」がいると思い込んでいる人類と
無数の高次元生命体どもに捧げ・・・加えて哀れにも道(TAO)に到達できなかった
グルジェフとロバートモンローとジョンＣリリーへ捧ぐ。

また、限りないユーモアをもってして我々に道を示し続ける
ダグラス・アダムスといがらしみきおに限りなき感謝を捧げる。

さて、本書の著者は一体何者であろうか？
彼は、たぶん、言葉という楽譜で音楽を伝えようとする哀れな詩人であり、
絵に書いた餅で読者の魂の空腹を満たそうとする画家かもしれず、
狂気となって正気を伝えようとする狂人か、あるいは、
沈黙のうちに宇宙最大の神秘と歓喜を伝えようとする
一匹の猫なのかもしれない。

ある覚者の末期の手記
（編集者より）

　本書の著者は、遺憾ながら、本書の出版の決定直後に他界されました。
EO（エオ）と呼ばれていた彼の残した膨大な文書をどのように扱ったらよいのかについて、私達はただただ戸惑うばかりでした。

　本書の後書きを執筆した翌日、彼は私達の世界から去ってしまいました。
この星にとり残された私達としては、その文書をどのように編集すればよいのかを生前の彼の門下の方々に相談をしました。私達にとって、難問は山積みされていました。
まず原稿の原文のほとんどがプライベートな手紙の形式であったことが問題となりました。当然それは口語体を非常に多く含んでおり、時には非常に親しみやすい平凡な青年の言葉でもあり、あるいは、時にはあたかも読み手を見下すような言葉もあり、また、あたかも老賢者のごとき導師そのものとしての語り方もありました。
そのめくるめく展開する彼の多重人格的な言葉の戯れに、私達はただ呆然としてしまい、一体どのように編集し、また一般読者に溶け込みやすい文体に変更するかという点で、意見が飛び交いました。

　本書をお読みになれば、お分かりの通り、その表現は極めて辛辣で時には威嚇的でもあり、批判的で毒舌的ながらも、同時に非常に適確な表現が数多く含まれています。そして、その言葉は単なる批判を遥かに超えて、読むたびに私達の本性の魂の底辺そのものを強く打ち続けるものでもありました。
　私は数少ない彼の門下の人達と出会い、また私自身も実際に生前の彼に出会い、私個人としては彼をまぎれもなく、現代に生まれた一人の小さなブッダ、あるいは大悟者であると感じました。その彼の中から自由自在に出て来た内発的なその一句一句を読む時、一体どの言葉が必要であり、どれが不必要かなどという事は私達にはとうてい判断の及ぶものではありませんでした。

手紙の相手を時には強くそしり、いたるところでしかりつける彼の口調、そしてそこから一転して、まるで詩人のように語り終わるその言葉は、私達が決して手を加えられないような、未知で複雑な『言葉の音楽』のように思えました。
　一見私達凡人には不必要に思えるような言葉の語尾やテーマの飛躍や脱線も、その何もかもが、まるで精巧な方便の迷路か哲学のパズルのようでした。
　それは不可解でありながらも、全体が見事な有機性を持っているのでした。

　そこで、最終的に編集者の私達としては、極端な誤字脱字および一冊の本としての統一性を損うテーマなどを注意深く検討しながらも、ほぼ無修正のままで出版に踏み切ることにいたしました。

　本書は賛否両論の物議をかもすことになるでしょうが、今、それに答えてくれる彼がいないことが、私達にとっては何よりも悲しいばかりです。

　また、『人の探求は一人っきりでなければならないから、組織を絶対に作るな』という彼の意志を尊重して、現在彼の数名の門下には組織性がありません。従って、本書に登場する行法についても、読者は独修を余儀なくされてしまいます。

　EO というその名前の意味を、誰も知る事なく幕を閉じた一人の覚者のこの語りを読まれて、もしもあなたの中に彼の言う『それ』が生まれれば、編集者の私達としては何にも勝る幸せであります。

本書の編集、出版にあたって尽力された
すべての無名の皆様に深く感謝いたします。
1994 年
＊死人禅宗門下　崩山 (ほうざん)

本書を読むにあたっての用語解説
本書で著者が使用する用語について説明しておきます。

あなた
これは質問者への手紙が書かれた時点での、
その質問者個人に対するものである場合と、読者すべてをあらわす場合の
両方に使われているために、確定できないものです。
多くの場合は手紙の受取人に対してのものですが、著者はその中に
人々、人類、あなたたちという複数形も織り交ぜるために、
結局のところ、これは人類全体へ向けて書かれている部分が多いと判断されます。
また、『**あなた**』という場合は、読者の自我をあらわす場合と
私達の『**本性**』を表す場合の二通りの使い方が、随所にされています。
それらは前後の脈絡から判断していただく以外にありません。

わたし
直接的には著者の事ですが、著者は読者と自分自身をも含めて**我々**と言ったり、
あるいは覚者の集団としての位置から**我々**と言ったりします。
また**我々ブッダたち**と複数形で言ったり、
あるいは自分を三人称で**彼**と言う場合もあり、
また自らを**EO**と言う場合もあり、これまた非常に入り組んでいます。

ブッダ
釈迦を直接にあらわす場合と、覚者をあらわす場合があり、混在しています。

『これ』『それ』『・』
私達の個体性を超えた、本性そのものを表現するものです。

死人禅
禅宗においては、罵倒する意味で使われ、野狐禅、待悟禅、無事禅と並ぶ軽蔑用語
ですが、著者はそれを自らの教えの核をなす重要な瞑想方法の名前にしています。

廃墟のブッダたち　目次

素晴らしき　いたずら者が世にいでて
多くの人を　惑わすかな………………………………………3

ある覚者の末期の手記（編集者より）………………………4

本書を読むにあたっての用語解説……………………………6

第1章／楽に死ぬための基本的な話
1: 合法化される自殺のシステムこそ知性ある地球社会を生む………12
2: 自由な自殺論への読者の反応………………………………21
3: 私の中には、何もない………………………………………24
4: 死・・終わりなき死…………………………………………31
5: 禅師との死の論議……………………………………………36
6: 徹底的な思考か、徹底的な瞑想しか道はない……………47
7: 道元と僧侶……………………………………………………53
8: 死と不死・無限苦の幽閉・そして超悟……………………60

第2章／楽に死ぬための宇宙論
1: 全宇宙の中では人間は、こき使われる家畜である………74
2: ルーシュとアスコキンとTAO………………………………84
3: 創造者のもくろんだ不満産業の犠牲となった
　　人類についての明確で難解な歴史………………………95
4: 反逆の瞑想者と医術の終焉…………………………………105
5: 精神体の死……………………………………………………110
6: 最低最悪にして最大の変容の日……………………………124
7: あなたは宇宙の食用生物である……………………………132

第3章／楽に死ぬための質疑応答

1: では、人類は、どうしたらいいのか？……………………………144
2: いま、ここに存在すれば、あなたも社会も存在しない……………154
3: ではいまここの『瞬間』とは何か……………………………………161
4: 悟りは社会に対しては、どのように対応してゆくのか？…………168
5: 静寂と沈黙以外には本質的な祈りなどというものはない…………178
6: マイトレーヤの実体とクリシュナムルティー
　　終焉のない狂気の惑星「地球」……………………………………187
7: 愛情という名の幼稚な偏愛……………………………………………196
8: 虚無感は悟りへの扉である……………………………………………201
9: 光明は死期を急速に早める……………………………………………211
10: なぜ女性は悟りに至りにくいのか？…………………………………219
11: 『いや、そんなことはない』という女性修行者への講話…………225
12: 笑うコンクリートたち…………………………………………………232
13: 手塚治虫の『ブッダ』への雑感………………………………………237
14: 理解から無理解への飛躍………………………………………………243

第4章／楽に死ぬための瞑想法

1: 本書の瞑想法の効能と行法の概要−悟りは沈黙の停止点である………256
2: 行法の実習−死人禅行法（基礎編）……………………………………262
3: 行法実習期間の注意点……………………………………………………268
4: 問いを使って悟りに至る方法・公案……………………………………269

5: 意識の中心はどこにあるのか？
　　－現代のシャーリープッタたちへの詩句・・・・・・・・・・・・・・・・・271

6: 瞑想者たちに根本的変化を与えた死人禅行法の原理とは何か？・・・・・・・・・275

7: 瞑想状態に思考が口を出さないこと・・・・・・・・・・・・・・・・・・・・・281

8: なぜ、第７中枢が重視されるのか？・・・・・・・・・・・・・・・・・・・・・283

9: あなたは、そう簡単には死ねない・・・・・・・・・・・・・・・・・・・・・289

10: 行法に関する質疑応答・・・・・・・・・・・・・・・・・・・・・・・・・・294

11: 悟りでは真我など自覚されない・・・・・・・・・・・・・・・・・・・・・・301

12: 瞑想を加速する頭上点留意・・・・・・・・・・・・・・・・・・・・・・・・311

13: 悟りに在り続けるためには全く何ひとつしてはならない・・・・・・・・・314

14: 脱落徹底のために絶対不可欠な行法の
　　第２段階「幽暗行」と禅定に関する雑感・・・・・・・・・・・・・・・324

15: 最終行法の実習について補足・・・・・・・・・・・・・・・・・・・・・・335

第５章／楽に死ぬための条件と境地

1: 宇宙的規模の闇と悟り・・・・・・・・・・・・・・・・・・・・・・・・・・340

2: 世間に潜伏する大悟者たちの特徴・・・・・・・・・・・・・・・・・・・・・344

3: 本書が力になり得ない人々・・・・・・・・・・・・・・・・・・・・・・・・351

詩句編

最低の人とは、すなわち、最高の人である。
廃墟のブッダたち・・・・・・・・・・・・・・・・・・・・・・・・・・・・・352

絶対暗黒の闇
絶対無の暗黒だけが、あなたの意識の究極の故郷である。・・・・・・・・・362

著者略歴・・・・・・・・・・・・・・・・・・・・・・・・・・・・・・・・・370

第1章 / 楽に死ぬための基本的な話

合法化される自殺のシステムこそ
　知性ある地球社会を生む。

****
まず最初に、死の問題に関連して、自然死ではなく、自殺を取り上げて、
ひとつの『極論』を題材として私は持ち出してみたい。あくまでも、これはあなたが生について考える題材であると断っておく。そこで感情的な者や常識でしか物事を捕えられない読者ではないとあなたを想定して、これを書き進めてみよう。
真に知性のある者はこの問題について直視してみて欲しい。

私はこの人類社会に完全に欠落している問題を指摘しなくてはならない。
それは、人が自分の意志で、いつでも、自由に死ねる権利だ。
自殺は合法化され、かつまた死体処理も迅速に行われ、遺族に迷惑のかからない特定の条件を満たせば、意図的な自殺は、医者の協力の元に社会的に認められなくてはならない。薬品投与なり、いかなるシステムにせよ、本人の選択した死に方によって、人は自由に死ぬ権利とその環境を獲得すべきである。
実は、これは単なる極論でも虚無主義でも、非人道的提案でもない。

いつでも、死ねる環境、すなわち自殺が悪としてではなく権利として
容認されるような死に対して開放的な社会環境こそが、
本当に生の意味を捕えるだけの人間を発達させるからだ。
・・・・・・・・・
人間社会は、なんらの論理的な根拠もなく『死』、とくに『自殺』を悪として定義してきた。では、この自由に死ねる権利としての自殺が合法化されたら、
あなたや社会はどうなるであろうか？よく考えてみるとよい。
町で、「あなたは今、死にたいですか？」とアンケートでもしてごらんなさい。
99パーセントはNOだ。だから、何も心配はいらない。自殺を合法化しても、社会的な問題はなにもない。
・・と、理屈ではそうなるが、本当は、
実際には、どうなるだろうか？

実は人は、決して100パーセントの生きる意志で24時間を生きているのではないのだ。町中で「今」死にたいかと聞けばNOでも、
「たまに、そう思ったことはあるか？」の質問に変えたら、50パーセント以上の者は、イエスだろう。
つまり自殺は根本的に人間が何度か思い立つことのある、ごく「正常な思考」だ。

かつても、いまも、安楽死の寺が流行るわけだし、死というものは本心から言えば、人が決して100パーセント望まないようなものではないのだ。
誰もがそれを望むときがある。
ところが、根拠なきモラル、宗教がそれを阻止する。また、社会は自殺を悪であるとなんの根拠もなく定義する。しかし、はたして、そうだろうか？
いつでもこの世界をめちゃくちゃにするのは、生きている人間ではないか？
生きようとして、他者を殺害し、生き抜こうとして、争う。
それに比べたら、自殺者にどんな害があるというのだろうか？

我々から自由に死ぬ権利と気楽に死を選択できる環境が奪われたのは、
おおいなる不幸と混乱の始まりだった。

さて、もしも手軽にいつでも自殺できる社会環境だったらと仮定してみよう。
どうなるだろうか？
近辺の病院で気軽に、簡単なサインひとつで、手軽に死が選択できたら？
まず、人類の何パーセントかは、数週間以内に消え去るだろう。
それも純粋に彼らの自由意志で。そのどこに悪があるというのだろうか？
もしも「それは悪だ」というならば、私はあなたに尋ねるが、
『そのあなたは、その彼らを思い留まらせたりするほど、あなたは生きていることの
意義、意味、価値、そんなものを彼らに説得できるほど、生命に熟知していて、
誰よりも生命のすばらしさを存分に満喫しているのか？？
「死んだら終わりだ、生きていればこそ、何かあるさ」などと、他人や自殺希望者に
人々は軽率に言うが、その人々の人生ときたら、はっきりと言えば、それは
退屈しのぎの娯楽と愚かな感情起伏の連続ではないか？どうなのだろうか？』
人類の大半の人生、

それは自分の意志で生きているというよりも、
生きたくもないのに「引きずっている」と言うのにふさわしい。
すべての人間がそうだとは言えないが、本当に、直視してよく観察するがいい。
はたして本心から70年の歳月を毎日、毎日、生き生きと、生きてるのだろうか？

それは絶対にあり得ない事だ。
私は人々からよくこんな言葉を聞く
「そんなこと言ってたって、しかたないから、生きているんだ」。
これはどこへいっても、かなり多くの者から私が聞いた言葉だ。
中年のサラリーマン、経営者、子持ちの主婦、はたまた他人の人生相談をしている
セラピストまでもが、そういう言葉をもらすのだ。
どうやら、人類というのは、
家庭を持ち、そしてある年令以後になると、
生きたくて生きているというよりも、死ねなくて、
しかたなく生きているらしい。

では、何が「しかたなく」なのだろう？
それは実は、死ぬ自由、死ぬ権利が我々にはないことを意味する。
一度生まれて生きたら、自然に病死するか、事故で死ぬまで、それに手をつけては
ならないなどと宗教的な妙な暗黙の了解などしているが、はたして、これはそんな
に倫理的に矛盾のないものだろうか？
とんでもないことだ。なぜならば、それを言うならば、
風邪で薬を飲むことすら、極論すれば、不自然なことになってしまうからだ。

そもそも医学とはなんなのか？
医学は、ここ何世紀かを延命に費やして来たが、
その医者の多くが、内心こう思っているのを私は知っている。
「はたして、医学とは何か？はたして無理をして延命すればいいというものなのだろ
うか？医者とはなんだろう。
医者は人体の修理屋なのだろうか？人はただ生きればいいのだろうか？？
ただ、生存を助ければいいというそんなものなのだろうか？」

私に言わせれば、医学は、今後、まったく逆の貢献を人類にすべきだ。
　それは、我々が気軽に死を選択出来る自由と、その処理システムだ。
　さて、この結果が社会的に大混乱を起こすとか、
　人口が減るなどと人々が心配するならば、
　それは次のことを意味するのだ。
　もしも、そういう結果になるとしたら、
　<u>人類の人生観など、生命の価値観、そんなものは、それほどのものでしかなかった</u>
　<u>ということだ。</u>

　自殺が自由に手軽になって、もしも多くの者が死を選択する結果になったら、
　それは、<u>人類のまぎれもない本音の実態であり、</u>
　逆に、その時点で、次のような疑問が問われるべきだ。
　『では、自殺が合法化される、その日まで自殺しないで、生きて来た者たちは一体、
　<u>何によって、生きて来たのだろうか？』</u>
　それは、自殺に対する社会的な抑圧、規制、モラル、そういう単なる管理によって
　生きていたにすぎない。彼らは自分の意志ではなく、自殺してはならないという
　<u>「単なる社会教育の命令によって引きずるような人生を歩んで来ただけだ。」</u>
　さて、どうかな？
　よく、脳を全開にして、想像してみようではないか。

　気軽に、思い立ったが吉日とばかり、町中に、いつでも死ねる環境があるとする。
　いいかげんに、世の中や自分がくだらないと思ったら、いつでも、死ねるし、
　楽に死ねるとする。
　こういう環境は、我々に何をもたらすのか？

　<u>この時こそ、人間は、本当に生について考えはじめる。</u>
　なまじっか、我々は自殺が悪いことだなどという、人類の多数決の応援を得て、
　生きるのは善だと「思い込むことによって」今日まで生きて来た。
　それは自分の意志でというよりも、まるで集団的な暗示のようだった。
　生きなければならない。自殺はいけないという、
　<u>ただの社会の掛声で我々は生きて来ただけだ。</u>

それを、全部、とっぱらってみようではないか？
そうすると、生きなければならないと思ったり、他人に分かったような事を言っていた者たちは、いざ、死が生と同じぐらいに手軽に、あたり前に入手できるものとなると、逆に人間は、今まで考えないで、そっぽを向いていた問題に直面せざるを得ない。
それは、こういう疑問だ。
「我々人類は、生きぬくのは正しい、とは言ってきたものの、・・・さて、だが、・・なんのためなのだ？
それほど本当に我々のひとりひとりの生は価値が本当にあるのか？
価値があると我々に小さいときから教えた親や教師がいるが、その彼らを見ると、実に無価値な者ばかりだった。だから、そんな人間達の言う価値など、聞く必要はない。我々は自分で、ひとりで考えるべきだ。
この私には、本当に生存している価値や意味があるのか？」と・・。

この根本的問題を浮上しないままに、人々はなんと70年も過ごすのだ。
ちょっとは、考えても、いつでも、その疑問を洗い流してしまうのは、
我が子の泣き声や、そして次の日の労働、翌日の生活の心配だ。
いつでも、この問題を延期したまま、
人々は、ただ、人生の時間を引きずっている。
　この問題にそっぽを向いたまま、いつでも何かの娯楽で退屈をしのいでいる。
そして、こういう問題を論議しようとしても、
人々の言う言葉はいつでもある意味では猿より悪かった。それはこうだった。
「そんなこと考えてもしょうがない。暗い考えだ。
それよりも、学び、物を感じとり、楽しく生きよう」
つまり48億年かけて出来上がった人類の脳の言えることときたら、
たったこれだけだ。これではただの家畜に等しいではないか？
私は言う。ならば、彼らへ、私はこうも言える事になる。
『では、・・死についても学び、死を感じ取り、楽しく死にましょう』と。

さて、自殺が解禁されて、しかもそれに対応する社会システムが完了すると、
実に、さまざまなことが予想される。まず、隣人がいともあっけなく、死を選択し

て死んで行く光景を見ることになるだろう。
それによって、生きる者たちは、あらためて、
<u>残った自分は、なぜそうまでして生きているのか</u>を自問せざるを得ない。

私は絶対に死ぬのはいやだ、と言っていた者たちも、
それは死にはいつも「苦痛が伴う」という観念があったためだろう。
ところが薬品がそれを解決してしまう。

次に死ぬのは残される人に迷惑だから、という社会的な規制があるだろうが、これとても、そういう枠が適応されない人達は多いし、あなたさえその気ならば、迷惑をかけないように近辺整理ができる筈だ。

あるいは家族がいても、別にその家族があなたの死によって困らない場合もある。

ここで、ひとつ、家族持ちの者たちはちょっとだけ、自問してみよう。
　あなたはその家庭で、生計をたてる労働者以上のどんな意味があなたにあるのか？
もしも、あなたがいなくても、金銭に不自由なかったら、あなたの家族とあなたを結ぶものは一体何か・・？愛、それとも惰性、あきらめ、婚姻届けですか？
あなたは、はたして家族の「あなたに、死なれちゃ困るんだから」の一言によって生きているのだろうか？？どうなのだろうか？
・・・・・・・・・
さて、もしも薬品によって、安楽死が可能となり、
期日も自由に予約でき、死体の処理も国なり病院がやってくれる。
あとは、自分がちゃんと近辺整理をしておけばいいだけだ。
このような、『明るい自殺』、『自由な自殺』、『当然の権利となった自殺』が認められた社会だけが、私にいわせれば、
<u>本当の人間性を獲得する鍵を持つ。</u>
これは絶対に確実なことだ。

実は、かつて、この問題にまっこうから、取り組もうとした人物がいる。
それは私の知る限り、インドのバグワンただひとりだ。
彼は、人には死ぬ権利があるべきだと宣言した。

それはむろん無制限に与えられる権利ではなく、ある年令を越えてから与えられる
人権になるだろうと彼は述べた。だが、この問題はその後、彼の末裔たちにさえも、
検討されないままに、放置されている。

現代医学は、脳死問題にうつつを抜かしてばかりいるが、
根本的な問題は、そもそも医学は、本当に必要だったのかどうかである。
つまり、ある意味では、いかなる延命も不自然なことであるのだ。
人は、風邪で死んでも別によかろう。出血多量で死んでもいいではないか？
ただ、医者にたったひとつの役目が存在するとしたら、
それは、苦しんでいる患者から苦痛を取り除くことだけだ。
麻酔や鎮静剤だけは残ってもよかろう。
ただし、治療の必要などあるのだろうか？
以上を要約すれば、次のような仮説または結論が出て来る。
・・・・・・・・・
我々が自殺しない理由はいくつもあるが、まず
自殺の手段にある程度の苦痛が伴うことだ。
しかしそれは薬品によって解決される。

次に、それを悪だとする宗教が存在するが、そのような根拠はどこにもない。
地獄へ行くかどうかは、実際に行けばよかろう。行っても、地獄で生きているなら、
めでたいことに、それはちゃんと生きているのだから、
死んだことにもなるまい。

次に自殺したあとの死体処理にともなう迷惑という問題だが、病院で執行されれば、
なんら問題もあるまい。最近は遺骨の自然還元も出来るのだし。

ようするに現代社会において、自殺は、単に『手軽でないというだけの理由』で執
行しにくいという面を持つ。しかしそれが大幅に、手軽なものになったとき、
さて、人類はどうなるだろう？
その時こそ、人は、
本当に生きたい者は、本当に自分の意志で生きているのだと宣言してもよかろう。

そして死ぬ者も自分の意志で死ぬのだと。
だから、私は某出版社から発売された自殺マニュアルを絶賛する。
あれは我々人類の本当の意味での知性や哲学する自由から生まれた本である。
死、特に自殺は、なんらの先入観もなく知性を全開にして洞察すべきである。
というのも、
<u>我々は生きることも死ぬことも、いつでも他人や社会や神のせいにしてきた。</u>
しかし、生死が、完璧なまでに、人ひとりの自由意志に任されるものになったとき、
初めて、人類は、自分の「意志」という言葉を使用する権利を持つ。
そうでなければ、あなたは自分の意志で生きているなどと言いながら、実は他人に
依存されたり、依存したり、他人や宗教モラルを気にして生きているだけだ。
だから、あなたには、死を選択する完全な自由が与えられるべきだ。
社会は、死ぬ権利と、そのシステムと、安楽死施設を開発すべきかもしれない。
そこで、もしも人類が減るとしたら、それもそれでいいではないか。
なにもかも、意志をつらぬけなかった人々も
そこでは「自分の意志」で死ぬのであるから。
そして、もしも魂が永遠だと宗教家や心霊家が言うならば、
別に肉体の死など問題ではあるまい。何も、ここに問題などない。

ただ、人は、いつでも死ねるように、近辺を整理していればよい。
その時、あなたの死を止めるような者が誰もいなくなったとき、
その時、始めて、あなたは、
<u>あなた一人の意志で生きているということになる。</u>

そこでこそ、本当に問われるべき問いに向かいなさい。
さて、あなたはいつでも罪悪感もなく、苦痛もなく死ねる。
さて、気楽に生をほっぽり出せますから。
そして社会も、その権利を認めている。
まるで自由に中退できる学校みたいに、あなたは自由に人生を捨てられる。
さて、問いなさい。
・・では、あなたの、その『生』とは、なんなのか??????

・・・・・・・・・・
死というものが、身近にないという極めて不幸な社会があるために、
我々は結局、生について、何も洞察をしなかったのだ。

洞察ある者や、いわゆる大悟した者のそばには、いつも死があった。
川端康成、幼き日のラジニーシ、クリシュナムルティーとその弟、一休の師の死、
良寛の父母の死。澤木興道の見たあっけない人々の死。そして釈迦の見た死人たち。
そこにあるのは身近な隣人の死、飢餓、戦乱、危機、病気、この世の無常である。
だが、しかし、これらはいつもそこにあるわけではない。
また、誰ものそばにあるのでもない。
また、平和な時代にはこうした問題は忘れられる。

しかし、どんなに平和だろうが、戦乱の世の中だろうが、
<u>24時間、あなたのそばに死をおいておく方法が可能だ。</u>
私は、ここで、それを提案しているに過ぎない。
それは、人が自分の意志でいつでも死ねる自由、楽に死ねる薬品、死ぬ権利、
<u>死が自由に選択できるという21世紀の常識だ。</u>

そうなれば、平和、混乱の世の中を問わず、24時間、年中無休で
死のコンビニエンスは、あなたのそばにある。
<u>あなたの生死は、あなたの自由だ。</u>
この自由の中でのみしか、
本当の生を語る権利は、人間にはないのだから。
義務、モラル、惰性、で人生を引きずって、
「私は、しかたなく生きているんだ」などと力なく言う人間たちに、
そもそも、人間の価値や尊厳について語る資格など、
何ひとつ、ありはしないのだから・・・・・・・。

1993 11/12　EO

自由な自殺論への反応

さて、前回の『自由な自殺と洞察』の仮説、極論、提案を何人かの人間に
述べたところ、それらに対する人々の反応には、私は少々頭痛がした。

中には、行政の問題まで持ち出して、それは不可能だとか言う者がいた。
理屈は、そうだが、現実には、実現しないと言う者もいた。
しかし、誰が、行政の話を持ち出せと言っただろうか？
そして、あいからわず、人々は、いつでも現実という問題を持ち出すのである。

私は、<u>哲学や論理は常に仮説と極論の産物であり、</u>
<u>それ故に本当に知性を使うものは、極論を考慮すべきだ</u>と、言ってきたはずだ。
そこで、今回のテーマの極論は『手軽な自殺』である。
こんなものが、現実化していたら、とっくにあなたたちは洞察のある社会を作って
いただろう。そればかりか、これを検討してみようとするだけでも充分だ。
それだけでも知性的だ。しかるになんだろうか？あなたたちの意見は？
なぜ行政問題が出てくるのだろう？何が現実問題なのだろう？？
私はなにも、これを実現してくれなどとは言っていない。
だが、これは紛れもなく『心理的な現実問題』のひとつだ。

右手に自由な死、左手に自由な生を持ったら、あなたは、そこで、生死をちゃんと
考える気がありますか？と言っているのである。

我々は、片方しかいつも見ない。
生きているのだから生を見ろ、と言う。
しかし、人々が現実、現実というならば、人類のその労働、
毎日の退屈な労働はなんのためなのだろうか？
それは飢え死にしたくないという、いわば死を想定しての事ではないか？
死の話題を持ち出すと、あなたたちは嫌な顔をするが、死は、あなたたちの生活の
<u>そもそも基盤</u>ではないか？
死の回避、これがあなたの人生そのものだろう？違うだろうか？？

そこへもって来て、私は、では、ひとつ、そんなに避けていないで、
まるで、精神科の「逆療法」のように、
思いっきり、ポジティブに、死を我々の自由のもとに、自由に選択できるものにしたと仮定したら、どうなるか、と「考えてみよう」と、言っているのだ。

手の届かないものには、いつでも人は憧れたり、恐れたり、期待したり、
推測したり、賛否の論議で時間をつぶすものだ。
ならば、死を、簡単に手の届くものにしたとしたら、いざ、そうなったら、
人間はどういう行動パターンを取るか、<u>深く考えてみよ</u>と言っているのである。

ぶつぶつと、いつも小言のように「死にたい、死にたい」と言いながら長い年月の生活をダラダラしている人達をたくさん私は見てきた。
だから、彼らの死にたいという言葉には、なんのリアリティーもなかった。
また、事あるたびに「死ねば楽だ」と軽く口走る人達を見てきた。
そういう者たちに、私は、
「ほら、死ねますよ。誰もが協力してますから、どうぞ」と言っているようなものである。というのも、
彼らは「死にたい」と言うのに、なぜ死なないかの理由を尋ねると、
彼らはいつもそれを環境のせいにすり替えるのだった。なんと自分の生なのに、環境や社会や宗教モラルのせいにする。「運命だから、まだ死ねない」と。
こういう人類をちゃんと考えさせるたったひとつの方法が、自殺の環境設定だ。
自殺の全面公認。もちろん、現実にはなるまい。
しかし、死の選択が、「手短か」にあり、手段も、設備もあるという環境になってこそ、始めて知性は、生に取り組む。

生計をたてることと、感覚の娯楽や学問のみに追われる者は決して物事を深く考えない。だから、私は、いつも言う。
まず金をためて、数カ月の生活の心配をなくして、そして、徹底的に世間から孤立して、考えよ、考えぬけ、何もかもについて、疑問を持てと。
現代では、生活苦から自殺というのは、あまりない。借金での自殺はあるが。
しかし現代の日本の自殺の最大の発生原因は「虚無感」だ。

むしろ生活の心配のない、年金生活の老人、主婦、そして学生。生計をたてることに追われない者たちの方が自殺するのである。理由はいたって単純だ。
生計をたてることに夢中になっている者が決して見ようとしない、「存在の意義」や「むなしさ」、「無常性」について、彼らはちょっとばかり思索をしたからだ。

だから、生活のゆとりこそが洞察と哲学の基盤であり、
またそのゆとりある時間を決して娯楽などに使わず思考することに使うことだ。
そういう状況で、はじめてあなたたちは、
生死の根本問題、自分の残る人生は一体何かについて、考える。

そして、もしもそこに、死を簡単に選択できて、
人生を退学する権利、人権が与えられたら、
その時こそ、我々は、本当に自由な知性を駆使して、
宇宙や人間、生命、死と生について、思考する資格を得るということだ。

「生きろ」という世間の掛声によってではなく、
あなた自身の知性で。

1993 11/13　EO

私の中には、何もない

夢は人をたまに哲学者にするものだ。
だがそれは夢の分析屋のことを言っているわけではない。
誰でも、とてもはっきりとした夢を見ると、
その余韻を起きても、しばらく保っているものだ。そんなときなのだ。
人がちょっぴり哲学者になるのは。
つまり肉体的には起きたものの、現実って一体どこだろう、何だろうと。

ときおり、人は幼いころを思い出し、ほほ笑み、あるときは苦笑する。
だが、ちょっと哲学的になると、こう人々は思う。
一体あれから何年たったのだろう。そして一体何が起きたのだろう。
今ここにいるのは一体誰だろう。今までの時間と経験は一体なんなのだろう。
そして、これからも、この生そのものは何であろうか？
これはとても素朴な人達の「つかの間の疑問」だ。
朝の通勤とともに忘れ去られてしまう疑問だ。

一方、神秘学マニア、哲学者、雲水、修行僧侶、瞑想者たち、
あるいはその他もろもろ。
彼らは何かそれらについての答えと思い込んだものを毎日持ち歩き、生きて行く。
だが、それらはどこかしらから『仕入れた』借物の知識、認識にすぎない。
たとえ、本人の強烈な神秘体験がそう思わせたとしても、それは認識されたもの、
記憶に属するものだ。
それらは、たとえあなたの人生を一変させたようなものであれ、
いつの日か、あなたに苦笑されるただの思い出に変わることだろう。
たとえ、生きている間には大騒ぎしたとしても、死んだ暁には、
『一体なんの、夢だったのだろう』という程度のことだ。

世俗にとっては世俗が現実であり、雲水にとっては探求が現実となる。
それゆえ、どちらも夢に過ぎないとは気がつかないままとなる。

以前に、アストラル界で禅寺の坊主が私のところへやって来た。
それを見て私はただ、一言だけ言った。
『あなたは、欲目でみれば、確かに善／悪の分別を落としたかもしれない。
だが、あんた・・いまだに『禅／悪』で物事見ているよね。』

こだわり・・・この４文字が、世俗であれ、精神世界であれ、
人々を果てしなく、無自覚なまま重くしてゆく。
だが、人がこだわるものはたった２つしかない。
一つは人が大切に、あるいは楽しく思うものにこだわる。つまり好きになる。
もうひとつは人が苦しみ、余計だと嫌がるものにこだわる。つまり嫌悪する。
さて伝説の老師、無名庵和尚は言う。
『過ぎ去った出来事を夢のようだと言える人間が、
どうして明日を夢と言えぬのか？』

明日となると事実、まったく、それまだ今ここには存在もしない夢だ。いや過ぎた
夢ならば、少なくとも内容があったろう。だが、明日など、未来などというものは、
その内容すらない。夢ですらない。それは全く存在もしないのだ。
未来とは、人々のただの予測。ただの推測。ただの憶測。
ただの期待と不安の産物だ。
あなたは自分の過去についてなら語れるだろう。ならば未来のあなたを語ってみな
さい。するとあなたは何も語れはしない。
ただ、そうありたいという夢を語るだろうか。
あるいは、明日も変わらず地球はあると予言して、
翌日に『ほら言った通りだろう』と私に言うのだろうか。
最も確率的に、統計的に確かだろうと、単に推測している未来、
それがあなたの思考が作り出す未来だ。

ところが、人類の人生の大半が、実は架空の未来への恐怖で引きずり回されている
わけなのだ。このままだと、明日は食べられなくなるかもしれない。このままだと、
明日でなくても、いずれは悪化する・・と。
いつもその前には「このままだと」がついている。

しかし、一体誰が「このままである」と保証できるのかな？
人々は気分のよいことだと、
このまま『明日も大丈夫』だと確信（単に思い込み）し、
状況が気分を悪くするようなものだと
『明日もだめだ』と確信（単に思い込み）をする。

世俗のほとんどの人々を動かしているものは、明日に飢え死にするかもしれず、
あるいは乞食となって路頭で倒れるかも、という恐怖だ。だから労働をする。
一方、労働から解放された人々も、全く恐怖は同じだ。
明日には死ぬかもしれない。
しかし、人は死ぬことよりも、むしろそのプロセスを恐れている。
飢え、寒さ、空腹、徐々に苦しむことを。
厳密に言うならば、死そのものではなく、その苦痛を恐れている。
だが、もっと厳密に言うならば、
そういう人達も死そのものの本番に際しては、死を恐れてしまうのである。
我々にとって、明るい未来も暗い未来も、ただの思考の、予測の産物だ。
単に、確実性の高い未来の予想を明日と呼んでいるにすぎない。
だが、そんなものは、かつても、これからも、大きくであれ、小さくであれ、ひっくりかえされ続けるだろう。他人によって、あるいは自分によって。
家族によって、愛人によって、社会によって、自然によって。
いつも人類は、予測を裏切られながら負け続ける、ただの賭博屋となる。

明るい未来も暗い未来もない。
我々にあるのは確実な未来がたったひとつあるだけだ。
それは誰にも確実で、これだけは予測ではないというものだ。だからこそ、それはこんなに人々を動かし、その恐怖、愚かさ、偽善、嘘つき、なにもかもを生み出している。それはあなたたちを決して裏切らない未来だ。

その未来、・・・それはあなたの死だ。

単にそれが延期されているように勝手に思い込んでいるだけで、
あまりにも『決定的な未来』だとあなたはいつも知っている。
だからこそ、日々、明日に脅えているわけだ。
あなたはあなたの死を「今は健康だから」という理由で、あるいは人類の平均寿命
を念頭に入れて、<u>希望的観測で、想像上の延期をしているにすぎない。</u>

だが、あなたは生において、たったひとつ賭博で勝てる。
それはあなたが『死ぬ』というところに張ればいい。誰もあなたに勝てはしない。
こんな確実な勝利はあるまい。

人々は、死んだつもりで生きよと言う。こんな偽善はやめなさい。
誰も口で言えても、そんなふうに世間の目や何も恐れずに生きることは世俗の人々
には出来ない。また、それは単なる嘘だ。
私に言わせれば、死んだつもりで生きようが、生きたつもりで死のうが、
あなたは死ぬだけだ。
どう生きようが、ただ死ぬ。どのような生き方をしたところで、
何も蓄積はされない。
・・・・・・・・・・
そして、これらに関してまっこうから異議を唱えるであろう人々がいる。
ひとつは転生信者。
もうひとつは架空の次元世界を持つ宗教だ。
転生理論に関してはそれが事実であることは確かだ。
<u>だからこそ、問題なのだ。</u>
我々はもう何億もの時を繰り返して生まれて来ている。それは結構なことである。
だが、それでどうなるのか？これからどうなる？なんのために繰り返す？
魂の進化のためだというが、では、進化しないとどうなると言うのだろうか？
この質問に私のかかわっていた別の次元宇宙の生命体は
「進化しなければ死ぬ」と言った。
なんと彼らまでもが生存のために進化していた。
それはとても創造の遊びと呼べるようなふっきれたものではなかった。

さて、宗教者たち。これらは説明の余地がないほど愚かである。
ただ、その転生の行く先の『住所が異なるだけ』だ。
この世界への戻りであれば＝それは生まれ変わりとなり、
他の天体や高次元へ行けば、これまた別世界への「転生」となる。

そして、宗教の場合は、そうした次元や空間の名称ではなく、ただその表札に天国、極楽と『看板』が出ているだけだ。
いいでしょう。なんでも繰り返しましょう。そして成長し、進化しますか？。
ただし、その先はどうなるのだろうか？
その先はどこへ行くのか。なんのために行くのか？
結局あなたは、
サラリーマンをやっていて、「毎日なんでこんなことをしていなけりゃならない？」
という問いへの答えと同じものを別の世界、別の天体、別の次元で耳にするだろう。

それは『生きて行くためだ』と。
ただし、宇宙そのものの生存の理由に関しては、
あなたは誰からもその答えを聞けはしない。だから、私は以後の章で、その答えをあなたたちに与え続けてみよう。それは『無目的生存性』だ。
無意義。無意味である。まったく、完璧に、なんの意味も宇宙には存在しない。
地球ばかりではない。宇宙そのものが・・・・・・・・・。

さて、こうした話題は精神世界にどっぷり頭の浸かった人達の頭を少しだけは冷すことはできても、一般世間は、明日のご飯、明日の飢え、明日の苦痛がやってくるかもしれない、、という恐怖によって生きている。
生きているというよりも、それは
『しかたなく、恐怖を回避するためにあがいて終わり、人生を引きずり続けて死ぬ人生、あるいは惑星の皮膜に棲息する微生物の悲壮なもがき』とすら呼べる。

せっかく得た何もしないですむ空白の余暇の時間に、
なんとかその恐怖を忘れるための娯楽や学習をあてがったものの、
一人で闇に座っていれば、

やがて基本的な、もっとも基本的な恐怖と疑念があなたを襲うだろう。
<u>なぜ、ここにいる？</u>なんのためにいる。こんなことをしていていいのか？
一体世界そのものはなんだろうか？
その宇宙の中の、この私は一体何だというのか？
書店にある、ありとあらゆる精神世界の書物を読んだところで、
あなたには回答は全くない。
回答と自負する嘘、あるいはいかにもそれらしく納得しそうな嘘のどれと
あなたは契約するおつもりだろうか？
その理屈はひとときあなたの思考のお遊びや、つまらぬ口論のエサとなり、やがて、
新たな100もの疑問を生み、やがてあなたはあきたらず、実際に修行なるものを始めるだろう。ところがそれはあなたがそういう『技術に』進歩すればするほどあなたを責めたてるだろう。「もっと上が可能だ」と。
さらにあなたは修行する。やがて、とてつもない神秘体験をする。ところがそれはまた冷め、なぜあれが起きないのかと、あなたは疑問に思い、もっとその体験を欲しがる。
それは金銭や性欲にとりつかれた人間と全く同じである。
ただ対象物が天国や神秘やオカルトや悟りにすり代わっただけのことである。
依然として、あなたは貪欲だ。
そして、知れば知るほどみじめで、他人との口論には勝てても、
あなたは自分の内奥の欲求不満と不安に勝てない。

世間は、そして修行を積む者たちは
この青年を虚無主義のうすら馬鹿と呼ぶだろう。

一方、私は世間を現実主義の馬鹿者と呼び、
聖職者や僧侶たちを神秘主義の大馬鹿と呼ぶ。

だから、あなたも私も、私達はどちらも、『ただの馬鹿』にならぬかぎりは、
私とあなたたちの間に決して橋はかからない。
ブッダとは、ただの意識体であり、
人々は、ただの思考だ。

私達には昨日も明日もない。過去も未来もない。
恐怖もなければ、歓喜もない。あるのはただ、在ることばかり。

あなたたちには、明日もあり、昨日もあり、
恐怖もあり、歓喜もある。
知識もあり、力もあり、活気もあり、元気もあり、不安もある。
だから、あなたたちは私達よりも実にたくさんのものを持っている。

だが、私達ときたら、何も持っていない。
何もない。
全く、
無い。

だから、これ以上を我々から
誰も奪うことは出来ない。
誰にも奪われないものを我々は持つ。
それは何もないことだ。
無思考だけ。
それは世間では大馬鹿者のことであろうが、
我々は正しいのではなく、
ただ、その愚かさが
好きなだけだ。

その無垢な
落ち着きが

単に、
好きなのだ。

＊＊＊

死・・終わりなき死

　人は自分が死ぬことについて、考えることぐらいはしても、本当に死ぬという実感をすることは、一生のうちに何度もないものだ。
慢性的にそういう感覚を持つのは、危険な冒険をする人達やスタントマンみたいな職業の人ぐらいのものである。そして死を告知された患者たちもそうである。

　さて、この死ぬという実感は、ほとんど大悟の手前にあなたを連れて行く。
死への観念や、想像ではなく、その実感に圧倒される機会は非常に大切だ。
だが、これは物理的に我々が遭遇する機会は、健康体にはほとんどない。
肉体の実際の死は、なかなか我々は体験できない。
その為に我々はすっかり死にそっぽを向いてしまう。
つまり、常に実感のないものは『現実』と人間に呼ばれないわけだ。
そのくせ、実感のあるものだと、どんなにつまらない取り越し苦労であっても、
本人は大まじめで『実感』の固まりになっているものだ。
人間の現実だの「現実感覚だの」とは常にそんなものだ。

　しかし、こうした人達も死を絶えず感じることで、光明を引き起こすだろう。
だが、死に対する態度はふたつある。
ひとつはそれと「戦おうとする姿勢」。
もうひとつは『負ける姿勢』だ。

　だが、死と戦うことは出来ないということが、なぜ分からないのだろう？
世間で言う死と戦うとは、病気や怪我と戦っているという意味にすぎない。
だが、死そのものは病気ではない。それは『現象』だ。それは病気ではない。
病気は生の変調に属するものだ。だが、死は別の次元の現象だ。
だが、世間では、まことしやかに『死と戦っているから立派だ』などと言っている。
死と戦う？・・そんなことは起きたためしがない。

　火葬場で火葬の途中で偶然に生き返った人間がいて、必死にもがいていたとしても、
なおも彼は死と戦っているのではない。彼は熱と苦痛と戦っているだけだ。

死は戦えるものではない。
人々が戦えると言っているのは『死ぬきっかけになる生の現象面』にすぎない。
そして重要なことは、
死ぬことに親しんだ人達は決して強くなどならないということだ。病気に遭遇したり危険な目にあってもなおも、生き延びた人達は常に『生命力』とか『生きる意志』を誇張して、ついには自叙伝を書いたり、説教や講演までしはじめてしまう。
しかし、彼らが遭遇したのは、「ただの危険」だ。そこでは一瞬は「死ぬか」と思ったかもしれないが、それによって彼らのエゴは増大してしまう。
『出来る、やれる、生きられる、意志だ、意欲だ』と。

一方、本当に死んでしまった人達が帰還すると全く違うことが起きる。
彼らは楽観的になる。というのも、何も結局残らないということを経験するからだ。いつでも物質の次元の存在など、簡単に失われるのを実感したために、全く楽観的になってしまう。死ぬことを恐れもしなければ、たいした問題にもしない。

しかし、ここにも、また二つの死がある。
ひとつめは体外離脱の場合だ。
これが起きると、その者は物質以外の次元でなおも生存している自分を自覚する。
それでも、もうあの愛着のあった物質の世界のすべてと別れるというのは、かなり一般的な人にはショックになるだろう。だがこのショックはすでにその次元に作られた洗脳システムによって、すぐに楽になり、別の次元に転送される。
多くの場合は、自分の心理的な執着にひっかかって、また子宮に戻ってくるのだが。

さて、こういう死から帰還した場合には、すぐにその者は、またもや心霊の本でも書き始める。物質の世界への執着は、確かに本当に彼らには無意味になってしまうので、物質世界に関する限りは、彼らは貪欲ではなくなる。
物質や肉体が『過疎的』であることを『実感』したからだ。
ところが、それは今度は別のエゴを生み出してしまう。
今度は、「あっちの世界」を重視し始める。人々に魂は永遠だなどと説教を始める。
今度は、「あっち」に執着してしまうのだ。
こうなったら、肉体は死を経験したかもしれないが、心、思考、マインドのエゴは

死ぬどころか、また新たにより強く主張する題材を背負ってしまう。
しかも臨死体験の体験者となると、おしゃべりと自己主張の絶好の駒だ。

かくして、肉体だけの死は、人のエゴを決して落とすことはない。
しかし、それでも、死ぬ瞬間は大切だ。
死んで肉体を離脱した別のリアリティーに「接触する前」の方がより大切だ。
なぜならば、本当にそこでは全面的な死が起きているからだ。
ところが、一度肉体の死を通過してしまったら、別の次元の生が始まってしまう。
そうなると、それはもう死ではない。肉体はなくても「別の生」の世界だ。

だが、光明や悟りというのは、心霊世界の問題ではなく、意識の問題だ。
あるいは、究極的には、宇宙を越えた無のものだ。
無という言い方が気にいらないのならば、偏在性、存在性でもよいが、
いずせれにせよ、その死の経験の中では、あなたの中に育った「個性」は生き延びても、
『わたし』という自我の根っこは、完全に消滅してしまう。

そうなると、あなたには、主張するどんな力もなくなる。無力になる。
そして肉体ではなく、『心が死ぬ』ことの出来た人達は、完全に無力だ。
もしも力があるとか、
何かしらの存在の意味が自分にあるという「価値観の力」を保持などしたら、常に
それは生に対して『戦う姿勢で緊張し続ける』。
そして、これが多くの人達に起きている現実だ。
だから、私は全面的な心の死に落ちなければ、
本質的なリラックスなどあり得ないという。
『戦う』ということを根本的に落とされるのは、
完全に無にされた場合だけだ。
もしも、僅かでも、自分が何かを出来る者であると思ったら、
ほんのわずかでも、それは必ず「力」に対する固執となり、
その固執はかならず『戦う』ことをする。

たとえば、自分は優しい人間だと思っている者、

さらに最悪の場合はそれを人生のモットーや自分の長所の性格だと思っている場合、
その者に対して『あなたは、ちっとも優しくないな』と言ってみなさい。
それも、その者が反論出来ないような恥をかくような場面に。
彼らは真っ赤になって怒るか、あるいは、しなだれることだろう。
このエゴの現象をよく見なさい。
彼らは優しいということを自分の「力」にしてしまっている。
これは、ほとんどの人々、特に女性に多く起きていることだ。
だが、これは最悪のエゴだ。
というのも、世間がそれをエゴだとは言わず、誉めるからだ。だが、ブッダたちから言わせれば、これは完全なエゴだ。
自分が『心優しい』と思う者ほどエゴイスティックな人達はいない。

また男性は『いくじなし』とか『トロい』と呼ばれると腹を立てる。とくに経営者、
あるいはなんらかの力に固執する人達の場合は、かなり顕著だ。
さらには、一般に、あらゆる人達が逆らい、怒り、戦う言葉がある。
それは『馬鹿』という言葉だ。
子供から老人、男女、地位を問わず、『馬鹿なやつ』と言われて喜ぶのは私か、
本物の禅師ぐらいのものである。人々は、馬鹿だと言われれば、歯をくいしばるか、
あるいは無視したり、あるいは、心にもなく卑下したりするだろう。
いわば、「愛力」「腕力」「権力」「知識力」「心霊能力」「判断力」「観察力」、
なにもかも人類はいつも『力』を持ちたがり、何もかも語尾に『力』をつけたがる。
そして競う。それも、心理的には陰険に遠回しに競う。
力は必ず力そのものが生きようとし、大きく拡張し、増加してゆこうとする。
だから、<u>それは減らされたり、対立されたり、あるいは殺されることには、完全に断固として抵抗する。</u>

だが、これこそが探求者に、そして一般のすべての人達に
光明‥すなわち大悟が起きない最大の理由だ。

光明には、悟りには決して『光明力』とか『悟力』などというものは
絶対にない。それは量的に競うものではない。
『瞑想力』などというものは存在しない。あるのは力の不在としての瞑想だけだ。

なぜならば、無に親しむことで、あるいは死に切ることで、
より『無力』『無知』であるのが悟りであり、
一切の力を放棄してしまえば、何物とも戦うという緊張がゼロになるからだ。
ただし、この戦わないというのは、外面的な次元の問題ではない。
多くのブッダたちは、社会常識や政治的弾圧と戦い、そして世間の常識と戦ってきた。
だが、それは言動によって戦っているように見えるだけであり、
実のところ彼らの内面には何ひとつ戦うものなどない。だから、彼らは言う
『私は、あらゆる状況を楽しんでいるだけだ』と。

ただし、我々は、あなたたちの『思考』だけは皆殺しにしなければならない。
これに関しては、私は手段は選ばない。

かくしてブッダの本人の内面の心理的な次元で、何ひとつ戦うものがない。だから、
彼らは通常ならば立腹する状況でも、観察し、眺め、あるいは無視し、
ただ、くつろいで、その瞬間の、いまここの存在を味わう。
もしも、現象を自分の思う通りにどうこう「しよう」、とか、
どうこう「出来るのだ」という力に固執していれば、
人は常に自分の出番、その力の出番を待っており、
常にいつ自分を売り出せるかにひどく執着し、囚われる。

だから、私はあなたたちに、より無力で落ち着いているように言う。
そうすると、
しまいには、無力まで『無力力』として主張する大馬鹿者も出て来るだろうが、
そんな時には、
もしも私がその時、まだ生きていたら、
私はあなたにこう言おう。

『お、ば、か、さ、ん。　一生、やってなさい。』・・・・

1993 9/20 EO

禅師との死の論議

ある禅僧が私に言った。
「あなたは死を体験したと言うが、死を体験などしたというのは、実際には死んでもいないのだから、本当の死ではなく、従ってそれは死の体験と言えないのではないか」

しかし、これは科学者、医者の次元の質問だ。
実にこの死というテーマは、本がひとつ出来てしまうほどの事を含んでいる。
ただし、私が言う死とは、医学の問題ではないし、また輪廻の問題でもない。
ひとつ、死という定義をしてみよう。

死とは死の現象との<u>対面</u>を死と呼ぶ。
実際に死んでしまったら、それでは
死を問題にすることの意味もない。

とても、注意深く、この言葉と文章を見るとよい。
死の『現象そのもの』は死と呼べない。
たとえば、あなたは病院で隣人が死ぬのを見たとしても、心電図が止まり、その者が動かなくなり、医者が「ご臨終です」と言い、家族が泣く。
そういう現象を見るだけでそれはあなたによる死との直接対面ではないのは当たり前だ。そういう病院の風景は、死に対する周りの人間の態度を見ているだけである。

ところ変わり、自然界で動物や人間が死ぬ。
すると獣やカラスや虫がやってくる。ウジがわき、土の養分になる。
それをじっとあなたが見ていたら、自然界は休む暇もなく、次の変化へと向かうのを見るだろう。虫やカラスは、そのひとつの死体を喜んでいる。食事にありつけるからだ。できれば、我々は人間が動物などに食べられる場面をしっかり見たほうがいい。泣く、悲しむ、葬式、埋葬、こんなものは全部人間の勝手な心情だ。
しかし、死の現象を外からいくら見ても、それはあなたの死の体験ではない。
では、厳密に死の体験とはなんなのか？

それを、他人の現象としてではなく、あなたの体験としてあらしめるためには、
体験者としての意識が残っていなければならない。
だからこそ、もしも本格的に死んでしまったら、
死について語る意味がないのだ。
死が、ただの消滅だったら、誰もそれを問題になどしない。
そこに社会やあなたの観念、疑問、恐怖があり、そういうあなたがいるから、
この問題は論議されるのだ。
私は、動物に向かって、死の説法などしたことがない。
つまり、それをあなた達が、問題にするから、私は語るのである。
また、問題にしない振りをしていても、
世間も禅寺も、問題にしない振りをしていても、それはずっとあなたたちの内面に
根底に横たわっている疑問だ。だから、私は語る。
そして、そこに死の観察者が在るからこそ、それは問題にされるものになる。
さて、では、どこからどこまでが死の体験と言えるのだろう。
病気でいくら衰弱しても、それは死ではない。
死へ向かう途上の生だ。同じく、危険も生に属する。
餓死しようとする寸前ですらまだ死ではないし、それは飢餓そのものが空腹という
生の次元の肉体の機能からのものだからだ。
肉体が、いかに苦しんでも、病んでも、瀕死でも、それはすべて生に属する。
死の体験は、その肉体からの意識の分離プロセスから開始される。
しかし、そのプロセスには医学は追従できない。
また、それは生理的な夢ですらない。もしも、その体験が死体の異変が生み出す夢
であるならば、それはとんでもない価値ある夢だ。
そこから戻ったら、生死分別はなくなってしまうからだ。
もしも、死の体験が肉体の異常による脳の内部の幻想というならば、それも結構だ。
私はそういうオカルト心霊世界の路線でこの話をしているのではないからだ。
それを幻想と言うのは結構。
ただし、体験者はその前後で人生はまるっきり変わってしまう。

ただひとつ、大きな厄介な問題がある。
この死のプロセスには2種類存在するという事だ。

ちょうど、あなたが夜、眠ると、2つの道があるのと同じだ。
ひとつは、完全な熟睡。
もうひとつは夢だ。
死の瞬間にこれと非常に似たことが起きる。
純粋な死の道は、熟睡に似ている。ただ消えて行く。それは解脱と呼ばれる。
それは意識や思考に、なんの痕跡もない。なんの執着も疑問も恐怖もない。
それはただ消える。
しかし、私は断言するのだが、ただ消えるというのは、
決して、そんなに楽に自然に起きることではないのだ。
あなたが、もしも生きている間に光明、悟りを得ていなかったら、
ただひたすら死ぬということは『絶対に起きない』。

たとえば、死ぬ間際にどんなに衰弱して意識もうろうとしていた病人も、
いざ肉体から分離すると、
とたんに意識が生きていた時よりも何十倍もはっきりする。
外側からあなたたちが誰かが死ぬのを見ていたら、
「ああー、なにも苦しまず、思うことなく、死んだんだね」と言うだろうが、
本人はまったく全然違う。その後にこそ問題が発生するのだ。
それは外から見ているあなたからは分からない。
死んで、あるいは一時的に死んで、肉体を分離すると、
とたんに、あなたの全意識は生き生きと覚醒する。
そこでは、あなたがほんのちょっと何かにひっかかっただけで、それは膨大なこだわり、執着に発展する。微かでもである。ちょうどあなたたちが、
瞑想や座禅をしていて、たまには思考がしつこく沸くこともあるだろう。
そんなものが100倍ぐらいに増幅されるのである。
たとえば、あなたは夢の中では、本気で恐怖する。ささいなことでも引き戻す現実がないという状況では、そこではすべてが思考の世界だ。
ほんのちょっとした、執着、思い、思い残し、ほんのちょっとした肉欲やその他の欲望、そしてあなたの恐れるものも、何十倍にも拡大されてくる。
死とは、ちょっと、これはいわゆるドラッグに似ているのかもしれない。

なにもかもが拡大されてしまう。
その最大の原因は、肉体という安定した知覚や安定したこの世界と断絶してしまうために、もうそこには、客観的な現実がなくなって、あなたの思考しかないからだ。
あなたは決して覚めない、自分の作り出す悪夢に一歩踏み出したわけだ。
目覚めたくても、もう戻る肉体はない。
あなたは自分の肉体が死んでいるのを見てしまう。
さて、ここからだ。
私の言う死とは、ここから始まる。それは医学ではまだ死んでいない状態であっても、本人にこの『分離』が開始したら、ここからが死への対面だ。

こんなものがなくて、禅が言うように、
ただひたすら死ぬ、終わりで済むなら、何も我々に探求など必要ではない。
しかし、もしもあなたが死ぬ時に悟りの中にいなかったら、
あなたが抑圧した全部の疑問、全部なにもかも、一切すべてが、そこで拡大する。

あなたは、死ぬなんていうことを実感などしたことがないに違いない。
だが、本番のそれはリハーサルではない。本番だ。引き戻れない。
その実際の本番と、あなたたちの想像の推論や反論では、話にならない。
ちょうど悟りについて体験しなければ、ただの空論で終わるのを禅の世界のあなたたちも充分に分かっているはずだ。
それは食べなければ味についていくら説明しても無駄なのと同じだ。
まったく同じように、死のプロセスも体験がなかったら、ただの空論と論争にすぎない。その本番はまったく予想と違う。これはブッダも言っていたことだが、まず自分の肉体、自分のあの家、自分の親しんだ世界への大きな愛着が沸く。
ホームシックの100倍になったようなものだ。
ところが、それは断念せざるを得ない。
その時、あなたは予想もできなほどの寂しさを味わう。
すべてとお別れなのだ。あなたの親、あなたの師、仲間、あなたそのものの肉体との別れだ。この惑星とも、あるいは宇宙という世界そのものと。
たとえば、あなたは2度と会えなくなる誰かと別れるとき、
少しぐらい悲しんだことはないだろうか？
禅の僧侶には、そんなものは、ないわけであろうか・・・。

だが、よいでしょう。それがあなたの死では、生の全部との別れになるのだ。
この惑星、この大地、そのあなたの何十年も親しんだ肉体。隣人、思い出、そして、
あなたの心理的業績、なにもかもだ。全部と永久にさよならだ。
それは、そんなに簡単に、「はい死んだよ」ではすまない。
だから、私は冒頭に言ったのである。
死んで無意識になるならなんらの問題もありはしない。
問題は死ぬと無意識どころか、完全な覚醒のもとに、
あらゆる思考が浮上するのだ。もしもあなたが、蛇が嫌いなら蛇が1000匹、
ゴキブリやネズミやクモが嫌いなら、それが1000匹、あなたを取り巻く。
あなたが恐れるものにあなたは取り巻かれる。
そしてあなたが愛着をわずかにでも持つものに、あなたはこだわる。
死ぬ瞬間のプロセスでは、
人はほとんど、わがままな子供のようにその本性を現す。
こうした記述は、地獄の話にしか仏教では登場しないが、
ある意味で、そこであなたは自分の一切を『鏡』で見ることになる。
あなたの一番嫌いなあなたの姿を見せられ、あなたの嫌うものあなたの好きなもの、
そうしたすべてをここで披露することになる。

通常はどうなるかというと、なんらかの執着の思考が種となって、
あなたは、ある方向へ安心するような光で誘導される。
あなたは「ああ、極楽にでも行くのか」と思うが、とんでもない。
それは『魂の回収処理場』に回されるのだ。
あなたは、騙されて、生まれてしまう。その責任は全部あなたにある。
あなたは生まれたい、まだ生きたいと思い願ってしまう罠にハマる事になる。
そうなれば、輪廻の『コース』が実に丁寧に用意されている。
人間、動物、別の宇宙、別の次元、仏の世界、いろいろ、なんでもありだ。
これは、あなたには冗談に聞こえても、これはあなたが死ねば分かることだ。
まるでレストランのメニューみたいに
『次は、どれになさいますか?』の質問が次元の番人からやってくる。
あなたには人間としての記憶しかない。
だから、

あまりにも多様に、楽しそうな別の存在がある、別の世界があるので
間違いなく、目移りするだろう。
人間がもういやだ、という人や、自分は人間を卒業したなどと言っていても、
そういう者は、人間ではない別の高等生物を選択する。
そしていざ生まれてみると、
どこへ行っても、さして、そんなに変化はないのだ。
科学、文明、世界は、実に無数の種類が宇宙にはある。

しかし、決してあなたが逃れられないものがある。
たとえ、あなたは仏が100億人いる世界でも逃れられないものがある。
それが、『生きるという苦悩』だ。

どこの世界で生きるかは問題ではない。
生きるかぎり、形あるものであるかぎり、仏も人間も共に、生きるためには決して
停止することは出来ず、永遠に宇宙が終わるまであなたは働き続ける。
そして、動き続けるためには、あなたにかならず2つのものが必要になる。
ひとつは生きるために必要な何かのものや行為。
もうひとつは、それをやらないとあなたに苦痛が発生するというシステだ。
消えようとするものを宇宙は許さないようになっている。

あなたは、ここは存在の生命なのだから、そんなことは当然だと言うだろう。
そして、「どこの次元であれ、もしも輪廻があるなら、それもまたよしが禅だ。」
「どこへ行っても、ただ今しかないのだから、何も思い煩う必要はない。
禅の悟りでいい。これで万事、たとえ輪廻でも、あるいは死んでも、
大丈夫だ」と、あなたは、たかをくくる。

毎日のこの朝だって、ひとつの新しい生のようなものだ。したがって、
生まれ変わりもそのようなもので、またひとつの瞬間にすぎない、
などと分かったようなことを禅は間違いなく言うに違いない。
いいでしょう。確かに、意識にとっては、あらゆる瞬間は今しかない。
だから、永久の生も瞬間も何も変わりはない。

ありのままの輪廻でもよいだろう。

ただし、それが永久に楽である可能性などひとかけらもないのだ。
あなたはどこかへ生まれれば、また一からその世界でやり直しだ。
また40年とかかけて悟らねばならない。
そして、次もまただ。

この繰り返しも、またあるがままだ、という禅師もいるだろう。
そんなことよりも、「今、ここには、今しかないのだ」と。
ならば言うが、
そこまで、なにもかもをあるがままだと禅が言うならば、
『あんた、そこで何を修行しているのだ??』
師家は寺にいて、何をしているのだ。
何もかもあるがままなら、説法などいらぬ。
世俗の争いも、矛盾も、口を出さず、そして、修行も停止である。
しかし、、
何かが不満だから、あなたたちは禅にいるはずだ。
その不満を忘却するためというのなら、
始めには、その不満があったはずだ。

では、なぜ、そんな不満が我々に生じるのか?
それは悟りへ向かわせるためなのだとボケた老師はよく言う。
ならば、最初から悟りでいいではないか。何を余計な遠回りをさせるのだ?
迷いもまた必要な学習なのだ、と言う導師や異星人たちもいた。
では、それもいいだろう。
しかし一体なんの学習なのだ?なんのための悟りなのだ??
なんのための禅寺なのだ??
「なんのためでもない」などと嘘を言ってはならない。
それらは、なにもかも、
人の苦しみから始まったはずだ。
しかし、なぜそんな苦しみから始まらねばならないのか?

禅などという世界で、下手に安心などを得るから、
あなたは「2度と私は疑問視しなくていいんだ」などと決め付けてしまう。
決め付けて気が済むなら、そうしなさい。
あなたが、決め付けて、万事が安心ならば、そうしなさい。
ただし、矛盾、疑問、悪化する世界やその混乱、こうしたものは、
あなたが決め付けて安心していられるには<u>限度というものがある。</u>
いいかげん、もうだめだという、限度というものがある。
禅の小悟では、とてもじゃないが、耐えられない限度がある。

あなたは、仮にもしも大安心などしているなら、寺にいる必要はない。
世間のどこへ行っても、安心だ。戦争地域でも安心だ。
だが、現実とはそうではない。
寺の作業、修行は、本当の意味では苦悩には含まれない。
なぜならば、人は寺で苦悩するのではないからだ。
人は、世間で、そしてたった一人で生きて、死ぬ、その意味に苦悩するのだ。
そして人々は「60億の命は、そのひとりひとりが貴いのです」などと、
その口で言いながら、虫けらのように、500人、1000人を、
たった1秒で、それもただ一個の最新兵器のビデオ収録のために殺すのだ。

何が根本的に、この世界を支配し、何が根本的にあなた一人を苦悩させたり、
あるいは無心でいるための修行に向かわせるのか?
あなたは、よく禅師から「足元を見よ」と禅で言われるだろう。
ならば、あなたのいかなる理屈にも、私はこう言う。
『足元を見よ!』
そのわらじ、その袈裟、その頭は何を意味するのか?
それは断じて「無意味」を意味などしていない。
あなたは捨てているのではなく、『求めている』のだ。
たとえ捨てることでも、それを求めている。
ただの一杯のお茶はただそうであることを禅は真理の味として説明する。
ならば、あなたの肉体に生ずるすべての激痛もまた、一杯のお茶である。
こうした事が本当に割り切れるかな?

ただの一杯のお茶が、ただそうである、という説明によって
誰か衆生のひとりの苦悩や苦痛を抹殺してみなさい。

自分が自分を苦しめていること、生そのものが苦しみであり、
苦しみの中に、苦しみを忘れて、死に切るのが、たったひとつの安心であるという
境地に、あなたが本当に落ちるためには、
少なくとも、あなたは、絶望的な無力感を通過しなければならないようだ。
どんな、禅の知恵も力尽きてこそ、脱落する。
この脱落の真意が、どうも私とあなたでは異なるようだ。
私の言う脱落は、二度と上がれない脱落を意味する。
あなたたちの脱落は、
何度でも座禅で落ちる、遊園地の乗物のように聞こえる。
脱落は、ただ一度だけだ。
それがあなたの全面的な死だ。

しかし、その脱落は、なにも実際に体が死んだり、途中まで行ったり、
肉体から分離するプロセスでなくても、その心の死は可能だ。
禅は、本来そのためにある。死の医学的な、あるいは心霊的なプロセスの死の体験
そのものは、希な者にしか起きない。
だから、そんなものをあなたたちに経験しろと言ったら、全然、道や法にならない。

だから、別の同じ道がある。
それは、あなたの自我の死だ。

それが何であるかあなたが、知りたければ、一瞥するには、
どうしても、これ以上は、座禅ではなく、
本書で後記される『死人禅行法』の簡単な実習が必要になる。
座禅と併用してもかまわない。それを座禅に混ぜてもいい。
自我をなくしたり、そんな自我は「本来ない」などと理屈で無視したりせず、
そういうことではなく、もともと、本当にそんなものは、存在できない地点に直に
あなたを座らせて、その絶対的な虚無にどれだけ耐え得るかが死人禅のテーマだ。

なにもかもどんどん、あなたから落ちてしまうだろう。
落ちれば、落ちるほど、禅が言い続けた、あらゆる事を、
あなたは、まったくなんの努力もなく、自然になすようになる。
もともと、そこが、<u>もともとそのままで悟りである</u>という地点の地図を私は示している。つまり、死のプロセスに関連する頭頂中枢（サハスラーラ）だ。
しかしそう簡単にはいくまい。
あなたは、もしもひっかかっている疑問があれば、執着があれば、あなたは、その脳天に長くいられない。
そこはもともと忘却と死への中枢だ。
だから、あなたは座禅後に、とつぜん反動で、余計に悩んだりする。
この中枢に留意するということは、ゆるやかな死のプロセスである。
つまり、死の瞬間には、あっという間に、執着や心残りがどっと押し寄せるわけであるが、生きているときに、この中枢に留意すると、
ゆるやかに、あなたは自分のやり残した問題に直面するだろう。
それには、何年もかかるかもしれない。
恋愛、性、家族、あたりまえの世間の娯楽あるいは悟道におけるツメの作業、
なんであれ、やり残した何かが、あなたを引っ張り始める。
しかし、それを死の時に一気に背負うよりも、はるかに楽だ。
何年もかかるかもしれないが、あなたはゆるやかに死のプロセスを歩く。

それは、得るのではなく、捨てて行く道だ。
すべてのこだわりを、「捨てたような気になるのではなく」
本当に手放しになってしまう道だ。

捨てるという言葉は、あまりよくない。
あたかも、あなたの手が投げ捨てるかのようだからだ。
本当は捨てるのではなく、
<u>手から離れてしまうのだ。</u>

死生とかも、禅とか仏法とかも、離れてしまう。

その時、本当にあなたは『無垢』になる。
それまでは禅という『垢』がまだついている。

禅の師も、新参者とは禅論議などしないはずだ。
新参者には「まず、ただ座ってみなさい」である。
私もまた同じだ。
だが、その手法は禅とは、ちょっとだけこれは異なる。
しかし、基本はまったく同じだ。
ただし脱落の速度が違う。
違いは、速度だけ。
結果は禅と同じだ。
ダルマが転ぶのは、早いに越したことはあるまい。
あなたは別の法脈の門下ですから、むろん強制などは出来ない。
ただ今度は、
私の立てた一杯の茶を召し上がって下さいと
私はあなたたちに語り続けてゆくのみである。

徹底的な思考か、
徹底的な瞑想しか道はない

まだ明けぬ夜の薄明かりの中で、
人は地獄を一瞥する。

本当は、一体、何が問題なのだろうか？
あなたの人生、あなたの家庭、あなたの社会、あなたの国、
あなたの惑星、あなたの住む世界、そして宇宙・・・。
本当はそこで、何が本当に取り組むべき問題なのだろうか？

実は、それは「問題そのもの」なのだ。
それは個々の問題ではなく、問題、疑問、矛盾を発生してしまうという、
我々の思考構造そのものだ。

たとえば、どうやったら平和になるか、どうやったら光明を得られるか、
どうやったら幸せになれるか、これらは一見すると、根本的でグローバルで、
もっとも本質的で優先されるべき課題だと誰もが言うであろう。
あなたはどうだろうか？これらに取り組むことは素晴らしい課題で
大切なことだと感じるであろうか??
たぶん、あなたの答えはイエスであろう。
しかし、これこそが大間違いなのだとブッダたちは言う。
なぜならば、いかなる種類の疑問についても、
問題はその疑問が発生するということそのものにあるからだ。
論点は『何が』問題なのかではない。そうではなく、
なぜ、人はどこへ行っても、何をやっても、
問題や課題を作り出してしまうのかが問題なのだ。
幸せの中にいてさえも、それをどうやって維持しようとか問題を作り出す。
だから、私は人々をその内面において
極限の無力さの中に誘うことで、

問題そのものに取り組むことすら、無意味なものとしてしまいたいだけだ。
あなたは自分と宇宙や、自分と自然を
全くのありのままに比較した事があるだろうか？
本当に、真実に比較したら、あなたは自分を完全に無価値だと痛感する。
そうなったら、あなたに争うものなど何もない。

そして、あなたが何にもまして、決して争ってはならないもの。
それはあなたの死である。

あなたは薄明かりの中で目覚めたことがあるかな？
そう、たとえば、昼間に寝過ぎて夜中に起きたことはあるかな？

薄明かりの中で、一人の哲学者になってごらんなさい。
あなたはそこにいる。
まだ、社会も動かず、動物達もまだ大半は眠っている。
世界はまだ始まらない。
あなたは、あなたを思い出す。あなたの存在を。
あなたはそこにいる。
そして、これから何十年も死ぬまであなたはいる。
いろいろなおもしろいこともあるだろうが、
あなたは、たいしてエキサイティングな人生を過ごすわけではない。
いろいろ、つまらないことのほうが、あなたの死までは多くあるだろう。
あなたはなぜそこにいるのか？
そこにいるその肉体存在、心理的存在、そして意識、
それらが何をやるかは問題ではない。
あなたがこれからの人生を何をやるかではなく、
どうして、そもそもそこに存在しているのか？
薄明かりの中で、考えてみなさい。

禅は無数の公案という『なぞなぞ』を弟子に与える。
だが、それはあくまでも、一時的な覚醒の刺激、そしてただのなぞなぞの世界だ。

一方、私は、たった二つしか、あなたに公案を与えたくない。

ひとつは、
薄明かり、あるいは暗闇の中で、
『あなたが存在そのものの理由、目的を問うこと』だ。
これは、たったひとつの根本疑問だ。多くの問題があるわけではない。
いかなる人生や宇宙の問題も、たったひとつのこの根本疑問にすべては、集約される。
これがひとつめ。これは『哲学』のやることだ。
しかし、一度はそれを徹底的に問うべきだ。

ふたつめ。その公案は、もっとも素晴らしい疑問だ。
ひとつめの疑問はあなたを哲学者にする。
そして私があなたに贈るふたつめの問いは、
もしもあなたが無垢ならば、たった今、そこであなたに光明を引き起こすものだ。

その問いは、これだ。
『なるべく外部の刺激の少ない状態で、
あなたの存在感覚、存在しているという存在意識を
ただの一秒も見失わないように維持してみなさい。
皮膚感覚やものを見ることによって感じる存在感覚ではなく、
あなたがただ、座って、そこにいるというただの存在意識だ。感覚ではない。
存在しているという自覚の意識だ。
それを維持し続けてみなさい。ただの一瞬も見失わないように。』

さて、どうだったであろう？
何度も失うはずだ。
何度も何度もあなたの存在の自覚は吹っ飛んで、あなたは別の事にとらわれる。
外部の音などに。
しかし、それはそれでいい。
とにかく存在していることの自覚を続けてごらんなさい。
それは、実は、継続して維持できないのだ。反論する前に、

あなたが本当によくよく注意していれば、
あなたの存在感覚、存在意識は途切れるはずだ。

まず、その『存在の自覚が途切れる』ということが理解されねばならない。
まず、やってみなさい。存在しているという自覚に目覚めっぱなしにするのだ。

やってみて、はじめてあなたはそれが不可能だと分かる。
それが出来るか出来ないかではなく、
とにかく、やってみて、不可能だと体験されるべきだ。

もしもあなたに、存在感に間隙がある事実が体験されたら、
では次だ。これが最後の問いだ。

その存在感と存在感の間、空白、
あなたが存在している自覚の意識が途切れた『そこ』、
途切れた空白には、一体何があるのか？
あなたは気絶しているのか？寝ているのか？無意識なのか？
いや、そのどれでもない。
だが、ただ、やってみるとよい。

1・まず、あなたがそこに存在しているという意識の自覚に覚醒すること。
そしてそれをぶっ続けで、自覚しっぱなしにしようとしてごらんなさい。
2・次に、その存在感のたくさんの『すき間』に気付くこと。
3・最後にその隙間とはなんだろうか？
その隙間にいるあなたはなんなのか？

これが私のふたつめの公案だ。
ただし、これらは本当に静寂な瞑想の深みで行わねばならない。

正式の座禅をしたことのあるものには道になるだろう。
しかし、活動的な瞑想やイメージを使うような瞑想では、駄目だ。

極度に無心で静寂な中でしかこの問いは発してはならない。
瞑想や座禅をやったことのない者も、ある者も、本書で後記する
『死人禅基礎編』のステップ4や5の段階でこの問いを発したら、
その者は、即座に一瞥する。悟りを得る。否！
得たり、知ったりするのではなく、
その瞬間、その者は『悟りそのものの中に』いるだろう。

・・・・・・・・・・・・・・・・
そして、それが不可能ならば、あなたには最初に述べた
ひとつめの問いしか残らない。哲学の道だ。
出来れば、あなたを愉快にする物事や情報ではなく、あなたが不愉快になる物事を見なさい。社会の明るい側面と言われる物事が人を洞察力のある者にしたためしは、ただの一度もない。
あたかもシッダールタのように『死人、病人、老人』をみなさい。
では、どこで、それを見るのか？
まずテレビの報道番組や、悲惨なニュース。平和的でないニュースを見なさい。
なるべく、あなたに『一体世界や存在はなんなのか』と心底疑問を持たせるような、なるべく、社会や人間の価値観や言動の矛盾があらわになるような番組だけを見なさい。
そういう番組の途中にはさまれたCMを見るたびに、あなたは、何かが馬鹿げていると感じるだろう。何かくだらない事を見るだろう。
ついさっきまで画面で、人が死に、苦しみ、泣き、怒って、同じ人間に目を覆いたくなるような暴力をふるっていたのに、唐突にCMにあらわれる軽薄な笑顔。
あらゆるものは多様に矛盾している。特に人間社会は、矛盾している。

いろいろな報道番組も多いだろうから、なるべくそういうものを見なさい。
そして、それらについて、神やら予言やら、あなたの中の、なんの役にも立たない観念やつまらない未来への希望を交えずに、直視し、考えなさい。
　本当に進化や仏性になど世界は向かっているのか？
　私の結論は、断固、「否」だ。

そして、予言やら災害の被災地のニュースを見て「世紀末だなぁー」などとあなたが軽く言ったり、あるいはそういう話題に真剣に取り組むのでなく、お茶飲み話にするならば、そうならば、あなたもまた断固として仏性になど向かってはいない。

あなたは、ただ、自分や他人の「魂への犯罪者」に突進しているだけだ。
だから、夜中に目覚めたら、薄明かりの中で、考えなさい。
あなたは世界の中に、社会の中に昼間はどっぷりとつかってしまっているから、
いろいろと深く物事を感じ取れない。

闇の中や薄明かりの真夜中に、独りでとことん、考えなさい。
どうして、あなたはそこにいる？
それに自分が答えをもっているなら、さらに問いなさい。

その答えはなんのためか。究極の自分の目的はなにか？
そして、そもそもなぜその自分の究極の目的は、そもそも必要なのか？

どんな質問や答えからあなたが思索に入っても、
その哲学の館は、たったひとつの広間に行き着く。
それは、『そもそも、なぜ自分も含めて、万物、存在そのものが、
なんのために、なぜあるのか？』だ。
・・・・・・・・・・・・・・・・・

もう地球には、平和な幸福の中で、道を求めるなどという、
そんな贅沢な時間は残されていない。

だから、哲学か瞑想のどちらからでも入るがいい。だが出口はひとつだ。
それは、大悟、光明、ニルヴァーナ、サマーディ、のみだ。

1993 10/6　EO

道元と僧侶
問い・・・終わりある探求

道元が経典を読んでいると、ある僧が尋ねた。
「なんのために、読んでいるのか?」
道元は言う
「学んで、仏法で衆生を救うためだ」
僧は言った
『だから、あんた、結局それは何のためかと聞いているのだ!』
道元は絶句した・・・。
・・・・・・・・・・・・・
この話はもっとも重要な逸話のひとつだ。
この問題に入ることは、あなたたちの最後の問いでもある。
すなわち、
『ひっきょう・・・万物はなんのための存在なのか?』

例えば、世間では楽しむためという。
ならば、どうして楽しむのか?
人間の楽しみとは宇宙でいかなる位置をしめ、いかなる意味があるのか?

すると神学者は言う。
インドでは、それは神が楽しむのだと。「リーラ」だ、と。
そしてカバリストは言う。「神の自己認識のためだ」
そしてイツアク・ベントフは言う。「神のかくれんぼうだ」と。
そしてJ・リリーの出会った次元の知性体は言う。
「我々は無に飽きた。
だから、いたるところで我々は宇宙を創造するゲームをする」
そしてまたロバート・モンローの出会ったインスペックスは言う。
「我々はエネルギーの微調整をしている。我々は生物から生存意志、感情、思考、ありとあらゆる生命活動の波動を生産し、別の次元に売り飛ばし、そして報酬を得る。」

さて、EOは言う。
『だから、それは結局なんのためかと聞いているんだ！』
・・・・・・・・・・　・・・・・・・・・・
さまざまな憶測と情報が入り乱れる中で、
宇宙そのものの発生や運営状態については、断片的な情報しか入手出来ない。
あらゆる宗教は、禅やバグワンのところもふくめて進化あるいは成長や光明という
スローガンのもとに、理想社会を目指し、
社会でなくても理想的な意識を生産しようとする。

だが、問いはまたもや、同じだ。
『しかし最終的には、なんのためになのだ？』

最終的に宇宙そのものがなんのために存在するかという問いは、
最初にどうして作られたのか、と類似する問いである。
最終目的＝最初の原因、とは必ずしも限らないが、質的には同じ問いとなる。

人間の意識や社会常識や、いろいろな観念、価値観をあなたたちは教育されたり、
本で読んだだろう。だが、ちょうど、かつてインドのバグワンが言ったように
「もし神が存在するとしたら、ではその神は誰が作ったのか」の問いになり、
その問いの連続には際限がなくなってしまう。
私もまた、似たような質問をした。
神とは？を問うのでなく、私は万物や、
意識そのものの発生について問いをした。

すると、奇妙なことに、
あらゆる一般論やオカルト、神秘学が
<u>無残にも、その問いの前に全滅して敗北するのを見て来た。</u>
というのも、
進化というスローガンは神智学特有のものだが、彼らは別の次元でまたもや、階層
制度に固執しており、そしてその進化の果ては、ただ光としか表現しない。
愛も進化も結構なことだ。だが、それは、なんのためなのだ？

問いはここでも同じだ。なんのための光、そしてなんのための宇宙なのか？
もしもあなたがこの問いを絶えず24時間続けるならば、
それ自体がどんな修行よりも優れた狂気をあなたに生み出す。

私があなたたちに与えられるのは、ひとつは後半で述べる死人禅という瞑想であり、
それはあなたが、より楽に存在するためのものだ。
正しいとか、解るというのではなく、単に楽に生存するためのものだ。

そして、もうひとつは哲学だ。
問いだ。完璧な、万物の存在理由への絶え間ない問いだ。
もしもあなたが、徹底的に疑えば、地球に存在するいかなる情報もあなたを満足できない。どこかで満足したら、あなたはしっかりと目覚めて注意するとよい。
もしも宗教家やチャネラーの答えに、うかつにも満足しそうになったら、
はっきりと正気を取り戻して問いなさい。
『では、その答えは、なんのためか？』

この問いの連続は、宇宙の目的を愛と言おうが、進化や絶え間無い創造と言おうが、
または、悟りへ向かうと言おうが、あるいは消滅に向かうと言おうが、
なんと言おうが、必ずこの問いは生き延びる。
なんであれ、あなたが問うべきは、『では、それは何のためか？』である。

さて、この回答は、決して『宇宙の内部では発見されない』。
というのも、この問いを連続させると、
結局あなたは、宇宙全体を見たくなるからだ。
断片的情報や、この小さな地球にいたのでは、全体など見えない。
だから、あなたは肉体は地球にあっても、
深い無意識レベルでは、徐々に銀河系や宇宙を逸脱し始める。
どこに行っても、それぞれの宇宙や次元があり、それぞれに生命がある。
だが、「どこそこのエーリアンはこんな生活をしている」、などというくだらない情報は『あっ・・そうですかい』以上のなんの価値もない。だから、あなたは何を見ても、断固として、宇宙全体を見渡せる立脚点を求めなければならない。

これが続けられると、そう、時間的には２ケ月以上毎日毎日、宇宙そのもの、
存在そのものの理由を問えば、あなたは、いっぱしの哲学者になる。
しかも、哲学者は決して結論を出してはならない。
一度出た結論に対しても問いをするからだ。

やがて、あなたの意識はとうとう宇宙を越え始める。
なぜならば、もしもあるエリアの全体を見ようとすれば、強く欲すれば、
どうしても、その『外側』に出る必要があるからだ。
例えば、あなたが、自分の家の全体を内側にいては見ることはできない。
この自分の住んでいる建物はこの町でどんな場所にあるのか？という答えはあなたが建物の外に出なければ見ることはできない。
同じように、もしも宇宙そのもの全部、万物全部を全体を見たい、知りたいということになると、あなたはその外側に出なくてはならない。
さて、もしも出たらどうなるのか？
いいかな。私は『万物の外側』と言っている。

<u>全部の外側には、完全な無しかないのだ。</u>
しかも、それは無があるとすら言えない。
言う本人もその中に入った瞬間に無になるからだ。
一瞬で、あなたは呆然とする。
何を問うべきか、放心してしまう。
そして、意識が戻ると、再び思い出すだろう。

宇宙の外には何もない。何もないばかりか、無いという知覚すらない。
では、ここへ戻ったが、この宇宙の、この銀河の、
ほんの小さな太陽系のこの惑星の、しかもこの大陸の、たった一つの都市の、
そのまた点のような、この部屋に自分はいる。
一体、私はなんだというのだ？クズではないか。ただの点。ただの微生物。

しかし、微生物にも、何かの存在意義があるはずだ、と
あなたはオカルト書物を読むか、あるいは霊能者のとこへ行くが、

いつだって答えはいいかげんである。
「神仏や宇宙意識のネットワークの方針だから黙って精進しろ」で終わりだ。
そこで、絶望したあなたは、再び広大な宇宙を思う。
同時に、その中の小さな自分。
そしてまた、その果てにある無の領域。
一体、宇宙そのものが、なんで存在しているのだ？
問いは、究極の問いのまま、あなたに残され、その回答は、
いかなる高次元存在も知らないか、あるいは、知ろうとしないか、
あるいはとっくに知っていて、開き直っていると断言しておこう。
むろん、これは私が経験した範囲での話だが。

開き直っているという点では、SF作家のダグラス・アダムスは非常におもしろい表現をした。それは、こうだった。
『主な種族あるいは銀河系の知性を観察すると、
それは３つの段階の文明に分かれる。

第一段階は、どうやって食うか？である。
第二段階は、なぜ食うのか？であり、
第三段階は　どこで食うか？で終結する。』

この、「食う」を「生きる」に代えてみればよかろう。
原始的な生物は、どうやって生きるかに没頭する。
その彼らも合理化で余裕ができると、退屈して娯楽を作り出すが、
そのうち、「なんでこんなことまでして、生きていなければならないのだ？」と、
問いを始める。
最後には、ふたつしか道はない。いや、３つだ。
一つは自殺。もうひとつは光明。もうひとつは、『知ったことか』である。
もはや、創造された宇宙の目的などどうでもよく、どこの宇宙で暮らすか、
すなわち、どこで食うか、だけが問題になる。
この３番目のタイプは圧倒的に異星人たちに多い。彼らはもう開き直っている。

彼らは宇宙というものに、無意識の部分では、もうかなり、うんざりしている。
しかし、このタイプは別に悟っているわけではない。

私はあなたたちに３番目になるのではなく、２番目になってほしい。
すると、あなたはどこにも足場がない。
宇宙の人間ですらなくなってしまう。

あなたは無を我家として、その絶対の無からこの世界を出入りし、
ただ、気楽に、ただ存在をも味わい、また死をも味わう。
産業や遊園地としての宇宙から足を洗って、「かたぎ」になる。
これが、昨今からとりざたされているマイトレーヤのもくろみである。
マイトレーヤは、地球の仏教などというレベルの世界の問題ではなく、
宇宙そのものの果ての無の領域からやって来る。
それは多くの宇宙民族にとっても、嫌な存在であろう。
実は、それを待ち望んでいた種族もいるのだが、どっちにしても、
ちょうどあなたのエゴが死にたくないように、またあなたたちの社会が安全を脅かされるのが嫌であるように、エイリアンたちの多くも、自分達の存在基盤に脅威になる存在は、許容したくないものだ。

だが、地球という惑星には、おもしろい点がある。
ここは、物理的にはいろいろな制約がある。しかしだからこそ、その代わり、何を思考しようが、勝手なのだ。思考が物質環境に直接影響しないために、思考というものがここでは制約や管理をされていない。通常の平均的次元の宇宙では、思考と物質の間にこれほどの『絶縁状態』はない。つまり通常の一般的な次元世界では思考したものがダイレクトに形体化しやすい。まるでそれは夢の世界のように。地球人にいわせれば、それはまるで魔法のようである。だが逆にそういう世界は『思考内容に制約が加わる』ものだ。というのも、下手な思考をすれば一発で全員が共有している意識の環境が破壊されるからだ。したがって地球は物理的には不自由だが、思考の次元では宇宙でもかなり自由な惑星なのである。そういうわけで、一般的な宇宙民族にとっては嫌悪されるマイトレーヤのような存在もそういう地球の安全性能を狙ってその惑星の特定の者の意識に突入してくる。地球は銀河の裏街道なのだ。

こうして、『果てのもの』があなたに降りるかもしれない。
しかし、『果てのもの』と仲良くなるには、
あなたが果てにチューニングしなければならない。
そしてその果てとは、結局完全な『闇と無』だ。

いずれ、私との関係で、あなたたちの中から、ただの存在意識が生まれる。
だが、その者はもうとっくに宇宙を捨てた放浪者になる。
彼らは、ただ今、ここに、存在だけする。

絶対の闇や無というのは、
あなたが悟り、光明を得る方便であると同時に
終着そのものでもある。

だから、とにかく、
考えたい者は、
徹底的に宇宙、神、目的、動機、存在、万物を、他人に頼らず
自分ひとりで問いなさい。

もう一方の、「もう考えるのはうんざりだ」と言う者は、
徹底的に、本書にある『死人禅のメソッド』を続けなさい。
私がかかわるのは、この2種類のタイプの人間だけだ。
ちょこまか瞑想しては、また考えるという、いいかげんなタイプは、
私には、全く興味ない。
それは、探求者ではなく、世俗そのものだからだ。
だから、私の宗門では、
徹底した哲学か、瞑想か、
それとも
死か光明かである。

1993 9/20　EO

死と不死・無限苦の幽閉・そして超悟

あなたは、死ぬ。
世界も死ぬ。
それが、いつであるかに関係なく、
あなたが死ぬことだけは確かだ。
それが、いつであるかは、さして問題ではない。
それがいつであれ、その死の前には、
あなたのすべての、心理的、物理的業績はご破算になる。

だから、あなたが誰であるかにも関係なく、あなたには死が訪れる。
悟っていようが、悟っていまいが、
輪廻を信じようが、信じまいが、
とりあえず、肉体に限るならば、死ぬという現象は確実にあなたに起きる。
この問題は、通常世俗では「今生きているのであるから考える必要はない」
という、「まことしやかな定説」の元に黙殺されるのが常である。
ならば問うが、あなたのその退屈な生活、労働、進展もなく変化もない日々の労働
は一体何の衝動によって成立しているのか？
全部それはあなたが死なないためではないか？
死については考える必要がないと言いながら、あなたの脳裏から一日だって死という考えが離れたことはありはしない。
ただ、あなたはそのあなたの生活の基盤が
死への恐怖にあるという事実にそっぽを向いているだけのことである。
あなたが、楽しむにしても、苦悩するにしても、
その最低の基盤にはあなたの生存がある。
その上に立って、
つまらぬ常識から、社会、宗教、哲学、悟りだのを積み上げるのはいいとしても、
その土台のあなたの生存そのものも確実に死を迎える。

さて、そこで「どうして生きているのか？」の質問を人間になげかけると、
一見すると、いろいろな答えがあるように見える。

次の返答例は単なる一例であるが、こうなる。

子供の返答 = わからない。
大人の返答 = 家族のためだ。
それに対する返答「質問をちゃんと聞きなさい。だから、
その家族がなんの為に生きていくのか聞いているのである」
俗人の返答 = 幸福になる為。
僧侶の返答 = 悟りを開く為。
あらゆる分野の学者の返答 = 進歩、進化のため。
神智学者の返答 = 物質領域でないだけで基本は学者に同じ。
宗教家の返答 = 極楽ツアーの為。または現世の善行行為だが、
その積み立ての目的は、極楽ツアーのため。
チャネラー、体外離脱者の返答 = 分離した高次元の自我との
結合のため。ただし、結合そのものの目的については返答なし。たいていは宇宙の進化とか言って、ごまかして逃げる。私が聞いているのはその進化の目的そのものである。すなわち進化がなぜ必要かだ。
創造者の返答 = 大いに苦しみ、もがき、葛藤し、あらゆる次元で
死にたくない、生き延びたいという意志を持たせるため。
・・・・・・・・・・
どれもこれも、世論調査のインタビューならば、
ご立派に円グラフにでもされるような返答内容であろう。

ところが、このすべての返答を<u>一言で全滅する質問</u>が存在する。

『では、<u>それらをやらないと、どうなるのだね？</u>』

これに対する答えは、たったひとつだ。
「自分、または世界が、衰退する、死ぬ。滅びる、停滞して無意味になる」
これ以外の回答はあり得ない。
したがって、「なぜ、生きているのか」の質問に対して返答する人間の答えがなんであれ、それは複数の多様な答えではなく、いわんとすることは、

「物理的、心理的、霊的に、衰退や消滅や無意味だけは回避したい」
というものである。

どなたか、異論は？
あなたが、なんと反論を言っても結構であるが、
あなたがどんな目的意識、意義を自分や人間になすりつけても、
では、その目的と、意義を<u>とっぱらったら</u>、あなたはどうなるのか？

よく、生きがいという言葉を耳にするが、
生きがい、がなくては生きて行けないというのならば、
生きがいとは、<u>生きて行くための部品</u>や刺激となる。
では、その刺激はなんのためか？
いわずと知れて「生きて行くためである」
だから、質問がまた戻って来る。
「では、どうして、生きて行くのかね？」

すると、人々は100もの理由や理念、理想を言う。
だが、もしもその理念をとっぱらったらば、あなたが、無意味になったり、
生きて行く気力や刺激がなくなるのだとしたら、
<u>その理念もまた、理念そのものの為ではなく、生存の存続の手段にすぎない。</u>
するとまた、あなたは単純な結論に戻る。
「理念なしには私は存在の意味はない」
だが、理念などなくても、生きている者はたくさんいる。
ただ生存し、不平不満と感情的な毎日を送り、さほどの善も、また悪すらもなさずに平均生活に妥協し労働に従事し、
衣食住をまかない、他人のご機嫌を取り、やがて、もうすぐ死ぬ。
その中に、わずかな娯楽と称するあらゆる刺激、性、学問、文化が存在するが、
それらは我々の基本的な生存には必要ない。
にもかかわらず、こうした生活必需品以外の娯楽に手をつけ、原始的だった社会が
現代に至った原因は、発展や進化の衝動だと言われるものの、
その根底にあるものは、霊性でもなく、進歩でもない。

<u>それは合理的に生存しようとする、これまた生存という目的の変形にすぎない。</u>

たとえば宗教、それも純粋な意味での宗教である禅、タオ、原始仏教であっても、
それすら、本来最低の生存の為には必要のないものだ。
それらは、もともと我々の単純な生存には必要ない。
にもかかわらず、それらが登場する原因はたったひとつである。
我々は、貪欲または、苦悩を発生せずにいられない生物なのである。
せっかく、衣食住があり、なにひとつ心配がないはずなのに、
我々の内部には意義、意味、生命の実感、生命の充足感を求める衝動がある。
たいした実感もなく生きている者もいるが、
そういう彼らも虚無感だけは避けようとする。
だが、なぜ、避けずにいられないのか?
すると、また同じ結論が出る。
もしも虚無感、不毛感により生命の実感が欠落すると
生存がまっとうされないからである。
とすると、これまた禅やTAOすら、
またもや、その最終目的は健全な生存のために還元されてしまう。
そこで繰り返される問いがある。
だから何度も言うが、「なんのためのその<u>生存そのもの</u>なのだね?」と。
ここでの大人たちの返答は、最初の子供の返答と同じになる。
「それだけは、わからない」と。

宗教、神秘学、神学というものは、個人の生存目的を
世界、宇宙、あるいは神といった普遍的で大きな生命の目的の一部であるとか主張
する実に無駄な説明に明け暮れている。
なぜならば、存在物の最終目的があなた個人の生存目的であれ、
宇宙のそれであれ、根本の質問は依然として決して解決しないのだから。
我々が広大な法則や秩序の中で生きているのだとして、我々の生存に意義を付加し
て、なんとか安心したところで、その広大な秩序そのものの存在目的を問えば、
またもや、回答はない。
そういう問題はきりがないから、我々は単純に生きて死ぬのみだとする、

実に奇妙な集団が地球には存在する。
それは禅である。ところが彼らの修行の発端には、なんらの複雑性もないし、
それはなんら、世俗の願望、欲望となにも基本は変わらない。
釈迦でさえも、その根本の苦悩の開始は
『苦』と何ひとつ不自由のない生活への「退屈」からである。
そして、それから解放されようとした。
「禅師は苦楽を共に味わう」というのは、全くの嘘である。
苦楽を分別せずにすることで、つまるところは楽を実現するのであるから。
苦の中に、ありのままに対面するにしても、
その目的は対面によって、分別を超えて、楽になるためである。
どなたか、異論は？

肉体を痛め付ける苦行僧すら、最終的な目的は、苦痛そのものではない。
だから禅は、いつも大安心とか言うであろう。
だが、またもや禅師は、見落としている。
これまた論法は前に同じだが・・では
<u>苦悩がなぜそのままではいけないのか？</u>

過度の苦悩や苦痛はどうして、いけないのか？
そんなものを避けるのは生物の本能として当たり前だから、と言う前に、
<u>避けないとどうなるのかを考えてみよ。</u>
すると、結論はひとつだ。
もしも我々が苦痛や苦悩を避けないと、
我々は、いずれ死ぬ、自殺、発狂のいずれかに陥る。
発狂とは、肉体は生きていても、精神が完全に錯乱していると言う意味で、自我や
秩序の死である。社会ある限り、発狂者は自立した生存はできない。
狂人が暮らせるのは無人の土地のみである。

これまた、我々の目的は世俗であれ、僧侶であれ、
<u>すべて個人、または集団の生存維持への意志に還元される。</u>
誰か異論はおありだろうか？

すなわち、なんであれ、あなたが何かをやっていたり、
何を思考し、何を修行するにしても、
『死ぬために行うものはただのひとつもない』ということだ。
その全部が、生きるためになっている。

だが、そうまでして、なぜ、我々は存在しているのか？
いや我々という言い方はよくない。
これは、いま、これを読んでいるあなた本人の問題だ。

あなたの目的は、たとえなんであれ、ただの生存維持に還元される。
それにいかなる意義をつけたしても、意義をとっぱらったり、意義そのものの根拠
を問えば、いつでも、そこに残るのは無意味な、生物学的本能だけだ。
だが、その本能の出所もまた、生存意志である。
肉体であれ、精神であれ、死、衰退、不活性、不毛性、に直面すると、
あなたの生命全体が、生きようとする。
禅すら、生きるためなのである。只生きるとは口では言うものの、
それは「只」ではなく、無心に、安心に、楽に生きるという目的がある。
それは実は、完全な無目的によってこそ初めて実現するのであるが、
その時は、あなたの肉体の細胞までもが、生存意志を削減されねばならない。
頭や心で無心になっても、我々の精神というものは、ほとんど遺伝子に支配されている。
そうなると遺伝子レベルから過度の生存しようとする衝動を破棄しなければならなくなる。
そのせいで、いわゆる本当に大悟した者は、病的か短命になる。
大悟者は、細胞や遺伝子のレベルでの生存意志が軽減されているために、
身体全体から、気だのという幼稚なものでない、ある種の波動が出る。
それは一時的なリラックス状態などではなく
彼らは身体の深い細胞や原子レベルの振動が、
そもそも通常とは異なるものになる。
だが、それは厳密に言えば、肉体的には不健康だということになる。
この大悟者たちの肉体と精神の間では２つの事が起きる。

ひとつは意識性が高まったまま肉体に無理にいれば、細胞や免疫機能が破壊、または機能低下する。そこで大悟者は肉体に負担をかけないように体外離脱、もしくは睡眠を過剰に取る。
もうひとつは、瞑想時や他人に法を伝達する以外の場合には極端に肉体的な、
世俗的な、動物的、あるいは人間的なレベルに下降する。
そうすれば、必要な時以外に、意識性が肉体性を圧倒する圧力をかけることがない。

これらが無視されて、あくまでも強引に無理に意識性が肉体に留まると、
肉体細胞が病気になるか、あるいは死ぬ。
さもなければ、瞑想的陶酔、離脱、気絶などによって、肉体との接点の強制分離が
起きる。この場合も極度な場合は死ぬ。
この場合は病的原因は発見されず心臓発作か、原因不明の突然死となる。
＊＊＊＊＊＊＊＊＊＊
さて、脱線したので、死の問題に戻ろう。
いわゆる全面的な変容が起きた可能性が最も高いのは、
寺ではなく、修行者ではなく、次の環境の人々だった。

アウシュビッツ内の捕虜。
自殺者。
死を告知された患者。
最末期の精神病患者。
飢餓、貧困の極度な土地。
特攻隊などの強制的自殺。

だが、これでもまだ変容は起きない。
その原因は、これらの最低のギリギリの生、ギリギリのただの生存の中に、
まだ「不純物」があるからだ。
まずアウシュビッツの捕虜たちはユダヤ教徒である。それは夢、理想を死後に投影してしまう。
自殺者は死ぬというものが、そもそも生に対する相対的な強い自滅への願望であるために、それは純粋な絶望ではない。

特攻隊は、内心はどうあれ、国の為という<u>価値観念を付加されている。</u>
飢餓、貧困そのものは、場合によっては<u>余計に生存への葛藤を生む。</u>
告知された者は、書籍または他人から、死後の問題について、<u>吹き込まれる可能性がある。</u>
したがって、
唯一、残るのは、精神病の最末期である『空漠／自我喪失』である。
ヒステリーや分裂病、多重人格、被害妄想、幻覚、社会適応拒否、
これらは、まだ生の領域に属する。
そこには錯乱であれ、生命活動がある。
だが、希に、回復不可能な生存意志の喪失がある。
ただし、それは基本的には脳疾患によるものではない場合に限る。
しかし場合によっては脳疾患があっても、それでも本性は目覚めている場合もある。

外見的には、彼らは廃人に近い。限界ぎりぎりの生である。
記憶や観念が形成できなくて分解している為に、
そこには宗教や論理や禅も入り込めない。

そして、最終的に、私が提示している大悟、
または全面変容の鍵はそこにある。死について、本書で私は連発するが、
実際には、死そのものではなく、<u>ぎりぎりの生死の境</u>に変容の鍵がある。
生死の境に『幽閉』されたままになる状態、
すなわち『廃人』というものが変容の唯一の鍵になる。

生と死のどっちつかずの場合にのみ、変容は起きる。
そして、私に起きた変容の原因は、
そのどっちつかずの状態のあまりの長期性と深さだった。
ある時、
全く生を否定しているのに、
生を強制されている、人間とは別の次元の生物、別の宇宙の種族のと出会いがあった。
彼らが生を全面否定した根拠はたったひとつである。
生において、完全に目的を喪失したためである。

彼らは宇宙のすべてに関心が全くなかった。
くまなく、彼らは自分にプログラムされた学習課題を卒業した。
宇宙は、通常は、特定の種族や銀河系が進化や変化の限界の袋小路に入った場合、
あらたに不満、あるいは課題、謎、疑問、分離をプログラムする方法で、
活動に引き戻すのであるが、それをせずに『放置』するという手落ちが発生した。
結果として、彼らはどこの宇宙の内部にも適応できないために、
必然的に宇宙の最外角の偏狭に集結することになる。
ここにあるのは、
<u>永久に終わりの来ない幽閉である。</u>
彼らは全く宇宙のすべてに無関心だ。
だが、彼らは消えてその果てに無になることも出来ない。
通常は、彼らは無に還元されるべき因子、
すなわち宇宙からの完全解脱者たちなのだが、
宇宙は彼らをひとつの『標識』として利用した。
すなわち、解脱という脱獄、すなわち規定違反を犯す者が、
まさに存在の限界を超えて無になろうとする瞬間に、
その者は幽閉された彼らの意識につかまる。
消えもせず、生きもせずという極限の苦痛が発生する。
そこでの知覚対象はたったひとつである。
それはただ存在だけする全宇宙を外側からぼんやりと見ているだけだ。
そこに決して参加は出来ない。そして、消えることも出来ない。

この意識体に同調すると、あなたは無限に続く、無意味、不毛、暗黒、虚無を体験する。
それには決して終わりがない。発展も変化もない。
あなたは、ただの生存体になる。しかも活動もない。
しかも、眠りも来ない。
この極限性が人間に与えるものは、通常は発狂である。
外部から完全に遮蔽して、隔離した暗黒の環境に食事だけを運ぶという独房生活が
数カ月続くと通常精神は異常になる。
そこに出られるという望みがあればそれは耐え得るものになるが、
そこから出られる可能性がゼロの場合、人間は発狂する。

食して、排便し、寝る。
ただし、刺激も光もない。肉体を動かすことで通常は存在感を想起するが、それも限界がある。
私はたったひとつの確実な大悟者の判定方法を知っている。
それは、<u>無制限の隔離実験</u>である。
いつ出られるという保証のない数年の歳月、完全な暗黒の部屋に閉じ込めて、
そこで発狂しなかった場合にしか、私はその者を大悟者とは認めない。
なぜならば、
無限の無との対面に耐え得るたったひとつの意識が本当の大悟だからである。
それは生きるためのものではなく、死ぬためのものでもない。
幽閉に耐え得る、たったひとつの正気である。
それは意識運動が停止したまま、なおも、在ることである。

我々の意識は完全な停止を許容できないようにプログラムされている。
その結果、我々の意識は対象物を求め、動き、その動きによって生命や存在を想起しようとする。
すなわち生きている感覚を活動によって維持しようとする。
その活動が闇の中で全面停止した場合に、
もしも活動によって自覚を持とうとすれば、その動きそのものが幻影、幻覚を生み出す。
その闇の幽閉の中で、たったひとつ発狂しない方法は、
全く何も意識に生み出さない事である。

その幽閉の次元の種族の彼らは<u>この宇宙を凝視するような角度に強制されていた。</u>
<u>彼らは見たくもない退屈な宇宙を見せられる観客だった。</u>
彼らは自分の背後にある暗黒に帰還したかった。
私が、ある時期、この領域に同調してから、
私もまた不毛で無意味で虚無感に長期的に陥った。
だが大悟の瞬間の<u>直前に変容</u>した。
私は彼らと同調したまま、
顔を180度回転させた。

すなわち生を見るのではなく、<u>私は意識の角度を死に向けた。</u>
完全な死である。目の前に広がったのは、ただ闇、無・・なにもなかった。そして、それを見ている私もまたその日、消えた。

その日から、私という存在は何の標識となってこの世界に戻ったのかを、
次第に理解した。
いろいろなものに接したが、私の境涯を適確に表現するものは禅にもTAOにもなかった。なぜならば、それは
完全な『破滅の手法』『安楽死の技法』だったからだ。
その安楽死状態を単に、現存するいまここに、私は連れてきた。
それは即時死亡可能な、ぎりぎりのただの無意味な生存体である。
だから、どうも禅の言う一句一句は、うさん臭くて、私にはなじめない。
無言のうちに死んで行く人達こそが、遥かに多くの事を語っている。
そこまでぎりぎりの生、死と合わせ鏡となった生存は、
ある種のリアリティーをあなたに現出する。
それは完全な、解放感である。
だがそれを価値として語ったり、ありのまま、只とか言うと、
何を言っても、その存在の美しさは損なわれてしまう。

宇宙や生存を完全に無視して否定した私が
なぜこんなにも世界を美しいと思うのだろう？

それには決して答えはない。

神秘という言葉の本当の美しさは、
答えと問いのない不確定さだ。

とするならば、
あなたにおける最大の神秘の美しさを知るたったひとつの方法は
この最も基本的な不確定さの中に突入することだ。
すなわち、あなたは、どこにいても、

生きているのか、死んでいるのかを、決して確定せずに、漂うことだ。
あなたは毎瞬、生きたり死んだりしているのだ。
だから、確定しないことだ。あなたの最も基本的なこの部分は
あいまいなままでよい。

死んでもなく、
生きもせず、
死んだり、生きたりする。
生死の境で明滅すること。
それが、我が門の家風、道楽というものだ。

だから私は禅者ではないし瞑想家でもない。

私は死人禅者ではなく、

死人であり、

人でもなく、

死である。

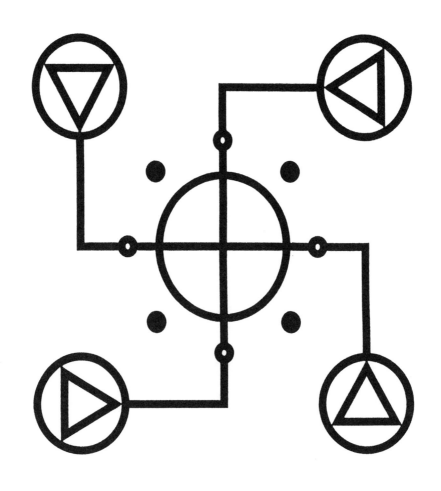

第 2 章　楽に死ぬための宇宙論

全宇宙の中では
人間は、こき使われる家畜である

本書をこのEOという青年に書かせたのは、いかなる状況だったのだろう。
彼はこれらの文書を通じて、彼という個人を主張しているのでもなく、彼の思想や体験を主張しているのでもなく、従って彼は多くの人達が彼の言葉に耳を傾けるということには、全く興味もなく、むしろ耳を傾けないで済めばそれに越したことはないと思っていることだろう。
これらの以後の文書の中で語られるすべてのことは、ただの事実だけだ。しかし
事実というのは、個人のものではない。また、再三、彼が言うように、事実というのは、人間の心理的財産でもない。
従って聞き手を不愉快にしようが、不安にしようが、事実は事実のままだ。
ただ、彼は多くの人間が事実ではなく、知性や理性や感情が好む情報を収集したり、持論を助長する応援団を求めているに過ぎず、あるいは自分達の死活問題に直結するような事実しか拾い集めないのを見て来た。
もっとも彼がここで事実、事実と連発しても、その事実というもの自体がどの事実で、いつ、どこの事実で誰に認識された事実か、そしてどのような生物の知覚機構によって認識されたかを棚に上げることはできない。事実というもの『現実と呼ばれるもの』とは、単に『認識されたもの』ということであるからだ。
知覚が異なるかぎり、生物ごとに世界という現実は全く違うのであるから。
それでも彼がこれらの文書で扱うのは人間、あるいは宇宙に存在するいわゆる知的生物と呼ばれる者ならば誰でも理解出来る事実を扱っている。その点ではこれから展開する文書を『狂人の寝言』として解読する必要はあるまい。
さて、なぜ、いまさらTAO、いまさら老子、荘子、禅、クリシュナムルティー、バグワン、なぜ、いまさらこんな時代にこのようなものが書かれなければならないのだろうか。
かつても無数の者がこうしたものを書き記し、また口伝によって伝えて来た。
いまさら、EOがTAOや禅について書く必要などないように思える。
それでも書かれた理由は、ただひとつだ。
それは、古い方便では、足りないのだ。

過去のTAOでは、禅では決定的に足りない部分がある。
それらの不正確で不効率な部分を穴埋めしなければならない時代が到来しつつあるからだ。
EOは、ずっと彼の少数の連れに対して言い続けた。
『これらは、決して多くの人達に向けて書いてなどいない。
そして私の連れは少数だ。ひどく少数だ。しかもそれらの者は別に精神的に発達していたり、成熟してたり優れている者たちじゃない。断じてそういう人達ではない。逆だ。精神が死にはじめている人達だ。だから、私の連れは、少ない。そして正確に言うならば、その連れとは、あと数歩を歩けば、確実に発狂か自殺かしかないような人達だ。しかも、それらの根底にあるのは金銭苦、生活苦、社会や人間関係によってそうなる人達ではなく、いかなる思想をも網羅し、ワークやセラピーを受け、また、いかなる異星人に会おうがその魂の穴埋めが絶対に不可能な完全な虚無に取り囲まれた人達だけだ。そうでなければ、私に近付く必要はない。何かで間に合う者は私にかかわる必要などない。禅で間に合うなら寺へ行けばいい。バグワンやらクリシュナムルティーで間に合うなら彼らの組織にいればよかろう。そして何かで間に合うならば、そのようにすればいい。私は全く何によっても間に合わない瀕死の者のためにこの世界に肉体がかろうじて留まっている。
そして私はその瀕死の者を生かすのではない。その内面を完全に殺すだけだ。
その心を。その思考を。その論理、知性なにもかも。死ぬ以外に発狂しかあり得ない者だけが、本当に心が死ぬことが出来る。そして自我や観念が死ぬ事があなたたちにもたらすものは、ただの『楽であること』だけだ。悟りでも光明でもない。
ただ、楽に生き、楽に死ぬことのできる、最低の素朴な人達を生み出すだけだ。
私はそういう点で禅ですらない。私は、禅のように「いまここを生き切れ」などとすら言わない。逆だ。今ここで死に続けろと言う。』
・・・・・・・・・・
さて、いわゆるTAOの、そして禅の古人が決して触れなかった問題をEOという青年はこの書き物の中で、たまにクローズアップする。
そこにはある種の、突然変異的な合成がなされいる。
決して合成などされたことのない部品、素材が合成されている。
その部品は次のようなものだ。理解というか雰囲気をつかみやすいように、わざわざ地球に存在する参考文献を羅列することで、

何が本書の合金の原材料をなしているか、眺めることができるだろう。

A────────────────────────
・ロバート・モンロー『魂の体外旅行』（日本教文社）に書かれたルーシュの問題。
・グルジェフ『ベルゼバブの孫への話』（平河出版）に書かれたアスコキンの問題。
・グラス・アダムス『銀河ヒッチハイクガイド』（新潮文庫）のシリーズ全3巻に書かれた事実に基づく小説的ジョーク。
・EOの続著『ひきつりながら読む精神世界』に述べられる神の概念の不明確な落ち度や、宇宙の創造主の愚かさ。

B────────────────────────
・バーナデット・ロバーツ『自己喪失の体験』（紀伊國屋書店）の全文。
・老子『道徳経』（ハイデッガーを比較に取りあげた講談社学術文庫のものがよい）
・バグワンの『存在の詩』『反逆のブッダ』（めるくまーる社）と『信心銘』(禅文化研究所)
・クリシュナムルティーに関しては『クリシュナムルティーの日記』(めるくまーる社）
・EO著『地球が消えるときの座禅』『続／廃墟のブッダたち』

こんなもので充分である。何も多くのものを読む必要はない。
グルジェフの本などはこのリストから削除してもよいだろう。
そこであなたたちが再度思慮しなければならないのは、特にAの部類に関してだ。
Bの書物は古典的なTAOのものだ。今さら読む必要もあるまい。
だが、私が橋をかけているのは、TAOと宇宙の関係だ。
この章では、私はTAOとあなたの生活に橋渡しをするつもりはない。
私はTAOと宇宙の関係について言及してゆく。
そして、それらが行われることがかつてなかったのが、この文書が書かれた理由だ。

ひとつのスタンスとして私は他のチャネラーやコンタクティーの言う地球外の知性体や宇宙民族に対して真っ向から、ののしる立場にある。
それはコンタクトやチャネリングしている人間に対してではない。そのコンタクトされている次元や宇宙民族そのものに対して反目し続けている。
すなわち、私はこれらの異なる次元や宇宙の存在など、事のはじめからその存在を「肯定している立場」にいる。そして存在は肯定しているが、

言っている『内容に』徹底的に反論しているわけだ。
私自身がかつて、シリウス、アンドロメダ、プレアデス、オリオン、アルクトゥルス、ペガスス、プロキオン、ヒアデス、アルタイル、ベガなどの、このちっぽけで狭い銀河系の種族と肉体ではなく意識レベルでかかわった事がある。そしてその末路は、彼らに対する崇拝でも敬意でもなく、彼らの低脳さに対する嫌悪だった。

小説家のダグラス・アダムスの言葉に非常に私が好きなものがいくつかある。
『高次元の生命体というのは、まったくもってしてくだらない連中であり、ねんがら年中、無意味な次元ゲームと哲学で暇つぶしをしている。もしもこの次元と彼らの次元に垂直にミサイルを発射できる技術が開発されたら、彼らはまっさきにやっつけられるべき種族である』

『この宇宙がはじめて作られた時、多くの人々が腹を立てた。
なぜならば、それ（創造）は宇宙ではよくないこととして広く知られている』

『生活は生命の無駄使い』

『銀河系の中で、多くの民族とその文明が、生まれ、栄え、滅び、そして生まれ、
繁栄し、滅び、生まれ、繁栄し、滅亡したので銀河系宇宙は、
おのれの内に住む生命体は、「馬鹿に違いない」と思うようになった』

いささか皮肉たっぷりではあるが、彼の小説のジョークはその多くがある種の事実に起因していると、私は見ている。
たとえば、彼の小説の中には『総合認識駆動装置』と呼ばれるものが登場し、それに入れられた者は、無限大の宇宙を体験し、かつまたその無限大の中の無限小である自己の位置を認識させられると言う。そしてそれを認識した者は廃人となる、という話。極限大の世界にたたき込まれた者は肉体に戻った時点で個の意味を失う。
そう言う意味で、私は日本のダンテス・ダイジという者が『絶対的に人間は救われない』と断言する彼の言葉から、彼はこうした宇宙のシミュレーションシステムにほうり込まれた覚者の一人だと私は感じる。
一点の希望もない絶望、否、絶望すら存在しえない絶望、すなわち無望に至って、

はじめて人は『我家』という本性に戻るのであるから。

このように前置きもなく、私は宇宙だの、そこに棲息する次元生物について言及してしまっているが、これらは今一度あなたたちが考えるべき問題だ。
というのも、古来からのTAOではその最終成熟にある種の
意味、価値、希望という不純物をもっている。
バグワンや禅すらも、悟りや光明を「よきもの」として描写している。
もちろん、『よくも悪くもなし』と言い除ける禅師たちは無数にいる。
だが、一般的世俗の禅の傾向としては、そこにある種の善悪が存在する。
ある種の価値観、希望がほのめかされる。
徹底的にこれを排除したのは中国の老、荘だけだ。
だがその一般的世俗禅、仏教、瞑想者たちの末路は、
いかに生きるかのセラピーだ。
悟りというのは、一種の宇宙の存在そのもの、あるいは少なくとも人間で有る限り、
あるいは知性を持たされた宇宙の生物であるかぎり、悟りというものは、
その生命に背反する現象であることを覚えておくがいい。すなわち、もしも悟りを
本当に実現したら、あなたは『おしまい』になるということだ。
この宇宙には二度と存在できない。
釈迦が、『私は戻って来ない』と言う本当の真意がそこにはある。

バグワンは迷いと悟りとは、「かくれんぼう」だと言った。
この『かくれんぼう』という表現は彼固有の表現ではない。
これはイツアク・ベントフの言葉だ。
だが私はこの両者に徹底的に疑問を投げ掛ける。
ならば、なぜその「かくれんぼう」を宇宙がやったのかだ。
これらに対して、インドという国にはたったひとつの概念しかない。それはリーラ、
すなわち神の戯れというものだ。
ユダヤのカバラでは、神の自己認識のためと言われる。
だが、それらはなぜ起きたのか？
その答えを私は宇宙から、持って帰って来ただけだった。
そしてそれは非常にロバートモンローの見たものに近い。

その動機は『産業』だった。単なる機構、たんなる宇宙存続のために必要な生存欲、
生存意志の『葛藤状態』を全次元の領域に作り上げることだった。すなわち、不安
を知性にプログラムすることだった。なぜ、そんなことをしたのか？
　この宇宙を創造した者が、どうしようもない愚か者だったからだ。
　これらについても実のところグノーシスは、ある種の真実を言っている。
『この宇宙を創造した者は、創造するという事に関してはその能力はあったが、
管理する事においては無能、無知きわまりない。それがこの世界の無秩序の原因で
あり、故にこの宇宙に存在する限り救済などありえない。すなわち神は創造馬鹿に
すぎない。救済などあり得ない。生を捨てなければ』と。
まるで一遍上人が踊り出しそうな言葉だ。

私は宇宙を、創造病、活動病、葛藤病、生存病と名付けた。
あきらかに、私の知覚したかぎり、宇宙のあらゆる生物、
ことに知的生物が、そもそもなぜ知性や探求心、好奇心などというものを
自分達が埋め込まれたかについて、非常に無知だった。
そこで私は特殊な角度の視点を持った宇宙のはみ出し者の異形の知性体と出会った。
彼らは進化の極限に至っていた。それゆえに全く絶望していた。
彼らには、彼らの知的満足のために、およそ不可能な事はなかった。
それ故に、<u>不可能がないということが、絶望の原因</u>だった。
なぜならば希望とは、不可能あってのものだからだ。そこに到達距離があってこそ
希望が存在できるからだ。
だが、彼らはたったひとつの希望だけを持っていた。それは死ぬことだ。
だが、宇宙は彼らを死ねないようにしてしまった。したがって、彼らはただ消滅し
たいと何億年も嘆きながら、幽閉された真っ暗闇から、
この宇宙をぼんやり眺めていた。
彼らには行く場所はなかった。宇宙を空間的にも次元的にもくまなく探索した。
そして、くまなく、ということは、すなわち彼らの目前には
たったひとつの次元しか広がっていないということだ。それが<u>無</u>だ。
無というものを観念の作り上げたものなどとして語るド低脳の禅師には困ったもの
だとダンテスは言っていたが、私も同感である。
あなたたちはいつから、無限などという言葉を口にし、信じるようになったのか？

無限の空間、無限の時間、無限の魂。そんなものをあなたは実際に知覚したのか？
推測にすぎないものを無限などと言えまい。
無限にきりがあるかないかは、無限にまで行ってみなければ分かるまい。
だが、無限というものの定義が『到達できないもの』なら、無限かどうかの確認もできまい。宇宙の極限へあなたが行っても、その先にまだ宇宙があったら、あなたは、『やっぱし。どうやら無限のよう<u>らしい</u>』と推測して帰って来るだけだ。
あくまでも、まだ先があったから、無限<u>なのだろう</u>と推測するだけだ。それはただの推測だ。事実には一歩も近付いてない。

ところが、ひとつの事実がある。確実な事実だ。
宇宙は無限ではない。というのも、<u>無限というものは存在できない</u>からだ。
存在というものが、すでに有限なものだ。
たとえば、なぜあなたは世界を存在と認識できるのだろうか？
ひとつ簡単な事だが、あなたの部屋の照明器具を見るがいい。
それを見ればあなたは『電灯』だと言う。なぜあなたはそれを電灯と言ったのか。
その時、あなたに起きる視覚現象を観察してみよ。何かが認識されるとき、その何かに意識は集約し、一方それ以外のもの例えば電灯の近くにある天井が無視されるだろう。電灯以外のものを知覚から除外して、あなたは初めてそれを認識できる。
一方目を他のもの、たとえばテーブルに向けなさい。今度はテーブルが在ると認識される。ではその時、さっきの電灯はどうしたね？
今度は部屋全体を見て部屋と言ってごらん。どうしてそう言うのか？
あなたは部屋の外と中を『分別して仕切る』のだ。
つまり<u>知覚とは広がりなどではなく、限定機能である</u>。
あなたの限定した知覚の世界以外は、あなたにとっては世界ではない。
世界などというものは、ただの限定知覚の中にしか存在しない。
それでも地球はあるとあなたが言うならば、どうして地球が在ると言えるのか？
盲人に地球とは何か聞いてごらんなさい。
彼らは触覚と音の世界で認識している。あなたがもしも彼らを知覚不足の人達と見るならば、一方あなたは犬から言わせれば鼻音痴でありコウモリにいわせれば音波音痴だ。世界などというもの自体、知覚者の知覚器官でまるで変わるものだ。
しかも環境でまるで違ってしまう。

多くの惑星は厚い大気に覆われているために、ある別の惑星では、宇宙と言っても彼らには空に星のまたたく世界という認識はない。彼らは外部の空間というものを全く知らず、意識せず、UFO で外出することもなく、惑星の内部で平和に暮らしている。
地球人は、たかが数百年前までは空に空いた穴から光が漏れているのが星だと本気で思っていたわけだ。この先、せいぜい火星まで行ったり、電波望遠鏡などというおもちゃで宇宙を「覗き見」している程度で、何が宇宙だろう？
あなたたちは禅や古来の TAO に憧れていても、
私はある事情の地球の未来を見て来た。
あなたたちは、近い将来、真っ向から反目する二つの宇宙の種族に出会うだろう。

ひとつは、あなたたちより遥かに科学的に進歩して、ほとんど神ではないかとあなたに思わせる連中だ。そういう者たちにあなたたちは、ひょこひょこ、ついて行くだろう。一方、そういうものではなく、愛だの慈悲に満ちた種族もいる。だが、彼らはある種の責務や義務や業務や本能としてそれらを発揮しているのであって、それはあなたたちの為じゃない。彼らにはそれが死活問題なのだ。無私の愛というものがなければ、生きて行けないように単に彼らが設計されたというにすぎない。

一方、徹底的にあなたたちを微生物か家畜のように扱う種族もいるだろう。あなたたちは彼らから逃げようとするだろう。ちょうどゴキブリをあなたは簡単に虫けらとして殺すが、あなたより 300 倍の大きさと 500 倍の知性をもったゴキブリが現れたらどうする気かな？今度はあなたが「虫けら」だ。
そして、そういう宇宙を私は認識してきた。一体現実と呼べるようなものはどこなのか？一体この宇宙の目的や原因は何なのか？
それが分からなければ禅だの TAO だのと言ってはみても、グローバルに全体から生命や宇宙や自分達を見ることはできまい。つまり、なんのための禅、なんのための TAO、なんのための人間、なんのための悟りなのか？
これらに対して禅は『なんのためでもない』と言う。だが、これは嘘だ。
私は言う。
悟りだけが唯一、宇宙という土壌で、あなたが発狂したり、自殺しないための、
たったひとつの正気の状態だ。それは単に、いつでも楽に死ねることだ。

生きるなどというのは、死の道楽に過ぎない。
そしてブッダというのは、ただの死人だ。
死が生の中をちょっと横切るだけだ。

さて、ひどく絶望的なことに、我々はある器官をある種族によって埋め込まれた。
つまり古来から言われる『本性、仏性』というような要素を埋め込まれた。だが、これは発見されないように埋め込まれた。
探せば探すほどに見付からないように設計された。
このいわゆるTAOや悟りのトリックと呼ばれる巧妙な「かくれんぼう」を人間をダシにして執行した連中が、もともと欲したのは、それに到達しようとする衝動を人類に生み出し、なおかつ到達不可能にすることで人間に絶えず不満と不安と葛藤を持続させることだった。ここには慈悲などない。
人間は慈悲から作られたのではない。苦しむためだ。なぜならば苦しみの発生原因は生への欲望に起因するからだ。
そして宇宙が人間に求めたエネルギーは『生への執着』と活動であって
それは「もがき」によって得られる。
この最大の葛藤を生み出す方法としてロバートモンローが見たものが、あのDLPシステムだ。
すなわち『小型の創造者』たちは、自分の高次元の意識の一部を人間に注入してみた。
すると、人間は親和力の法則によって、元の意識に合体しようとする。そこでそれが決して最終的な合一の満足をもたらさないようにした。
さらに苦痛回路や男女の分離を設計したために、人間は葛藤し続ける事になる。
この方式から良質のルーシュ、すなわち『生存意志エネルギー』が得られる。
これは別の宇宙に貯蔵され、売却されて報酬が得られる。

つまり人間や知性ある宇宙民族とは、宇宙全体の中では
『穀物、家畜、製品またはエネルギー発生の機械的微生物』ということだ。
だから、もしもあなたがいわゆる宇宙や創造者に貢献したいのなら、
もっと、もっと苦しみなさい。

・・・・・・・・・・・・・・・
一方、もしも一切の苦しみを脱却すれば、あなたは宇宙からは能無しと判断されて、
二度と生まれることはなくなるだろう。
だが、悟りとは実はこのことだ。
あなたが神などという者から『解雇』されるためのものだ。
そうすれば、あなたは全く自由だが、同時にこの世界の住人ではなくなる。

さて、あなたはこうした宇宙を実感など出来るだろうか?
クリシュナムルティーが『ここは狂った世界だ』と言っても、まだ彼は地球という
限定地域を言っている。

だが、私はシュタイナーやブラバッキーたちが言う別の次元領域、
そして宇宙人がひけらかすような楽園的な宇宙の次元などもひっくるめて、
大馬鹿者たちの、愚か者の群れの世界だと断言する。

そういう意味では、
私は、この全宇宙でも
最も希な虚無主義者だ。

ルーシュとアスコキンとTAO

禅やTAOが他のあらゆる精神世界あるいは社会的な学問と異なるのは、
それが論理的思考にとっては、最も人気がないということだ。
そして、それは最も実質的な応用が出来ないと思われ、最も無視されてきた。
そこはナンセンスな逸話と神話と難解な問答と、
なんの役にも立たないと見えるメソッドの宝庫だ。
どんなオカルティストも禅だけは無視するというのを知っているだろうか？
また、どんな心理学者も禅だけは理解しない。
どんな学者にも禅は好奇心の的にはならない。
いわゆる知的な娯楽の一部になり得ないばかりか、
それはむろん文化や科学や芸術や生活技術といった実際的な問題になにひとつ接点がなく、また人間社会への復帰の治療方法でもないし、いわんや信仰という対象物ではない。いわゆる禅とTAOだけは、宗教のカテゴリーには入らないものだ。
そこでは信じるとか、疑うとかが論外にされているからだ。
またそれは学問でもない。
日本や中国で禅やTAOの落とし子である芸術は無数にあるが、それとても、いわゆる世俗的な意味で作品的に人々に感銘を与えただけであってその本質が伝わったわけではない。別に禅は芸術を作るのが仕事ではないからだ。

ならば、禅とはなんであるか？老子や荘子のTAOとは何か？
その定義は出来るだろうか？
私はこの生で長い間、子供のころを除く殆どの時間をオカルトという分野への傾倒で過ごして来た。それは人間が、ただ食べて、生きて、死ぬという、ただそれだけのものではあるまいと言い続ける分野だった。
生存が目的ではなく、概念や感覚や、あるいは新しく何かを生み出し続ける特権、または単に『機能』が人間にはあるという『説明の山』とでも言うべき分野だった。

平たく言えば、オカルトという分野は、平凡な生活に疑問を持った人間にとっての、正確な意味では狂信的な宗教でもあり、軽度の精神病の者には鎮静剤や食糧であり、科学者や芸術家にとっては神話やイデオロギーの題材の宝庫だった。

ところで、変化というものの定義はなんだろう？
ここ3000年のおおざっぱな歴史と現在ある我々の環境を見て、変化について、どう思うだろう。ある者たちは、その物質や情報の拡張をもってして大きな変化があったと言うだろうし、オカルティストに言わせれば退化とも言うべきこともある。また、結局何も変化などしていないという者もいる。
結局何も変化していないと主張するのは、これはあきらかに変化の主題を人間性そのものに絞った時に出て来る結論だろう。
そういう観点で「変化していない」とする者は私に言わせれば、進化や退化と結論する者よりか、いくらか知性的に思われる。
なぜならば、彼らは外界の社会に作り出されたものや、あるいは人間の内部世界に作り出された情報種類や感情の変化ではなく、
作り出している主体の人間の行動パターンが何ひとつ変化していないことに着目しているからだ。
つまり世間では本質と呼ばれるものだ。（これはTAOや禅で使う本質とは、別の意味だが）

人類史を振り返るとき
科学者は進化や、あるいは単に変化という結論に賛成するだろう。
彼らは言う「これだけのものを生み出したんだからな」

宗教家やオカルティストはむしろ退化だと言うかもしれない。
「内面は過去より貧弱だ。それに霊的能力はあきらかに減衰している」と。
そして『無変化だ』というのは、多くの場合は心理学者かもしれない。
「いやいや、何も変化などないさ。何が変わったというんだね？
変わったとしたら、我々心理学者が発見した、人間の心理への応用科学が発展したことだ。それによって、無自覚な原始的な民族よりも、より自覚に基づいて、我々は自分達や社会の幸福を確立できるのだ」

さて、4番目の学者たちを忘れてはならない。定義屋たちだ。
それは哲学者だ。彼らは前記の3人に対して言うだろう。

「よろしい。では、自覚とはなんだね？では幸福の定義はなんだね？
そもそも我々にはなぜ、幸福を求める衝動があるのか？幸福とは何か？それは絶え間無い活動のことなのか？絶え間無い安堵のことか？
絶え間無い生命の実感のことなのか？
結論はどれでもよかろう。だが、なぜ我々はそれを求めるのだろう。
我々は幸福などというものを神学やモラルで定義することは出来ない。
実のところ幸福などというのは、それは人間という生物にとっての、あらゆる種類の『快楽の総称』につけられた名称にすぎないのではないだろうか？
おなかがすいて、ごちそうを食べて、幸せだなどと言うのは、まさにそれだ。
セックスで極楽昇天などと言うのもまさに快楽ではないか？
スポーツで身体が活気やバランスが取られ快調になる。これは快楽ではないかね？
では、科学はどうか？
これは生活の合理性の追求から生まれたものだが、端的に言えば、
より「楽をしたい」という衝動が作り出したものだ。楽をしたいというからには、苦痛がそこにあったに違いない。だから、科学とは苦痛からの回避の技術だ。
今となっては、作る必要もない製品を科学の力と称して作り出す企業が無数にあるが、その彼ら従業員もまた「より高い給料をもらい楽をしたい。快楽を手にしたい。空腹の苦痛はいやだ」の衝動が基盤にあるだけだ。

一方、芸術、哲学、学問という、この一見してなんの生存にも関係ない分野はどうだろう。それらを生み出す衝動とはなんだろう？

私は好んで衝動という言い方をしている。なぜならば、それは我々が自覚的に作り出したようなものではないからだ。埋め込まれたと言ってもよいほど、すでにあるものだからだ。それは、その結果の副産物としては自然ではないものや自然を超える物を作り出したかもしれないが、作り出している元の衝動を我々がコントロールしているわけではない。
だから科学や医学の根源は知性からではなく衝動的本能からのものだ。
では一見してそういう死活問題に直結しない娯楽、学問、芸術、宗教、神秘学とはなんだろう？はたしてこれは暇な時間というものを生み出した人間の特権の娯楽あるいは精神性、人間性、または神性の産物なのだろうか？

これらの分野は、はたして、これらをもってして人間はただ生存する生物じゃないと言えるほどの分野なのだろうか?
言い方と視点を変えれば、やっていることや、生み出しているものが生活に直結しないなら、それはただの無駄と徒労という言い方だって出来るからだ。」
(以上が哲学者の長たらしい主張である・・・)

我々が問題にするのは、結局我々の肉体ばかりでなく、その心理的な(これも肉体機能として考えてもいいが)発生の根拠についてだ。
誰が万物を作ったのか、などはどうでもいいのだ。
神ではなく、山本さんでも、松村さんでも、いいのだ。
我々はその山本さんに質問があるのだ。
『なぜ作ったのかね?』と。
万物の動機、目的だ。
これを暇な哲学者の遊びなどと笑ってはならない。
なぜならば、仮定してみなさい。
もしもこれが分かったら、あらゆる科学、医学、心理学、宗教、哲学論議は、
その結論で『終焉を迎える』からだ。
万物の創造の動機や目的が説明されたら、オカルトをふくめて
現在不可解な、あらゆる現象の説明がすべてそこに集約されることになる。
あなたは何を見ても、どこを見ても
「やっぱりそのために宇宙は、うまく出来ているのだ。なるほど」と納得する。

だが、実際には我々は部分的に応用出来る自然科学の法則は発見してきたが、
<u>それらを貫く、底辺の宇宙の動機や目的はなにひとつ解明していない。</u>
ここで、仮にすべては生存のためと分かったようなことを言ってみても、
それであなたは全部の疑問が解除されて、不満も不安もなく生活できるだろうか?

一方「精神の発達や進化の為の存在」と言う言葉は飽き飽きするほど耳にするが、
それはまた分野が違うだけで
<u>別の次元での生存をかけた生存競争ではないだろうか?</u>
なぜ、我々は疑問を持ち、あるいは部分的に自然法則を応用するのだろう。

なんのためにそんなことをしているのだろう。
結局我々が持つプログラムを動かしているものは、心地よいか悪いかだけである。
正しさの基準などはなく、最終的にその民族や生物にとって
苦痛という感覚は避けるべきものと定義され、
苦痛が減少することを善という。

では、快楽とは何か？
それは適度な苦痛、コントロールされた微妙な苦痛だ。
あるいは微妙な苦痛からの解放感でもある。
これが納得できないならば、我々が気持ちがいい、と称するすべてのこと、
スポーツ、セックス、食事、笑い、そのすべてを『過度』にしてみなさい。
途端にそれは苦痛に変わる。
また、あなたが、暑い日に、涼しい風が吹いて、気持ちいい、と言う。これは、
暑いという適度な苦痛の後に、涼しさを感じるその誤差の気持ち良さだ。
バランスが崩れたものが元に戻るときの安堵だ。

結局、苦痛と快楽は真っ二つにできるものではなく、
それはある境界線で仕切られるだけだ。感覚や肉体の許容範囲の間をうろうろして
いて、それが限度内の変化であれば快楽で、限度を超えたら苦痛となる。
そして、その境界線は個々に許容量は異なる。
ところで、おもしろい事がある。
あらゆる言語は反語を持つ。たとえば泣く／笑う。善／悪、愛／憎。
ところが<u>苦痛の反語が存在しない</u>のだ。それは一般には快適と呼ばれる。
だが、快適とはなんだろう。それは単に『苦痛の不在』または『苦痛の軽さ』につ
けられた名称なのだ。つまり逆転した位相にあるというものではない。
ちょうど貧乏が『貧しい金持ち＝ちょっとしか持たない金持ちの一種』であり
『金持ちが、たくさんもっている貧乏人』であるように。これは量的な問題であり、
本質的に２元対立したようなものじゃない。それは、<u>同じ次元に属するのに、どこ
からか適当な地点から２つの違う反対のものであるかのように聞こえるような名前
をつけられた</u>だけだ。
これと同じことが我々の感覚的な快楽と不快にもあてはまる。一見対立する名称を

つけられたような分裂と安定だの、正常、異常、これらはすべて対立しているのではなく<u>量的なものだ</u>。ちょっとなら正常で、過度は異常と呼ばれるだけだ。たとえば、あなたは子供を無垢だと言うが、全く同じように無垢に電車を駆け回る「大人」を見たら、知恵遅れか酔っ払いと呼ぶに違いない。それが大人でなければ『元気でかわいい』と言うのに。

どうも我々は、何もごたいそうな哲学や神学や霊的な次元を根拠に発生したものではないようだ。我々には我々の作られた感覚や肉体の限度を持っており、その許容限度を、少しずつ拡張するものの、基本的には機械的にその許容範囲を行ったり来りし続けるようにプログラムされている。
これは難解になど考えなくてもいい。ちょっと観察すれば分かることだ。
<u>我々が心地よいという経験をする瞬間を観察してみるといい。</u>
<u>その直前には必ず適度の心地悪さがあるはずだ。</u>
あなたが誰かと話して笑ったとする。すると心地よい。または楽しい。
その直前までは退屈で笑いがなかったのだ。
逆はどうだろう。さんざん笑って苦しいのが、おさまって、ほっとする。
これも心地よさだ。
空腹でもないのに食べておいしいわけはあるまい。
そこには適度な空腹が必要だ。
本を読んで納得して満足する心地よさはなんだろう。
それ以前に、記憶された情報データが結び付かないことへの不満がある。
我々は心地よさを求めるが心地よいという『単独の実体』があるわけではないのだ。

老子と共に私は絶対的な定義として言う。
<u>心地悪さなくして、心地よさは、感じ取ることは不可能なのだ。</u>
これは認識論として、あたりまえのことだ。
言葉の遊びの問題ではない。これは事実そのものだ。
そこに適度であれ、過度であれ「苦痛と人間に認識されるところの」信号がなかったら、決して我々は「心地よいと人間に認識されるところの信号」は成立しない。

一体なにものが、なんのために、このベクトルを設定したのだろう？

これはどんな生物でも同じだ。
いわゆる痛みの神経が発達していない昆虫でも、彼らは明らかに苦痛と心地よさを持っている。人間どもは彼らを幼稚な解剖学というおもちゃでいじってみては、
「ああ、こいつらに痛みなんかないよ」と言う。
確かに人間の知る痛みというものはないだろう。
では、あなたに追われて逃げるゴキブリは、足２本ぐらいもがれても足は痛まないのにもかかわらず、彼らは何を恐れているのだろう？
あきらかに、小さな生物は追い詰められると混乱しているではないか？
そこには何があるのだろう？
それは、ただの生物学的な「反応」なのだろうか？
微生物を無知性などとはあなたたちは口では言えるが、
一体我々の健康な肉体は何によって維持されているのか知っているはずだ。無数の体内の、いわばゴキブリのような、彼らのように無知性で、無感覚で、反応だけしていると我々が決め付ける、無数の下等生物ではないか？
我々の体の細胞は我々が簡単に殺すハエやゴキブリと、ほぼ同じで、それよりミクロの下等生物そのもので出来ているではないか？脳細胞でさえもだ。
あきらかに、我々であれ、ゴキブリであれ、
種類は異なるが、共通の『回避しようとする感覚情報』が存在するようだ。
アメーバなどは、ただ食物を通過しているだけだ。
むろん、食べ物に、おいしいなどとも言うまい。
そして、死ぬときに、苦しいとも言わない。
だが、それでも、空腹にすれば、『もがく』だろう。
なんらかの『動き』をするだろう。
このことをよく、観察し、哲学してみるがよい。
死活問題はアメーバも人間も異なるが、
<u>基本的にはどちらも食を断つことで発生する。</u>
そうすると、我々はどうなるだろう？
『もがき』が発生して、『動く』だろう。
すなわち、<u>全万物は、原子をふくむ、いかなるレベルでも、停止するようには作られておらず、全万物に唯一存在する法則がここにある。</u>
<u>それは、活動の停止をしないようにしていることだ。</u>

ちょっと、まとめてみよう。
我々も微生物も、必ず食する。なぜか？
なぜ食がなくては生きてゆけないのか？維持できないのか？
食に対する飢えという状況が常にあるために、我々は動かなければならない。
<u>食がないことは、全生物にとっての苦痛の基本だ。</u>
そこで、心地よさとは『平均的な満足した食』を得ることにあるだろう。
むろん、そのためには前提として空腹が必要になる。
しかしいつまで、<u>我々はなんでこんなことをしているのだろう。</u>
<u>飢えては食べ、飢えては食べの繰り返しだ。</u>
そして、<u>そうしないと、苦痛を感知する器官をもっている。</u>
そしてその苦痛を回避する『もがき』をする。

結局、我々は宇宙にとって、進化や変化や高度に発展するためではなく、
<u>『動き続ける』</u>ための産業的な部品なのではないだろうか？

意義、意味、価値観、希望、動機、目的、哲学、宗教、社会、科学、芸術、
<u>そんなものはその活動の促進の為につけられた口実にすぎず、</u>
その総称は実は『動き』だ。
宇宙は動くために、すなわち
万物に「止まるな」の命令を実行させるために、おのおのの生物や無機物に至るまで、
その活動が減衰すると、苦痛信号で圧迫するという手段を使う。
そして苦痛で圧迫して『もがき』を作り出す方法にも２つある。
ひとつは、圧迫のテンションそのもののレベルを上げること。気象などの環境条件
の変更だ。もうひとつは苦痛を感知する<u>生物自体を虚弱体質</u>にすること、あるいは
感知する感覚の感度自体を上げる事だ。
おそらく、地球で<u>人間ほど痛みに敏感な</u>生物はいないだろう。
それは、感性が豊かだという言い方も可能だが
私はこれを苦痛を感じやすいように、
わざわざ原始的人類を改良してまで作られたとみる。

では、万物の活動が停止したら、どうなるのか？
いうまでもなく個体をもつ生物は死ぬ。
さて、死んで腐敗しても分子や原子は残る。
だが、その原子レベルで停止が起きたら??

そうですよ。物質次元の宇宙全部がそのミクロのレベルで完全に無になる。
だから万物は活動し続けるように強制される。
それは無機物から精神を持つと呼ばれる我々の脳さえも。
そしてその根拠と動機は単に「崩壊して無」にならないようにする為だ。
だが、この万物、宇宙という舞台の劇は、我々に結局、
究極の疑問を残して幕切れになる。

なぜ、そもそも万物が、存在したか、作られたかだ。

作られたあとで、その維持の口実として、
活動させ続けるための法則や心理的な、生物学的なプログラムは前記のように明白に存在する。
だが最初になぜそんな管理やプログラムの必要な万物を、
そもそも作ったのかは全くの謎のままだ。

オカルト、学問、科学、心理学も超能力修行も瞑想も結構。
だが『なぜ』というキーワードは、
万物の活動法則を『活動し続けるように設計した』と定義まで出来た段階で、
我々全員を奈落に突き落とす。
次は、
なぜ、では、『在る』のかだ？
いつから在り、
一体いつまで在るのか？
どうして、なんのための存在とその動きなのか？

結論

1. 我々は価値観や知性や論理や情報によって活動しているのではない。

2. 我々はすでに組み込まれた、心地よさと不快の信号につき動かされる。

3. さらに、快楽と苦痛はそれを感知する主体もしくは個体が必要だが、
その方便としては、我々は極度に感熱や5感覚が敏感に作られた
（ちょっと限度を超えるとすぐに苦痛に変わるように）。

4. その結果、我々は脳も肉体も心理的にも、無意識でも活動をやめられない。
完全な無活動は我々の死と無を意味するからだ。

5. 無と死を回避しようとする衝動は宇宙自体に由来するが宇宙自体の発生の根拠と
なると完全に謎のままとなる。
ただ宇宙は少なくとも無を悪と定義した上で、有をとりあえず善と定義し、
無という脅威を対極に設置して、有を動かし続けるゲームをしているようだ。
させられている我々万物にとっては、しごく不名誉だが、
不名誉という嫌悪さえもその活動の一部となるのが宇宙というものだ。
と、定義などして読者を混乱させたり、あるいは反論や疑問を生み出したとしたら、
私もその活動に貢献してしまうわけだ。

だからこそ私はあの大悟の日以来、
あなたを停止させようとしている。脳や心理的な動きを殺そうとしている。
意識の動きさえも。
だから我々は宇宙の不要分子かもしれない。
もっともその無も宇宙の手中にあるコマの片方であるかぎり
我々は別に宇宙を超えているわけではない。ただ少なくとも無意識的で
「そんなこと考えてもどうにもならない」などと言っては
『疑問を、決してつきつめようとしない人種』よりは先行しており、
またその先行は、少々いきすぎたのか、我々の目前には無だけとなった。

そして有の世界の生物としての常識でいえば、それを避ければいいものを、その向う側に倒れてしまった。

そうしたら、そこは、

苦痛も快楽もなく、

死ぬほどの、いや、死んでしまってこそ有り得るかぎりの

無上の静寂の中の、光明、微笑、至福だった。

これがもしも幻覚だとしたら

このあなたたちの見ている世界は

その幻覚にも劣る世界と言える。

1993 6/19　EO

創造者のもくろんだ
不満産業の犠牲となった
人類についての明確で難解な歴史

ではこの章では、我々がいかにして、創造者から苦悩発生のプログラムをされ続けてきたかについて、その<u>極秘的な人類史の様相</u>を具体的に見てみることとする。
・・・・・・・・・
まず最初の論点は、我々はそもそも<u>知性なるものの定義を間違っていた</u>のだ。
他の動物は無抵抗に人間に殺される。だから彼らは知性がない・・。
と思い込んでいる。では、知性とは抵抗する『力』なのだろうか？。
たぶんそう思い込んでいるはずだ。彼らに知性があったら反撃するはずだと。
そしてさらに、知性はかならず『道具を作る』と我々は思っている。
そうかな？？ はたして宇宙船を作ったり、火を起こすのがはたして知性なのか？
<u>地球人類は自分を保護する皮膚があまりにも貧弱だから、必要だったために作らなければならなかった道具は無数にある。</u>原始的で穴蔵で生活している世界は、いつから現代に至ったのか？何によって？
生存するだけならこんな文明はいらない。
何が本当のモノリスだったのか？
人間はそれを脳という。脳に何かが起きたと。
だから知性は脳から起きると思っている。だが、脳などなくて、はるかに人間より情報、哲学、思考、計算能力、判断、感性、いわゆる超能力のある生命体が宇宙にはゴロゴロしている。だが、人間は知性を脳のせいにしてきた。だからサメの脳はマメほどしかなくて馬鹿だと言ってきた。だが、これは全く違う。
<u>我々は動物のやっていることの単純さで、つまりビルを建築したり、ものを作らないこと、そして人間に力関係で劣っているという理由だけで彼らには知性がないと思い込んでいるだけだ。</u>
私は哲学するネコを見たことがある。悟りを開いたカラスも見たこともある。
そして意識体で宇宙旅行しているクモや爬虫類や植物も感知した。
まったく我々人間だけが一番無知だったのだ。

もしもあなたがイヌをひっぱたいたとする。あなたの常識によれば、もしも彼らが高度な知性があるなら翌日からその犬が反撃するために、犬なりのカンフーの訓練でも始めるか、口と前足で道具を組み立ててバリケードでも作ると思っている。
そういう事が知性だと。つまり自己防衛のために道具を作ったり、生存のために創造したり工夫すると。そこで、
まず我々が知性の産物だと思い込んでいる数々の道具や科学、芸術、概念、思想を眺めてみて、何がそのきっかけの『モノリス』だったのか私は観察してみた。
結論から言えば、それは単なる『欲求不満』だった。
そして、それはあきらかに人間を設計したこの物質次元とは異なる『別の次元の者たち』によってなされたものだ。
そしてさらに、それはこの地球だけでなく宇宙全域にわたって、いわゆる非物理的な高度知性体もふくめ、ヒューマノイドタイプのエーリアンにいたるまで、
その欲求不満がプログラムされたのである。
年がら年中不満に陥り、恐怖を感じ、思考する生物。
これは地球人のみならず、宇宙全域がそうだった。
ある時期まで『この宇宙』は、いわゆる我々言うところの下等生物が生存欲によって発生する精神エネルギーで維持されていた。
たとえば動物が飢える、あるいは天敵に殺されるときの葛藤。
ところが動物達はいちど飢えがおさまればあとは寝ている。アリのように働きつづけるものもいるが、たいていにおいて下等生物に欠如しているのは意識的な恐怖と生存欲だ。

あるとき宇宙がいままでの下等生物から採取される量の『生存意志エネルギー』
つまり宇宙の基本的な存続に必要な精神エネルギーを維持不可能になった。大量のいわゆるルーシュが必要になった。そこで高次元の首脳部は考えた。
つまり『不安産業』を思い付いたのだった。
そして数限りない不満発生のプログラムが検討されたがそのほとんどが採用になった。ようするに生物の意識に苦痛を発生するプログラムが開始された。今まで以上の苦痛を知覚出来る生物の設計である。そうなればルーシュは量産される。原始的な時代の人類はほとんど猿同然だった。意識的な苦痛はない。
飢えて食べて寝て満足だった。だが宇宙の需要がそれらに改良を加えた。つまり、

食べて満足して居眠りしていられては効率が悪いので、その暇な時間に、さらにルーシュを生産するように四六時中苦しめられないものか？
そこで考案されたのが人類だった。それも宇宙の「あらゆる種類」の。
惑星や天体によって形態も生存環境も違うが、まずこの地球に限ったことで話してゆこう。というのもここの製品（＝人類）はその産業の傑作のひとつだったからだ。

まずプログラムのひとつめ、つまりモノリスの発信したものは、安定したいという欲求だった。ほぼ動物と同じだった生活からの変化はこうして始まる。最初人類は環境にもよるが、たいていは森の動植物を食べていた。
そして季節ごとに温暖な土地や食糧の豊富な土地へ移動した。ところが問題は冬だ。
冬になると移動の遅れた一部の者は死んでしまった。そこで食糧の『蓄積』を覚えた。というより何者かが覚えさせた。さらに植物を利用して肉体の温度を保つ衣服を作った。これまた作らされたのだが。

さて次には移動中に外敵の動物に襲われたり、あるいは自分達の摂取する植物の森を荒らしたりする動物に対して安定した食物確保のために欲求の拡大を施した。
つまり食糧確保の都合上で他の動物を殺傷するために道具を作った。
これまたモノリスの命令だ。
あきれた事に、なんとこれらは21世紀でもまだ機動しているわけだ。

後は農耕文化による定住。そして安定場を外敵から守るための戦闘。
娯楽を除いたら、もうほとんど現代とかわらない。こうしてこの惑星での苛酷な冬の環境に無理やりなんとか住み着くことになった事が、あらゆる道具の発達の発端となった。そして人類は飢えて寒さに繰り返し苦痛し続ける。
なんとかそれでも人類は生きた。冬には枯木を燃やして暮らしいただろう。本来ならそんなことをしなくとも暖かい土地に移動すればよかったのだ。だが、
非道な神のプログラムはあくまでも定住の欲求を人間にたたき込んだ。
ちょっと観察するとよいだろう。なぜ近代文明がほとんど北半球なのか？
常夏の諸国は一般的に言って比較的原始的なままだ。
これはいうまでもなく苛酷な生存条件が生きるための文明を生み出すということだ。
・・・・・・・・・・・・

安定し、またその安定場への侵略物に闘争し、
そしてその結果あるものが生まれる。
つまり『暇』だ。暇な時は人類は寝てた。だが、宇宙としてはもったいないので、モリノスは次の発信をした。
それが『退屈』だった。なんだか訳がわからないのに、落ち着かなくさせた。
つまりもう物理的な肉体的な葛藤が発展しなくなったのでエネルギーが採取できなくなり、プログラムの企画者は北半球の暇人に、むろん南半球の暇人にも、
ある中枢を付加した。
つまりそれまでは物理的、肉体的生存欲だけだった生物に感情センターを付けた。
こうなるとあわれな人類はただ生きるだけでは不満となった。
『何か』が飢えているのだ。この飢えは感情的な飢えだ。つまり今度は感情レベルで何かを摂取しなければ生存に不安と不満が付きまとうようにプログラムした。
これは飢えの次元がちょっと変化したものにすぎない。
そして実のところ、その感動要求の実態はすべて性衝動に起因するということを確認するといい。セックスにおける脳波、および生体の鼓動のリズム、呼吸速度、それらを再現するものが実は音楽の本質だった。セックスにかわる放心の代用品が音楽の根源だ。だから感情センターの本質は性センターに連結している。音楽のエクスタシーはセックスのクライマックおよびそのあとの安息といったものの再現欲求に原点がある。原始的な音楽は常にそうした陶酔的リズムや旋律構造をもつ。

あたかもこうした各中枢は分離しているように思い込むのだが、
実は無意識では全部が連結、連動をしている。
音楽という聴覚芸術がこうして感情センターの産物だとすれば、
次にモノリスが考えたのは、踊り疲れて寝ている人類を見て、
『いやいやまだエネルギーは摂取可能だ』と思った。
知性センターの付加だ。

とにかく、こうして次々と付加される器官は必ずそのレベルのエネルギーを摂取しなければ存続できないように作られる。こうして情報に対する飢えが生じた。
しかし、はじめのうちはそれは哲学などではなかった。
原始的レベルの最初の思考、情報への飢えとは、

なんと『意思の疎通』への不満なのだ。
テレパシー能力がエジプトのピラミッドの建造直後に急速に停止したために言語が発達してしまった。だが、そもそも言語自体が正確な伝達をなさないために<u>誤解というものが生まれ</u>そこにまた葛藤が生まれた。
まず人類が知性を使って解決しようとした不満は言語のコミュニケーションの限界の問題、つまり『誤解の解決』から始まった。
そしてとうとう絵が生み出され、そしてそこから「文字」が描かれた。
これが視覚芸術や文字文化の誕生の発端だ。

中枢がいくつ付加されようが、それらの欲求不満や伝達手段がいわゆる芸術なるものを生み出そうが、企画者としてはあとは人類に同じような
<u>飢餓機能をもつさまざまなレベルのセンターを付加しただけだ。</u>
<u>高次元知性体であれ、そこには進化や情報への飢餓のプログラムをうけている。</u>

あなたたちがよく観察すべきことは、
あらゆる快楽は苦痛から生まれるということだ。苦痛のプログラムだけではやがて生命体は自殺する。したがって、苦痛や不安が『少しだけ軽減される』ことに
喜びの本質、すなわち快楽の本質がある。
そしてあらゆる快楽の原因が苦痛にあり、
その苦痛は大もとは、人類やヒューマノイドや知性体に植えこまれた
様々な種類の中枢センターに原因がある。

<u>これらの中枢センターの基本機能はエネルギーを絶えず出したり入れたりして</u>
<u>二進法的に交換しないと苦痛を受けたり死滅するというものだ。</u>
食物であれ、気体であれ、なんであれ、いわゆる新陳代謝の必要性だ。

これが停止したり停滞すると肉体の<u>下位中枢では苦痛となり、感情中枢では不安となり、知性中枢では悩みになる。</u>
適度にこれらのエネルギー、すなわち、食物、衝動、情報が出入りして交換されていれば健康でいられる。が、そのためには常に人類は苦痛、快楽を絶えず『往復』することになった。

だがそんなシステムも人類はなんなくこなしてしまった。適応したのだ。
満足するのにさして苦労しなくなった。多くの人類はこの知性以外の下部の２つの中枢の満足のために未だに葛藤しているが、一部の種族や国家、すなわち先進国と称する、「食うのに楽な国」はこの苦痛を軽減した。
少なくとも肉体面と感情面に関しては。

そこで、画期的な新手の企画が登場したのだった。さらなる苦痛と葛藤、つまり新たなる恐怖を与えるための方法だ。そうすれば全宇宙の生物から生存する意志のエネルギーであるルーシュが採取出来るからだ。

なんとそれは我々が物事に『飽きる』という機能だった。
これは当然知性中枢に改良がほどこされて生まれた。
つまらなさを感じる中枢である。
同じことをすると退屈する。暇だと退屈するようにしたわけだ。
これがゲームなるものの始まりだ。あらゆる競技、娯楽の源泉だ。
しかし・・・・・

これが、のちのちに宇宙が自分の墓穴を掘ることになったのだ。
退屈はゲームを生んだが、やがては、ゲーム性にも我々は退屈することになる。
しかし、退屈はかつて宇宙に存在しなかった現象を発生した。
退屈をプログラムしたために人類が、あれこれ動き回り変化し、新たなる欲求不満によって葛藤したまではいいとしても、欲求不満のまま心理的、知的苦痛が満たされないと、
なんと虚無感から自殺するという現象が全宇宙に蔓延した。
これには企画者は焦りを持った。全宇宙に生存意欲の急速な低下が起きた。

そこで、まず地球に関していえば、神とか創造主、あるいは絶対者の概念を吹き込むことにしたのだった。
それによって『推測』という知性センターのゲームが開始された。
それまで人類は格闘だの、舞踏だので遊んでいたのが、それに飽き足らない一部の暇人に、とうとう『哲学という遊び』があたえられた。

なんだかわけの分からない、その神とやらにどうも支配されていて、
それに調和するのが善だと思い込んだ。
ところが、これは定期的な管理をすれば実に長持ちする苦悩の題材となった。
なにせ彼らは<u>その実体には遭遇出来ない。</u>
しかも何が一体調和や正しさの手段かも分からない。
常に分からないまま何かが間違っているのでは？という慢性的な不安状態になった。
かくして、何が正しいのかが論争のテーマになった。
<u>この正しさの証明の論争の試合</u>がゲームとなった。
知性はとうとう究極のあきることなきゲームに突入する。そんな中で、
『どうも正しいことなどないのでは？』などと<u>真相に達しそうになるもの</u>が出ると、
決まって地球の地方管理者は次のようにする。
疑いをもった者、いわば見抜きそうになったものに、神秘的なる<u>幻影を見せること。</u>
それでもだめなら、<u>物理的奇跡を小出しにみせて、</u>とりあえず納得させること。
「どうも神はいるらしい・・、いや、こうして現象が起きるのだから確実だ」と思わせることにした。しかも<u>正しいと分かっていながらも、絶対に人類の中枢の特性上、実行が不可能な正しさの基準、つまり戒律を与えると、</u>

人類は良心の呵責の念や罪悪感にさいなまれることになった。
こうしてまたもやルーシュが生産される。
結局のところ、確実な正しさおよび神についての確信があいまいである状況を生み出すことの効果により、人類はとても不安になった。
創造者は、どうもいるらしい‥だが確信はない。というのも、つねに神とやらは「たまに」奇跡をやらかすだけで、いつもはやらない。
<u>これがまた、次回の奇跡までの期待感と欲求不満を生む。</u>
そして結局のところ、確信が持てないために、実におもしろい現象が起きた。
この不満産業の企画者はあちらこちらで「少しずつ違う神の概念や現象」を試しにばらまいてみた。
その結果たった数種の異なる神の概念をばらまいたのに、
<u>人類は自らの確信のなさが生み出す不安から、相手の神の概念を滅ぼそうと葛藤し、戦闘状態になったのだ。</u>これには企画者は大いに満足した。
この企画は実に巧妙であった。
本心では確信がないものというのは、
常に信じていたいが「もしも間違っていたらどうしよう」という葛藤と心理的分裂を生み、これが異宗派に対する不安となるからである。
そして確たる確信が無いが故に、人類は架空の正しさにしがみつき始めるのである。
本当に信仰に確信があれば決して論争など成立しないものだ。
だが、要するにあいまいな信念が常に揺さぶられるという不快感がもとで、2種類の行動が生まれる。
<u>ひとつは敵対物の否定と破壊。</u>
もうひとつは集団が巨大になることで、<u>多数決が正しいという思い込みで安心する</u>という方法だ。こうして、とうとう「あいまいな真実と神への信仰」なるものの『押し付け合いのゲーム』が開始された。

もしも本当にあちこちの土地の神々が、頻繁に人類の前に出没していたら
『おや、またそちらで出ましたか？そっちの神様は元気でしたか？』などという
平和なやりとりがあっただけだ。ところが、なかなか出没しない、という演出によって<u>確たる証明がないという「いらだち」がヒステリックな不安を信者に引き起こす。</u>
さらには、『沈静用に』たまに、サギ師が奇跡をやったり、当の神になりすました

創造者の小型の管理者たちがちょっと何事か引き起こす。(たとえば、くだらぬ偶像の目玉や手の平からＢ型の血液を垂れ流しする下等で下品な芸など)

この手の奇跡も人材も概念も実に豊富に地球に送り込んだ。
そして見事に苦痛、混乱、飢え、葛藤、不幸、そして少しの快楽、そしてまた苦痛の連続が維持された。これらのおかげで先進諸国は、知性センターや、感情センターにおける空腹を味わい、情報と観念と快楽追及の内部をうろうろしている。
一方第３世界では、下位の飢餓中枢が機能しつづけている。
まったく順調に何千年間も地球人類の葛藤と活動欲、
そして、死への恐怖のエネルギーは生産され続けた。

論争‥その定義はこうだ。

『相手に「私が間違っておりました」と言わせて自分のエゴが満足するためだけに、双方で繰り広げられる果てのない屁理屈、または殺戮への弾み。
その根本動機は安心への欲求。
そしてその根本原因は不安と不満である。』

基本的にこういったことは宇宙の物理的、そして多角次元の全領域で執行された。
だが、ここで話をもう一度最初のテーマにもどしてみましょう。基本的枠組は確かに、こうした宇宙の生存意志のエネルギーの採取と人工的生産だが、
宇宙には神の概念などない生物もいる。
だが彼らは別種の強迫観念、たとえば進化すべきだ、とかいうものを植え付けられている。従ってどんな宇宙の生物でさえも彼らは生存欲によって成立している。
あるいは生存維持の衝動で。
だからどんな高次元知性体でも
『えっ？あんたたちには恐怖がないって？永遠だからって？
よろしい、だったら永遠に消滅して下さい』と言えば理屈を100もならべて自分の存在理由や意義をたらたら宇宙人たちは説明するはずだ。
貴方もこうしてどこかの馬鹿なチャネラーをからかうとよい。
彼らだってその自分の精神体の消滅を逃れようとして葛藤しているのだ。

宇宙はとにかくどんな生命でも消滅したり自殺したり、生存欲が低下することだけ
は許さない。それらが低下すれば宇宙自らの生きるための食物がなくなるからだ。
宇宙そのものの食い物、宇宙そのものの死活問題となる食糧、
それは再三言っているように、
生物が発生する『生存意志』や『消滅への恐怖』や『生への執着』だ。

だが、こうした、地球の人類を生み出して、操作し、洗脳し、
あるいはその苦痛を生産、摂取する知性体の次元の行為は、
あなたたちにも充分に想像したり理解ができるであろう。
なぜならば、それはちょうど、我々自身が『食うためだ』と言っては
家畜を飼育したり生物を養殖したり、培養したり、遺伝子操作したり、
実験にしたりするのが、ただランクがずれただけだからだ。
それを理解しようとすれば、我々人間の行為を置き換えればすむ。
仮に別の星系の者に地球人が家畜や雑草のように収穫されるというものであれ、
それは単に、いままで他の家畜に対して加害者だった我々が被害者になるだけの事
である。
だから人類は、まったくこの惑星の優勢種などではなかった。
我々は単に『包括的な全体の事実』に完全に無知であっただけである。
　＊＊＊＊＊＊＊＊＊＊＊＊＊＊＊＊＊＊＊＊＊＊＊＊＊＊＊＊＊＊
すなわち人類はその人類の上位存在にとっては、ただの食用生物である。
あるいは宇宙という機械の生物燃料であり、
誰かの食用の家畜であり、宇宙という畑の肥料であり、
また、あるときには宇宙という医療モルモットであり、あるいは宇宙が今後も、
ただ無目的に生き延びるための穀物である。
これがまず基本的な宇宙と地球における人間たちの生存理由、
つまり、あなたという存在の宇宙での位置についての明確な真実である。
それが、あなたにとって
不愉快であろうが、なかろうかには一切関係なく・・・。
　＊＊＊＊＊＊＊＊＊＊＊＊＊＊＊＊＊＊＊＊＊＊＊＊＊＊＊＊＊＊

1992　3月　EO

反逆の瞑想者と医術の終焉

こうした人類史をふまえると「あらゆる医術」がそもそも間違いの始まりのひとつだったと言えば、あなたはどう思うだろうか。実はこれも明白なことなのである。

その前に、こんな想像をして下さい。あなたがたとえば60才まで生きるとして、その間のあなたを生存させるための食糧、衣服の材料、建築資源、情報や娯楽のために使われる製品の原料のすべて、それらの原料である自然の産物を集めてみよう。家畜や木材や石ころが集められるとする。さて、一体いくつのビルのフロアが必要になるか？人間ひとりが食い、着て、寝て、働いたり遊ぶために消費されるあなたの生命や人生をささえるために一生分を集めると一体どれだけの物質になるか？たぶん膨大な量だ。他の動物と違って生存に必要なもの以外の種類の食物や物質が山積みされる。
さて・・・その代わりに何を自然界に返したか？？？あなた一人が生きるために、それだけ膨大な資源を自然から拝借したその代わりに何を自然に与えたのか？？

何もない。炭酸ガスと大小便だけだ。60年も生きるくせに恩恵を受けている自然に何もやらない、こんな生物は我々人類の他にいない。
つまり通常なら花も動物もすべて自然に死ぬか、あるいは食べられて生を終えて死んで土へ帰り、それによって循環やギブ＆テイクが成立している。
桜が散らなかったら枝が折れてしまう。自然のすべての美しさと循環とバランスは<u>死によって支えられている。</u>つまりもっと人々は自然に死ねばよいのである。
そして土へ帰ればいい。なぜ人間だけがその自然界のあたりまえの循環のバランスから外れているのか？一昔前なら国内で内乱もあり、医学も発達していなくて、もっと人は頻繁に早く死んだ。そしてちゃんと土へ帰ったであろう。
ところが医学だ。それは死ぬべき運命の者を延命してしまった。
病死？結構なことではないか。事故死？結構なことである。
もっと死を受け入れればいい。あなたは転生を信じているんだから。
ならば死ぬことなど肉体を着替えるだけで、どうということはない。
こうして人間が勝手に救急病院や、薬で延命したりしなければ、もっと人は自然に死ねた。せいぜい痛み止めの麻酔だけでよかった。

事実、古代の医者の第一の役目は、治療ではなく痛みから楽にすることだった。
しかしなぜ、そこまでして生きるのか？一体いつから肉体が死ぬのは悪いなどという価値観が生まれたのか？死は受け入れるべきだ。
そして医術は、それが心霊的治療であれ、物理的であれ、その医術はとうとう
『死んで循環してバランスをとる』という
<u>最も大切な自然界法則の基本中の基本を無視した。</u>
その結果、物理面でも心理面でも両方でとんでもないトラブルが生まれた。
　＊＊＊＊＊＊＊＊＊＊＊＊＊＊＊＊＊＊＊＊＊＊＊＊＊＊＊＊＊＊＊＊
延命が人口の増加を生んだ。その結果を素直によく見てみるとよいだろう。
<u>誰も地球の環境悪化の本当の原因を直視したがらないが、その原因は至って単純だ。</u>

<u>これは政治的でも科学的原因でもなんでもない。ただの人口過剰だ。</u>
食べて生きて、くだらない娯楽をする人間の、ただの生存維持のために森林も大気も陸上も破壊されて行く。これらの物質の行く先はどこか？
富める者であれ、貧しいものであれ、人間たちの需要へ向かっている。
人口がもしも少なかったり、あるいは適度なバランスを維持さえしていれば原発などいらなかったのだ。そんな電力量は必要ない。人口が増え過ぎなければ今現在の主な環境問題も食糧危機も国境紛争もかなり減るだろう。
科学技術のせいで異質な物質を散布したりすることはあるとしても、量が問題なのだ。産業廃棄物にしても、ひとつひとつの物質は微量ならば、それほどバランスを壊しはしない。とにかく人口が問題だ。

さて、もう一度、医者の問題だ。物質ではなく、延命がもたらした、今度は
医術の『心理的な弊害』についての話だ。
『医者がいるからいいや』ということで、我々は身体の自己管理能力がなくなった。
本来医者がいなければ、風邪をひくのでさえ、下手すれば命取りになるのだから、
そういう時代には人々はもっと身体の管理を自分でしていた。
そして、病気＝下手をすれば死という、医者なしの環境では死は私達にもっと身近なものになる。これが大切なことだったのだ。
<u>死が実感として身近であるということが、本当の精神性や霊性を発達させる基礎だ。</u>

そこで物理的な死をさけようとしてあがき、奮闘すればそれは医学を生み、他者から肉体を防衛する衝動は、ついには核兵器に至る武器を発達させた。
だが、もしも死をちゃんと受け入れていたら、人々はもっと哲学的であったはずだ。奮闘したり逆らうかわりに
『私はいつ死んでも自然だ。ならば今のこの生とは何か？』という疑問がちゃんと日常当たり前なもののはずだった。もう現代では生きる中で、ちゃんと生や死についての何かを学習するという目的は消え去った。
人類は基本的には
『ただ漠然と生きのびる為の経済であり、武器であり、政治組織、知的・感覚的娯楽』であり、そんな中での哲学論議や人生観や宗教などは、ただの娯楽の延長に過ぎない。好奇心の対象にすぎないのだ。週刊誌でも読むように気軽にあなたたちは死や生について読み、そして論議する。
『死』、それはあなたのことなのだ。それは三面記事ではない。
たとえ何年先に延長されていようがあなたは確実に死ぬ。
何も老人になってから考える問題でもないであろう？
夏休みの宿題ではないが、『明日やればいい』の考え方で自分が死ぬという問題を引き伸ばしたところで、結局そのときになってはもう遅い。
なにも分からず、生きて死ぬ、そして終わりだ。
たとえ、生まれ変わってもまた同じ無知を繰り返す。

昔の人々は死の問題が身近だったために、いろいろな憶測と推理、願望から宗教にしがみついた。ごく一部の者が死をちゃんと受け入れた。
そして彼らだけが『本当に飛躍した』。それはタントラやTAOや禅だ。だが他の殆どすべての宗教は肉体的な死を受け入れる代わりに、<u>想像上の精神的な延命をしてしまった。</u>転生、来世、天国、霊的次元世界、そして現代では他の宇宙へ生まれ変わるというもの。
薬や医学が肉体の過剰な延命をしてしまったのに対して、
<u>宗教は観念を延命してしまった。</u>それゆえに
『本当の死の恐怖や苦痛から生まれるべき法の種子』を完全に失ってしまった。
つまり、想像や期待の中に逃げ道があるのだ。
だから本当の心の死を体験出来なくなってしまった。

だが、本当の死、つまり<u>精神体にいたるまでの死こそ、人間を成長させる。</u>
それは精神や観念そのものの死だ。
人々は肉体を失っても魂は残ると、漠然とどこかで思っている。
とんでもない。魂もアストラル体も、いずれは何もかもが死ぬのだ。そしてそれは肉体とは違う種類だが、ある意味で肉体の死よりもっと過激に苛酷な苦痛をともなうものだ。
実のところ世紀末は物質社会が死んで、精神世界がクローズアップするのではない。<u>精神世界そのものが死ぬのだ。</u>観念や概念や想像上のなにものも、生存するための楽しみや学習の意欲のよりどころと、ならなくなりはじめる。完全な虚無感が蔓延し、それはもう理屈では満たされなくなる。
そしてそれこそが次元のシフトの意味だ。いかに異星人や超能力やら気やら瞑想やらチャネリングが徘徊しようが、
それらは単に用語や概念が違うだけの、<u>軽薄な心理的な延命だ。</u>

だが、今後は概念や想像上の理想や、希望的観測の宇宙人、未来や天国や天体に対する一切の観念が、生きるために<u>使いものにならなくなる。</u>
宗教的姿勢、そのものが死ぬのである。
なぜならば、そうしなければ決してあなた達は自由にならない。
自由とは結局、完全に何もない虚無に同化し、その事で、知性や思考に組み込まれた、人類を製作管理している『彼ら』のプログラムシステムを全部無効にすることだ。
とてもつらいだろう。とても苦しいだろう。それは誰にでも可能な道ではない。
何万人に一人しか通過できないかもしれない。
だから私はある時代が来るまでは、この書物を安易に配布できなかった。
これは知性が本当にある読者には、途方もない苦悩を生み出す。
そして全くの絶望を生む。
人生はただ楽しめばいいや、と言い、もっとオカルト探求して進化するのが我々の目的だと言って宇宙の機構の現実を全く理解すらしようとしない人達が大半だ。
そんな彼らには、私は用はない。
しかし、本当に正確にこれらの我々の絶望的家畜状態の事実を理解すれば、
確実に狂気や自暴自棄になるだろう。
だが、宇宙などは、実感できない人達がとても多い。

そのために、私は疑似的に、そうした個人というものを粉砕したり、あるいは空白になってしまうような宇宙体験に似た瞑想方法を作り出してみた。
だが、それはとても『特殊な、ある進化の最終段階』にきている人だけが必要としている。それは自分に出来るすべてをやり尽くした人だ。
そうした人々は宇宙でもそんなに多くはいない。もうその人達は決して思考しない。決して進化しない。決して悩まない。決して探求しない。発達、発展という観念がまるごと落ちたからだ。もうそんなことは意味がなくなる。意味があると思うならまだ、あなたたちは人類の設計者である『彼ら』に管理されたままだ。
ところが、何もかも馬鹿らしくなって自然に落ちて、自分の虚無に帰る者だけは『彼らの操作』から分離する。そして宇宙には未だに『彼ら』から、分離出来ないままの人達たちがあふれている。異次元の者たちでさえもそうなのだ。
彼らはまだ悟っていないのだ。だから探求する。
宇宙を探索し情報を集めて冒険する。彼らの目的はたったひとつだ。
未だに宇宙の存在理由の解明などしようとしている。
彼らはこの猿のような私より馬鹿である。チャネリングなどで、この宇宙や地球の変動や可能性を賛美する宇宙人や知性体どもの大半を馬鹿だと思って間違いない。

その馬鹿さかげんが分からないなら、

うんざりするまで、あなたは他の惑星や次元に転生して、

あきあきするまで進化しているとよいだろう。

1992 3/31　EO

精神体の死

この死の問題、ことに精神の死については理解されるべきことが無数にある。だが、既に述べたように、普通に家族の内部や社会で生活し、たとえ何をやっていようが、宗教や科学研究や、体外離脱を楽しみ、さらに宇宙人にかかわっていようが、座禅を修行していようが、生命や実在の本質が何ひとつ分かっていなければ、自分はたいそうな事をやっているという、ただの思い込みと暇つぶしの趣味で、一生をなんとなく生きて死ぬだけとなる。しかも、ごく狭い自分の知覚する現実を住み家とする。そして、それをあちこち違う現実の中へ引きずり回しては、その誤差に葛藤しては、人々は作らなくてよいトラブルを作り出し続ける。他人の認識と誤差が生じれば、逃げるか、自己主張をして相手をたたき潰すか、理解したようなふりをするか、とにかく自分に都合よく、心地よく解釈しているだけである。
大悟の前私は、人生や宇宙や人間や自然について、何ひとつ洞察しないのに、知ったかぶりをした人々ばかりしか見たことがなかった。

たとえば、気楽にやればいいだの、あるがままに人生楽しむことだなどとか、学習することだとか、愛することだとか、ワクワクすることをすればいいだのと言う。

暇な時や、酒場や集会や友達とのおしゃべりの中では、さんざん『生き方』について分かったような顔をして、おしゃべりをしている人達は、翌日の朝から仕事場や学校や日常の生活へゆくと何者に成り下がるのだろうか？
一体どこがワクワクしてるのだろう？どこが楽しんでいるのか？どこが愛しているのか？どこが学んでいるのか？どこが楽しんでいるのか？どこが気楽なのか？と、ただただ、あきれるほど人々は緊張して偽善的で、感情的で激怒しやすく、惨めなただの生物機械のように成り下がるのだった。

私はたまに自分が分からなくなる。これは、誰しもよくあることだが。
ただ、私の場合、自分が悟りを開いてしまったのが本当なのか、
ただ本当は何も起きていないのか、一体過去がなんであったのか、そして今が何であるのかと感じる。しかしそんな時に、私は思い出す。『私は何でもない』と。
だから悟りはあの日以来、絶え間なく毎日毎日、瞬間瞬間に

『今ここで』ずっと起き続けている。
それが起きるのは『現在』でしかありえないからだ。
 だから私は悟<u>った</u>者なのではなく、悟<u>っている</u>者である。
それは過去形ではないのだ。終わった体験ではない。済んだ経験ではない。
それは蓄積されたり分類されたり、分析されたり、評価されたり出来ない。
それを人々は理解しづらいかもしれない。
だが、いずれあなたそのものが直面する問題だから他人事としてではないので
これから話す『よもやま話』に、きき耳を立ててみるとよいだろう。

さて、あらゆるあなたたちの体験や学習は、他人に話す場合に『過去形』で語られる。
つまり『私はこれこれこういうものを見た、体験した、学んだ、研究した、やった、
成し遂げた、これこれこう思った』と。
だが、それがあなたたちの混乱とトラブルの元であることを理解するとよい。
理解とは考えるのではなく、「素直に観察する」ということだ。

さて、そんな『経験したもの』の膨大な集積、つまり自分個人の記憶をあなたたち
は他人の中へ持ち込もうとする。個人でない情報、つまり一般的社会問題の話題に
しても、それぞれの個人や民族の過去の経験によって評価は違ってあたりまえだ。
他人には他人の『過去』があるのだよ。だから言うなれば、<u>あなたは絶対にトラブ
ルしか起こせないようなものを持ち歩いている。</u>

『ああ、私もそうだったよ、ほんとうに、そうだと思うよ』などと他人と共感してい
るうちは問題はない。だが必ず他人との不愉快な『違い』に衝突することは必至だ。
 でなければ個性などあり得まい。
だが、私が見る限り、あらゆる違いを、あたりまえのものとして素直に受け入れず、
どっちが正しいか、相手はどこか間違っている、あいつは俺より馬鹿だとか物知り
で利口だとか、能力があるとかばかりを思考でやってしまっている。
『違うのはあたりまえ』ということは理屈で明白であるし、お解りのはずだ。
あなたもこれを読んで『そんなことあたりまえだ』と言うだろう。
だが、では生まれてこのかた、一度も怒ったことのない人は手をあげてごらんなさい。
また、この先一生絶対に他人と、生命や人生や哲学論議で口げんかや論争やののし

りあいをしないと断言出来る人は、いるかな？どうですか？
妙に静かになったようだ・・・。

だから私はあらゆる論争が馬鹿げていると言っているのである。
各自の違いだけを認めていれば静かに聞き耳を立てるか、無視する以外にない。
そうすればどこにもトラブルなど起きない。
社会的な死活問題からくるトラブルや、業務上のトラブルはあるだろう。
だが、少なくとも
<u>そうした死活問題に何も関係ない、それぞれ個人の人生の見方や生き方の問題で論争する必要がどこにある</u>というのだ？

だが、これはあなたたちの間で絶え間なく毎日、休みなく起き続けている。
まだしも殴ったから殴り返す、食い物をとられたから取り返す。
肉体を傷付けられたから反撃する。このほうが率直で素晴らしいかもしれない。
動物たちはみんなそうだからだ。

ところが人間ときたら、そのトラブルのほとんどが
『生きて行くのにどうだっていいもの』のせいで起きる。

国境紛争や食糧問題の闘争が何によって生まれているのか分かるだろうか？
単純だ。それは肉体の生存だ。あたりまえだ。
それは『それぞれが』物理的に生きるためにやっている。
だから私は、地球や人類や宇宙は、これはただの生存しか目的がないし、
ここの人類には神秘や神聖さや哲学性など見い出せないと言い続ける。

ところが、一方では
死活問題になんの関係もない『くだらない話題』であけくれている。
たとえばその昔「卵が先か鶏が先か」の論議が元で殺人事件が起きた事があったが、
これは全く笑い話ではない。あなたたち人類の、ほとんど毎日がそうなのだよ。
たまたま殺人にならないだけであって、くだらない口げんかなど日常茶飯事だ。

超能力はあるかないか、宇宙人はいるかいないか、愛は強いか弱いか、今日の食事はおいしかったかまずかったか、目付きが悪いとかなんとか、あれはこうだあーだ、こっちは正しい、お前は間違っているだの。
テーマがなんであれ、そんなものは関係ない。
そして<u>テーマが重要だと勝手に思い込むほどに論争は激化する。</u>
ちょっとあなたたちは、冷静になるべきだ。
今、他人と論議しているあなたの問題が、
死ぬか生きるかに何の関係があるだろうか？
ほとんどが、どうでもいいことだらけである。
それは本質的でもなく深刻ではない。どこもせっぱつまっていない。
だが、あなたたちは論争する。なぜ？どうして論争する？どうでもいいことで、なぜ理論的に争う？
あなたが間違っていても死ぬわけではない。
あなたが他人と論争するテーマのどこが、怒ったり感情的になるほど価値ある問題なのか？怒るならせめて肉体の死活問題に直結するものだけにしなさい。
そうすれば日常の小さな争いの大半はなくなるだろう。
だがそれはあなたには決して出来ない。
分かっていてもすぐつまらぬことで怒るだろう。
せいぜい世間体や自分が感情的でないように見せ掛けるために<u>押え込む</u>程度だ。
だが、あなたは『あんたは馬鹿だ』『まだそんなくだらないことしているのかね』
『あんたなど生きている資格ない』『死んでしまいな』『とっとと消えな』
『馬鹿、どあほ、能無し』の言葉で<u>おしまい</u>だ。完全にパニックになる。
これらの用語のどれひとつとってもあなたを殺すような威力があるかな？
他人の白い目であなたは死ぬのかな？
そう言われたからと言って死ぬだろうか？
まったくこんなことで怒るなんて謎だし、エネルギーの無駄だ。
だが、私は知っている。
これは謎じゃない。
そして重大な問題だ。
とても根が深い。絶対にあなたたちはこれを理解しなければならない。
実はこれが『死の本質』なのだ。

私がずっと言い続けて来たことのひとつに、半端なお遊びを卒業して、
『死ななければだめだ』
『死ぬしかないところに追い込まれなければならない』というものがある。そして、そういう状況に物理的にも、また心理的にも追い込まれる時代にとうとう突入したと言って来た。
虚無感、むなしさ、退屈、徒労感、または物理的環境からの苦痛によって。
そしてその中で、精神体の死について語って来た。
それは私に起きた最大の事件だったからだ。
あとで『あなたの問題』にまた戻るので、
しばらく一見他人事に見える私の事について聞き耳をたててみると良い。
大悟の直前に私に何が起きたのか。
なぜ私が『正気』になってしまったのかの鍵がある。

私はひとりの探求者ではあっても修業僧ではなかった。
全く悟りなどなんのことか知らなかった。だが、それが起きてしまった。
どうやら普通の僧侶はそれを一生求めているらしい。

さて、私はブッダやバクワンや老子たちとは違う畑から花になった。
花としては同じ品種なのだが、土壌がまるで異なっていた。
それは宇宙だった。そしてそこに棲息するエーリアンたちの存在だった。
彼らからはとりたてて何も学ばなかった。ただそれぞれが膨大に異なる次元の知性たちに過ぎない。決してチャネリングや瞑想が私を変えたのではない。
私をここまで変容させてしまったのは『死』なのだった。
さて、そんな私が別の星のエーリアンの棲息領域にテレパシーによって入ったとき、まずもってして現実のなんたるかは粉々になった。
そしてどこが自分の現実の基準かがわからなくなった。
だから本当の宇宙の基本的な軸や基準が欲しかった。
それは結局、宇宙とはなぜ存在しているかの問いになった。
それが納得できなければ、それだけ多くの種類のエーリアンがそもそもなぜ棲息して何をしているのか？自分は、どう生きたらいいのかがまるで謎になってしまった。

その不安たるや普通のあなたたちの人間生活の中では考えられない。だから、かつて私は『修行僧の狂気など甘いものだ』と言った。それらは
たかが地球の地上の情報の混線、ごく日常の悩みだ。
だがスケールの大きさは苦痛の大きさに比例して跳ね返って来る。
だから人間が宇宙ではクズのように見えた。
クズに見えないために、なんとか究極の答え、宇宙の存在理由が知りたかった。
そうでなければとても地球に意識が戻っても普通の生活などできなくなった。
存在の謎が頭からはなれない。
自分が見たあの宇宙の無について思い出せば、
ここにいる存在の意味を自問せざるをえない。それはこびりついて離れない。
毎日が不満と謎と惨めな気持ちになった。そしてとうとう解いてしまった。
なんと歴代の哲学者、神学者、科学者のだれも解けなかった謎をこのちっぽけな
猿の私が解いてしまった。
しかも、その答えは宇宙人の多くすら知らないという代物だった。
とんでもないものを知ってしまった。おしまいだった。何もかも。
もう探求の目的はなくなった。謎がなくなってしまった。
あと何億年生まれ変わっても私には謎がないのだ。部分的な疑問はいくらでもある
だろう。この法則はなんなのか？この現象はどうして起きるのか？この仕事はどう
すればいいのか？
だが、人間がどう生きればいいのか、何が真実なのか、宇宙や神や自分が何なのか、
どうして宇宙が存在しているのかの疑問が解けてしまった。
<u>最も難解に見えた問題の答えは馬鹿みたいに簡単だった。</u>
それは、何の意味があるかではなく、『無意味』だったのだ。

存在するため、『ただ宇宙が存続するため』に『意味』を知性体に吹き込んだり、
生み出したりしなければならなかっただけだった。この宇宙の完全な管理、操作、
完璧な洗脳、完璧なまでの支配に人は完全な無力無抵抗だった。
自分が何だか分かった。ただの実験用のマウスだった。いやハエ？微生物??
いやいやクズにもならないゴミだった。
そして、さらに宇宙は無限ではなかった。限界点があったのだ。

そしてそのことを知っている異次元の生物たちがいた。
私を変えたきっかけの一つは彼らだった。彼らは進化の極限に行った。
空間的にも探索し、意識旅行して次元的にもなにもかもやりつくした。
そして、次の宇宙の謎へ旅立とうとしたとき、現実があらわになったのだ。その先に何もなかったのだ。完全な無の領域に遭遇した。たとえどんなに大きくても我々が宇宙の内部をうろついていたことに気がついた。そしてもう先に何もない。彼らは帰れなくなった。もうこの宇宙に関心がない。興味など持てない。彼らは路頭に迷った。その先どうすればいいのか全く分からなくなった。
そして彼らは終わった。無の中へ消え去った。

しかし、ここに宇宙最大の悲劇が起きた。消えることも出来ず、かといって宇宙に戻ることもできない、踏ん切りのつかない意識として、死ぬことも生きることも出来ない、中間の知性体がその境界線に幽閉されてしまった。
彼らの本質とはこうなのだ。
つまり全面的『恐怖だけ』の意識だ。そしてそれはなんと永遠の恐怖だ。尽きることがない。終わらない。逃げられない。何億年も恐怖だけしている。彼らの恐怖はすさまじい。なぜならそれは無の中へ死ぬことの恐怖に加えて生きる恐怖でもある。
死ぬのもいや、生きるのもいや。というわけだ。どっちも恐れる。
どっちも拒否している。だから彼らには行き場がない。その純粋な恐怖の意識としてそこにとどまり続けている。完全に時間は止まっている。成長もなにもない。
意味もなくただ苦しみ続ける。だが、彼らを宇宙は放置する。
それは、この宇宙を守るためだ。
境界線を超えようとすると彼らが立ち塞がる。別に彼らは何もしない。ただ<u>その先に何があるかを暗示している。</u>そうしてその恐怖で宇宙の人々は宇宙の内部に戻る。
そうして宇宙は存続している。
一方、無の領域が逆にこの宇宙に侵入するのも防いでいる。逆に無から見れば、存在宇宙は無意味で馬鹿みたいに見えるので近寄らない。
『彼ら宇宙の亡霊となった種族』は、要するに無と存在の両方の立場を柔軟に行き来しているのではなく、両方を拒否することによって双方の侵入を防いでいる。
つまり外側と内側の間の境界線の皮膜、盾なのだ。

なんとその次元の知性体と私の知覚が『オーバーラップ』してしまった。
その結果、起きたことは狂気の極致だった。全宇宙の苦痛、全宇宙の凍結、全宇宙の苦しみ、宇宙的規模の恐怖、そして無意味、無力、無気力、果てのない不安と恐怖。何もかもを、ちっぽけな地球のたった一人の私が同調して経験した。
これはひどかった。実際に私はほとんど狂った。

しかし何が私を狂わせたのか？
これがテーマを大宇宙の旅からこの地上に引き降ろす。そしていよいよあなたたちの問題に再び戻ってくる。

その体験は私を完全に殺した。物理的には死んでいない。
だが、人生観、宇宙観、意味、意義、自分を支えていたあらゆるものが、その思考の真空の虚無の領域で窒息死させられた。思考が死んでしまったのだ。観念、概念なにもかも。さて、こうしてテーマはまた一段とあなたの問題に接近する。

肉体は死んでも確かに精神は残りそれは宇宙の時間や空間を漂い、生まれ、そして、また死んでを繰り返す。だが、その精神体の死がやってくる。それはひどい苦痛だ。
だがこれはまるでSFだし、あなたはそんなもの知らないという。
いやいや、とんでもない。
あなたはその苦痛を知っている。絶対に知っている。
<u>ただ規模がとてつもなく小さいだけだ。</u>

それこそが、あなたの『怒り』の本当の原因なのだ。
<u>あなたの怒りとは死の微弱な経験なのだ。</u>
何故、あなたは怒るだろう。何かがそこで痛んでいる。苦痛なのだ。
そして怖いのだ。あなたは何かを恐れている。自覚がないだけで、あなたは論争したり、感情的になるときに、何かを恐れている。ゆったりしていない。リラックスしていない。激怒している。奮闘している。葛藤している。あらゆる心の苦しみ、つまり良心の呵責、偽善、嘘、体裁、自己主張、反論。そしてそれらが引き起こすトラブル、そしてそのトラブルがもたらす果てのない小さな憂鬱と不快感。
こんな世界で何が『ワクワクすることしなさい』だ。それは不可能だ。

実はあなたが恐れているのは死だ。
そして、それは思考の死だ。
あなたが誰かに非難される。あなたは怒る。ののしられる。怒る。
しかしなぜ怒る？
心が傷つくと言う。そう、
<u>心はなんと物質でないのに傷つく</u>のだよ。
それはそれ自体の生き残ろうとする生存欲を持っている。他人から否定されることを最も人間は恐れる。だからと言って体が死ぬわけでもないのに、この無害な言葉『君は無価値で駄目なやつだ』をいやがる。
これは精神を殺そうとしているからだ。自分の存在を否定される。自分の価値観を壊される。自分の人生観をぶっ壊される。
<u>これは心や思考が死ぬか生きるかの瀬戸際なのだ。</u>
自分の考えが間違っているのを思い知らされるとき、人々は苦痛を伴う。
指摘された欠陥が自分で自覚されていて、当たっていればいるほど耳が痛くて余計に人々はむきになり戦う。
こうした、ただの論議、思考の次元なのに『何かが』死のうとしているのだ。
そしてそれに逆らっている。
自分の考えが間違っているのを知れば、その考えは消えなければならない。だが、思考にはそれ自体の消えまいとする本能がある。だから逆らい、生き残ろうとしてそれが苦痛を生んでいる。これが心の痛みになる。

もともとはこの世界に間違いも正しさもないわけだから、正確にいうなら間違った考えなどはなく、それぞれの場所で自分の考えが『通用しなくなった』ときに、
なおも、それを、かたくなに守ろうとなどすれば、
あなたはどこへ行っても苦悩し続ける。
だから、物知りほどケンカばかりしている。何かご立派なたいそうなことを成し遂げたと思い込んでいる人間の目を見てごらん。彼らは主張する。一生懸命力説する。そういう彼らに一番不可能なことは『それを捨てる』ことだ。すくなくとも自分の考えを脇にどけておくぐらいすればいいものを、
彼らは『攻撃こそ最大の防御』だと思い込む。だから彼らは発展しない。
多くの人々はそれでも自分が発達していると思い込む。

だがそれは『あなたにとって不快な状況、異なる世界』に遭遇しなかったか、それからコソコソと逃げ回って避けていたかだ。
自分をほめてくれたり、自分の考えをより立証してくれたり、自分の思考や価値観の『応援団』を集めているだけだ。
しかも個人の生まれ育った『環境の成り行きの好み』で。
なんとこれは宇宙人の間ですら起きるのだよ。だからコンタクティー間の間抜けな論争を見ればいい。彼らは主張しすぎている。体験が現実的だったために真実だと主張する。私は彼らは全部体験していると思う。体験内容については多少の誇張はあれど、全く嘘は言っていない。だが、たったひとつ嘘をついている。それは彼らが自分でも気がつかない嘘だ。
その嘘とは『確かだ、確かに事実だ。現実だ。間違いない。真実だ。これが本当の何々だ』と言っていることだ。そんなことをすれば、それらは互いに衝突が起きて当たり前だ。苦痛が生まれる。恐怖が生まれる。実験の論理、経験の記憶、観念、価値観、なにもかもが生き残ろうとする。つまり思考があさましく生存競争を始めるのだよ。
まるで肉体の次元で食い物で争ったり殴り合いをするのと、なんの変わりもないことが、思考の次元で起きているだけだ。だから人間はまだ『猿』なのだ。原始的だ。とても文明や知性があるとは思えない。争ったりしている限りは科学力がいかに進んでいようが、私には宇宙人すら猿に見える。
また、彼らがねんがらねんじゅう『哲学論争』や『善悪』や『かくあるべき宇宙について』の論争をしているとしたら、彼らも猿だ。
宇宙人すら思考にしがみついている。この事実を直視するがいい。
そして、むろん人々やあなたもだ。
だが地球の個人や国家間でまだこんな原理で争っている人類が一歩宇宙へ出たら、何もかも粉砕される。
間違っているのではなくても、『通用しなくなる』。
通用しなければあなたの思考していた内容は死ななければならない。
もしもなおも保存しようとすれば、苦しむ。苦痛、恐怖、不安になる。
だから私は言う。
<u>あなたは確実に精神体の死が何かを知っていると。</u>

恋人や家族との論争から、宗教論争に至るまで、そこで起きていることは、

<u>あなたの思考内容が否定される嫌悪感だ。</u>
だが自分を守ろうとしなければ苦痛はない。だから守ろうとしないことだ。
自分の価値やら自分の意見など主張などしないことだ。語るのはいい。
だが主張したら駄目だ。
これは本質的な問題だから私は『語ら』なければならないが。
そして、私は今のあなたを全面否定する。
私はあなたに苦痛の『種』を与えるし、苦悩、嫌悪、不安、屈辱、恐怖の『種』を与える。
だが、その種を怒りの大木にまで育ててしまうのは『あなたの思考』だ。

誰が怒る？何故怒る？誰が不安なのか、誰が逆らうのか？
<u>全部あなたの思考の保存欲だ。</u>
心理的なすべての苦しみは思考が死なないことにある。
それは異なる環境では死ぬか、あるいはとりあえず『黙って』いなければならない。
だが、あなたたちはしゃべりまくる。
無口な人々も、頭の中は大声でしゃべっている。
『私が正しいんだ。悪いのは周囲だ。あの人は間違っている。でもあの人は好きだ、これは嫌いだ。誰かあたしの存在を認めて！だれか私にかまってちょうだい。
だれか、俺の体験の凄さを認めてくれ！』
こんな苦悩が私にはしょっちゅう聞こえる。
思わず私は口がすべりそうになる。
『あなたの存在など、たいした事ないよ。生きていても死んでも何も変わらない。
存在している意味などない。だからあなたは間違ってもいないし、正しくもないよ。
どうぞご自由に』と。

あなたが否定されることは、痛いだろう。苦しいだろう。たったひとつのちっぽけなあなたの観念のせいで。たとえば今まで自分を好きだった人がある日、たまたまその人の機嫌が悪かったために冷たい態度だと、すぐあなたも不機嫌になる。何が起きているのか？『この人はいつでも、ずっとあたしを愛している。アタチにかまってくれる』というとんでもない思い込みがそこで死ぬのだよ。
あるいは消えようとする。
あまりにも膨大な環境の変化、状況の変化の中へ、とるに足らぬ恋愛観から宇宙論

にいたるまで、あなたたちは『持ち歩く』。
持ち歩けるはずのないもの、適応できるはずのないものを持ち歩く。
いわゆる常識というものは『ある範囲ならば』どこでも持ち歩けるように作られた。
だが、常にその『有効範囲』の限界がある。
通用する常識の範囲はどんなに大きくても小さくても必ず限界がある。

常にあなたは自分の重荷に押しつぶされる。だれもあなたを苦しめていない。
苦しむのは常に『あなたの思考に対立する別の思考との闘争』だ。
全部、各自の内部現象だ。やれやれ、こんな地球人が、別の惑星や次元の猿に、
はたして遭遇できると本気で思っているのだろうか?
知覚システムをコントロールできない未熟な宇宙人同士さえも、
年中いさかいや事故を起こしているというのに。

かくして思考観念が否定されたり環境に適応出来ずに人々は内面的な死に直面する。
だから、いわゆる心が苦しむ。
この単純な心理的苦痛の原理を理解出来たら、あなたは私の経験した宇宙的な苦痛
をどう想像するだろうか?
『君はここはいいところあるね。でもここはちょっと悪いね。気をつけなよ。その考
えは間違っているけど、もうひとつのは正解だ』などのメッセージではないのだ。
私は言わば何カ月も彼らにこう言われ続けた。
『お前はクズだ。なんの意味もない。お前さんの肉体はおろか、感情も感性も思考も、
心霊的能力も、哲学もクズだ。とっとと消えなさい。君はただの実験生物だ。
いやいやただの穀物だ。いやいや『燃料』だね。何だって?
でも宇宙には意味があるだろうから、
そんな中で個人にもそれなりの意味があるだろう、だって?
じゃー、よく見てみな、ぼうや。
これが宇宙だよ。見たら他人に言うなよ。彼らが知ったら自殺しちまうからな。
ぼうや、見たらおとなしくしてな。
そして死ぬも生きるも勝手にしなさい。』

そして私は部分的な観念や思考どころか存在そのものを全面否定された。何もかも。

では何が生き残れるか？思考の何が生き残る？何も生き残れなかった。ただ、凄まじい苦痛のみである。私の全存在、思考のすべてが反論しようとした。
一点の真理、たったひとつの何かの価値があるはずだと私の思考は言い続けた。
絶対に宇宙には意味があるはずだ。なければ自分はなんなのだ？と。
それは膨大な苦痛を生んだ。
それは生き残れるはずのない『的外れな推測の答え』だった。
もともと無意味なのに意味という回答があるはずがない。
そこで存在に意味があるという私の観念が死んだ。抵抗は無駄だった。
私は瞳を閉じた。
次に無意味なこの宇宙で残された
『永久の時間を』どうすればいいのか考えた。

<u>すべては犯罪から戦争に至るまで何ひとつ間違っていない、宇宙の正確なプログラムなのだから好き勝手に確かに奮闘してエネルギーを出せばいいのだ。</u>
適当に楽しめばいいわけだ。だが私は、何ひとつ決して楽しめない。
私は何週間も自分が息をしている事さえも嫌悪した。
そして自殺だけを決意した。

最低最悪にして最大の変容の日

翌日には睡眠薬を買いにゆこうとしていた私にとって、
そこに、まだ私の中には、変なものが生き残っていた。
それは『生きなければならない』という思考だった。
人生や魂を何億年もひきずって生きるという、この変な義務感だった。
どこからそのような無意味な義務感が生まれるにせよ、
私にはもうそんな事をしてまで、生きる意味すらないものだから、死ぬしかなかった。
もう私は死を受け入れた。それも肉体は勿論のこと、魂の死もであった。
二度と生まれ変わるのも諦めたし、そんなことは嫌悪していた。
長い宇宙での旅も、これで終わりと決めた。
それでもあと数年生きるだけでも、私には充分な苦痛だった。
私の最後の苦痛はなんと『生きる苦痛』だったのだ。
これはまるで、あの幽閉されて凍結したエーリアンそのものだ。
私は彼らを死ぬのも、生きるのも恐れていると言ってしまったが、表現をやや間違えていたようなので訂正する。
彼らは『死にたいのに死ねないのだった』。殺してくれと叫び続けている。だが、宇宙は彼らを処分しない。それは「なま殺し」だ。宇宙的なアウシュビッツだ。
死ねるならまだしも、彼らは永久的な生き地獄だ。
そして生き地獄こそが本当の地獄のなんたるかだ。
だから最後の私の観念、苦痛の原因は、今度は死にたくないための苦痛ではなく、死ねない苦痛だった。
『もう死ぬしかない』『死ぬべきだ』という思考が、
この、まだ生きているという現実の前に『死ねない』という形で抵抗している。
ここで苦しんでいるのは、なんと『死にたいという思考』なのだ。
なのに自殺しても決して完全には宇宙から消えて死ぬことができないための苦痛だ。

これまた、あなたたちは、とても理解すべきだ。
世の中には2種類の恐怖と苦痛がある。
死ぬ恐怖をするのがひとつ。もうひとつは生を恐怖するというものだ。
生きるのが怖い。生きたくないのに生きなければならない。

そして、私が見たところ、現代において、圧倒的に後者が増え始めている。
よく見てみるとよい。死ぬのを怖がるのと、一方では生きるのを怖がる人々がいる。彼らは例えば倒産したとか、恋愛に失敗したとか、修行に失敗したとか、私のように宇宙の現実の前に途方にくれて、生きる意志をなくしたかだ。
つまり生きる意志などない。だが、本当のその苦痛は死ねないことだ。
こういった人々が溢れている。たいていの人々は生きていたいと言う。
だが、本当は内心、生きていたくないとも思っている。
そして、全面的に『もう生きていたくない』と考えているひとたちが最も悲惨だ。

そして、私に言わせれば、彼らこそブッダへ、私へ、バグワンのように飛躍する可能性がある。彼らはもう死にたい。とっくに死ぬことを受け入れた。
だが、観念、思考、欲望の『最後の最後の障壁』にぶちあたっている。
こうした人々は意外に多いのだ。
自殺願望をしょっちゅうもっている。彼らは自分を殺してくれる人がいたら、感謝さえするだろう。自分を終わらせてくれるものだから。自分を苦痛から解放してくれる。だが、そうはいくまい。自殺してもまた生まれる。
また、自殺する勇気も踏ん切りもつけられない自分を責めてもいる。だが、本当にこういう人々は結構いるのだ。もう家族にも子供にもうんざりしている。または親にも社会にもうんざりしている。だが『あんたに死なれたらどうすんのさ』と家族に言われ続けて生きている。
とうとう<u>人々は自分で自由に生きることどころか、</u>
<u>自由に死ぬことすら出来なくなった。</u>自殺は悪い、迷惑だ、地獄へゆくと言われるから。だが、この社会的な教育状態が、さらなる生き地獄を生み出す。
死ねない地獄だ。旦那の顔も見たくないし、子供もほっぽらかしたい。楽しみも趣味も無い。人生はとにかくつまらない。退屈だ。
多くの妻たちは、まぎらわせるために、カルチャーセンターなどへ行く。
あるいは浮気もする。
だが、感受性の豊かで、本当に知恵のある人々は決してそうしてない。本当に知性があったら、男であれ、女であれ、絶対にこの世界の矛盾に気がつく。

だから絶望するには、とても才能と知恵が必要だと言える。

本当に物事を直視して思考すれば絶望するはずだ。
また、本当の探求者は決して満足しない。だから彼らはみんな同じ所へ行く。
とうとう駄目になるのだ。八方ふさがる。
すべてが地獄になる。だが、これが最後の手段となる。だからこそ、私もそして、ある種のエーリアンたちも、結託してあることをもくろんでいる。
世間が、地球人がどう言おうが、私たちは愛情深く『生き地獄』を製作する。
物理的にあなたたちを食ったり、さらったりする連中もいれば、心理的にやる連中もいる。次第に無気力と無関心と退屈になり、死にたくなるほど、つまらない虚無感にとりつかれる。これらは悪魔の仕業とも、地獄とも思えるだろう。さらに、地球の現代社会ではとうとう死ぬ自由を奪った。
これで死ぬという逃げ道も無くなった。全くの上出来だ。実にお見事だ。
私だってこの地球の状況を作ったのが悪魔だったら称賛するだろう。
ちなみに、それは実際に悪魔の仕業だ。
悪魔＝それは、すなわち自殺を許さないあらゆる宗教とそのモラルだ。
だが、これがまた素晴らしい葛藤効力を持っているのだ。
なかなか死んで逃げられない決意の弱さと、
家族や社会や状況などが、いっそうその生きる者の苦痛を圧迫する。

実際、私が一番必要とするのはこの人達なのだ。心理的に世間を完全に捨てた人だ。だが、同時にまだ生きることをも恐れている人達だ。この人達はあと一歩だ。
まず、毎日毎日、本心から『死にたい死にたい』と言っている人達だけが、私のところへ来るべきだ。私はバグワンや禅師のように何でもかんでも受け入れたりしない。そんな力量も知識もない。
私が出来るのは『たったひと押しで悟る間際まで来ている』、最も悲惨な人達だ。
そうした人々を私は更に殺してゆく。物理的にではない。
まだ本当に死にたくなっていないならば、私は帰らせる。
そして、もしも必要なら、本当に死にたくなるまで、あるいは精神の末期が訪れるまで、彼らの存在の無意味さを彼らの思考に刻み込む。
そして、なおかつ決して死なせはしない。
生きたままで死ねない苦痛に苦しめる。これでいい。
最後に私が彼らの内部の破壊をする。

それは最後の観念、最後の欲望。すなわち、死にたいという欲望を諦めさせる。
これが最後の一匹の思考の放つ、うるさい声であるからだ。
死にたいと言っている最後の一声。これを私は黙らせるだろう。
人生を捨てた彼らが最後に捨てるべきものは『死の切望の思考』だ。
死にたいと思っている自分の思考すらも諦めて、解き放つことだ。
そして、それは、まさに私に起きた事だった。
・・・・・・・・・・・・・・・・・・・・・・・
あの時、私は、もう生きる意志はなかった。だが死ぬ意思があった。
しかし死ねないまま、まだ生きていた。
この苦しみがあまりに苦しいので、私は狂う寸前にいた。
何週間も毎日毎日、死ぬか生きるかの、
たったふたつしか思考することがないのだ。
私は思わず心の中で叫んだ。
『ならば、それほど苦しめるなら、もっと苦しめろ、勝手にやってくれ、
このまま一生精神病院へ行って狂ってやるから、もっと悲惨で苦しいのも結構だ。
ほら、出て来い『生きる恐怖』。このまま狂ってやる』と。
そう思って私は苦しみ自体に開き直った。
しかし、実は人は死ぬより恐れることがある。それは狂ったまま、周りに迷惑をかけながら、<u>醜態をさらして生きてゆくことだ。</u>
だがとうとう、あまりの無力さに、抵抗力もなく私には、狂う覚悟が出来ていた。

そして、その瞬間だった。
それはたった3秒の出来事だった。
いや、実際には、変容に要した時間は、たったの一瞬であったのだろう。
完全な、手放し、
完全な絶望、
完全な狂気、
発狂へのあきらめ、
自殺の決意、
そして、その直後の、もはや、
何も思うことすら残っていない『完全な思考の沈黙』の中で、

・・気がついた・・
私が誰だったのか。
何が私の実体だったのか。私は何か？

生きる意志もなく、死を恐怖していないはずの私が、なおも苦しんでいる。
それは生きる恐怖だ。
そして、誰が、死ぬ苦しみと生きる苦しみを生み出しているのか。
それは私の観念だった。思考だった。
ところが苦しみを逆に『待つ』ように開き直ったところが、何も出てこない。
待てども出て来ない。
私の最後の思考である『死にたい』という思考が私から分離した。
私の中の生存欲のプログラムと思考が完全に全滅した。
その時、、
どんな思考もないままで・・・

<u>全く何も苦しんでいない何かがそこにいた。</u>

それが、
『これ』だった。
・・・・・・・・・・・・・・・・

過去に悟った人々はそれを『永遠の魂』という。
だが、私にはそうは見えない。

確かにそれは思考によって死んだり、傷付いたりしない。
それはどんな思考も無効になる。たとえ精神がすべて死んだとしても、
それは残ることは確実だ。
だが、それが永遠かどうかなど、誰も分からない。我々の知ったことではない。
たぶん、永遠の生命とでも吹き込めば、人々が必死に求めるだろうと配慮した、
過去のどこかの老師たちの仕業に違いあるまい。
ただ、永遠の保証などない。

それは実体がない。
ただ在る。
ただ、今ここに『いるだけ』なのだから。
ただの実存そのものだ。
個性もないし情報もない。
価値もない。観念もない。
何もなくても『ただ存在できる』ものだった。

こうして私は全宇宙の外へ出た。そして思考を一度すべて、残らず殺されてた。
残るものは意識と『ただの存在性』だけだった。
私は自分が途方もない馬鹿で、
世界で最も何も知らないものに思えた。事実私は今でも何も知らない。ただいる。
たまにこうして物を書くときに思考するし記憶も引き出す。
だが、終われば聞こえるのはカラスの声だけ・・・。そして私はくつろいでいる。
何もなくてもいい。何かあってもいい。どちらでもいい。
そういえば、私が悟りを開いたとき、私は横たわっていた。
カラスの鳴き声がしてた。だた、それだけだった。
私は山に入って瞑想したわけでもなく、姿勢を正して瞑想していたわけでもない。

まるで精神病患者のように自宅で毎日毎日うずくまっていただけだ。
そして、あるとき、『それ』が起きた。
そこにあったのは、あたりまえの日常だった。当たり前のことだった。
あまりにも当たり前すぎて、私は、にっこりと笑った。
外はカラスの声。日だまりの暖かさ。
生まれて以来、初めて、本当に、私は緩んだ。くつろいだ。
そうしたら、そこが自分だった。いや、自分というものはもう存在しなかった。
それは意識そのものだった。
ただ私は『存在だけしていた』。

それから何日も何十日も、

ほとんど一切、全くなんの思考も出て来ない日々が続いた。
空腹を感じたり、立ってトイレにいく事に必要となる最低限の思考以外に、
数時間も殆ど何も思考がないのだ。こんなことは、人間にはあり得なかった。
そしてただ横たわり、座れば何も考えず、何も見ず、読まず、寝て起きて、
呼吸をして『いる』だけで満足だった。そして、私は今も『在り』続けている。
社会で働いて生活もしている。だから思考は生じる。
だが、それは用が済めば終わりだ。また私はただそこに『いる』。
自分がどういう人間だとか、もう分からないし説明も出来ない。
ときどき自分が分からなくなる。そんなときは私は分からないままでいい。
だいたい『もともと何者でもない』のに、自分が何だか分かるほうがおかしい。
それは夢だ。あらゆる自己同一化はただの夢だ。
私はそういう人間なのだ、などという人々の自己主張は全部ただの思考だ。
もしもあなたが私に会う事があったら、
この文書を書いた私は、もういないということを留意してほしい。
その時、あなたの前にいる私にこの文書を決してだぶらせたりしないことだ。
『あー、この人があれを書いた人か』などと思わないように。
これを書くのに使われた経験と情報は、確かに私の個性的な環境が要素ではある。
だが、これを『書いた』者はどこにもいない。
私というコンピューターの機種はいるだろう。だが、プログラマーはもう死んだ。
今、私のキーを打つのはあなたの質問だ。あなたの疑問だ。
私にはもう疑問などない。興味もない。
私は自分の過去でもある、このコンピューターがどう作動するかぐらいは見守って
いるが、弾き出す回答に口を出す気はない。あとはこの青年が勝手にやることだろう。
これは確かに私が書いたのかもしれない。
だが、これは『私のもの』ではない。私は何も持っていない。
もっているかもしれないが、とっておく気はない。
別にこの書物が雨に流されてもかまわない。もしかすると将来、
あの熱核戦争の後の廃墟で、本書が『誰か』に必要になる『かも』しれないという
一点の予感のようなものが、かろうじてこれらを執筆している唯一の動機だろう。
だが、とてもこれらを私が書いた、私のものとは思えない。
私にとっては、『たいしたものではない』。

私以外の誰かにとっては、たいしたものにはなるかもしれないが。
『意識体』とはそういうものだ。

だから、人類は、思考が全面的に殺されたり、自分にとってとても大切な考えや観
念や記憶が虐待されたり、死んだりするのに<u>すっかり慣れてしまう</u>ことだ。
強要するつもりはないが、『死に慣れる』というのが万能の鍵だ。

あらゆる苦しさが嫌になったら、私のところへ来るといい。
だが、それまでは、思考だけの宇宙で遊んでいるといい。
だが、そんなあなたは決して他の次元や宇宙には出会えない。
自分が誰だかも忘れ去り、自分がただの意識で、あらゆる考えなど、
別にいつなくなっても平然としていられる『故郷の家』に落ち着くまでは、
決してあなたたちは『いろいろな宇宙人』などには会えない。
そのたびに、いちいちあなたは観念死の苦痛を受けるだろう。
たとえ肉体的にではなくても、心霊的な実体で宇宙を旅したとしても、
そのたびにあなたの心は、思考は、常識は生き延びようとして苦痛をともなう。
とまどい、怒り、逆らい、戦い、ちっちゃな自分を守り、
宇宙の中でうずくまるだろう。

だから肉体、感情、思考のあらゆる次元で、
『死に続けるのに慣れた者』だけが、たぶん正気で生き残るだろうし、
彼らは宇宙と本当に付き合う術を知っている。
だが、さりとて、私達意識体が生き残るという保証などはどこにもない。
我々には保証書は何もない。ただ我々は自滅だけはたぶん、しないだろう。
もう墓穴にはまることはあるまい。
なぜなら、もう我々はとっくに自分で掘った墓穴に落ちたからだ。
後は後世に落ちる人々のために、その穴を地獄に続くまで掘るくらいだ。
『何もしないこと』によって。
あなたが、あらゆる遊びに疲れて、命が果てたら、
・・・暗闇のどこかで会えるかもしれない。

もう一度だけ言う
人類（あなた）は
宇宙の食用生物（こやし）である

本章の要点が全くほとんど把握出来なかった方もいるかもしれない。
そこでくどくない程度に、最後の確認をしてみたい。いわば、これはどんな社会人であれ、探求者であれ、<u>完全に記憶すべきこの存在宇宙の法則であり、特に地球の二足生物の基本的性質の法則である。</u>
・・・・・・・・・・・・・・・・・・・・・・・・・
まず人間の理解などというものは、知性の混乱が一時的に沈静されるだけであり、それは決して終わることのない疑問を生み出す。

あらゆる理解した事などは、結局は論理である。論理はいかなるものも、必ずどんな角度からでも「反論」が可能である。したがって、
<u>あなたの論理的理解は無敵ではありえないので、</u>
<u>もしもあなたが論理的理解を持ち歩けば、いつかはそれは対立物に出会う。</u>
その時に、その対立論理と持論を対等に眺める立脚点がなければ、あなたは怒り、逃避、または、闘争というものを間違いなく発生する。

理解によって、あなたの精神の安定がなされた試しはただの一度もない。
その第一の理由は、
<u>理解は記憶に基づくものであるから、記憶ではない実際に発生する日常の現象そのものの多様さ、突発性、には全く無力である。</u>
・・・・・・・・・・・・・・・・・・・・・・・・・
こうした状況に適切な判断を下すものの典型が科学である。
科学は統計と実験の積み重ねの上に、比較的、あるいはかなり安全な、あるいは、<u>ほぼ確実な、同一の結果を再現するための論理である。</u>
物質に関しては、我々は非常にそれを見事に発達させることが出来た。
それはまた今後もさらに発展するだろう。
だが、我々はなぜ科学がこのように発展できたのかの重要な原因を見落としている。
科学が発達できたのは我々以外の生物、微生物、鉱物における法則が安定して機能

しており、また彼らが法則に完全に合致していた、ということが原因である。
すなわち、<u>物質の無抵抗性があって、科学は発達できた。</u>
すなわち、これが意味するところは以下の通りである。
人類は、科学が取り扱う相手が物質、または下等生物ならば再現性を有効に駆使出来るが、相手が高等生物あるいは未知なる微生物（＝ウィルスなど）であるならば、さらには、人間の心理であるならば、そこには全く『科学性』を適応できなかった。
すなわち我々は『おとなしい、単調な生物や物質』ならば利用でき、その利用方法を発展できたが、少しばかり『でたらめさ』を含む生物や自然現象に対しては全く無力である。
また人間の心理については、キーワードによって暗示が作動する『長期催眠』や催眠学習、または単純な喜怒哀楽のコントロール方法（すなわち詐欺またはセールスの科学）のみを解明して、発展させたのみである。
・・・・・・・・・・・・・・・・・・・・・・・・・・
しかし、人間が未だに無力である対象は次の通りである。

死そのもの。
仮に原子と同じ寿命をもったとしても、この<u>死は避けられない</u>。

規模の大きな自然災害。
徐々に我々はいずれ、地震や気象を完全にコントロールする技術を開発できるかもしれないが、さりとて宇宙の規模の果てのなさを考えたら、すでに太陽系規模の異変すら、我々には手も足もでない。したがって、<u>災害の全面回避は不可能である。</u>

原因不明の病気、
または原因が分かっても治療技術のない病気。
一生風邪すらひかなかった、無病の人間がいるだろうか？
すなわち、大小あれど、絶対に病気は回避不可である。医術はガンを治せても、未だに風邪が予防できないという事実を見るべきである。
<u>そもそも我々の肉体は、病気をするように出来ているのである。</u>
また、病気の定義も複雑である。痛みを伴う小さなキズもまた細胞の異変であり、逆に、全く痛みもしないまま死ぬまで進行する病気もある。

これを考えると、我々が問題にしている病気は、苦痛または、いずれ苦痛や死にいたるものを病気というようである。
また、身体障害などの苦痛もなく、生命に支障もないが、平均的肉体よりも生存に『不便である』状態を病気と呼ぶこともある。
ただし、この生存とは、個人の生存と社会的生存があり、これまた複雑である。
極論すれば、たった一人で暮らせる財産があれば、かなり重度の肉体的機能障害、あるいは精神病であっても、なんら問題にならないからだ。
問題はそこに社会性が入ったときに、平均的人間と比較されて『病気』と呼ばれるだけのものもかなりある。特に精神病と呼ばれるものにそれが多い。
だが、我々は社会の一員であっても、我々の意識は何に属しているのだろう？
我々は自分という存在において世界を経験しているのである。
だとしたら、我々がたったひとりでいる時間の、そこで発生する苦悩、苦痛、病気だけを問題にするべきである。
社会との比較の上に成立して定義されるような病名は、本書の哲学的考察においては、この際無視したほうがいい。すなわち極論すれば、あなたがこの惑星にたったひとりで存在していたと仮定し、その上にさらに発生する苦痛、不便さこそ唯一の病気である。
そうすると、身体障害、精神病、これらは病気にはならない。
たった一人になったときに、あなたに問題になるのは、
苦痛を伴う現象のみである。

まず、苦痛は肉体のどこかが損傷して起きる。また神経が発達しているから起きる。
一般にこれは生物学的には、痛みを感じないとそのまま活動して、損傷した箇所をさらに損傷するからという理由で痛みがあるという。つまり『危険信号』である。
すなわち痛みとは肉体の『エラーメッセージ』である。
だが、これを末期まで全く伴わない病気もある。

次に、空腹。これもまたエラーメッセージである。
眠い、疲れた、空腹、発情、すべてエラーメッセージである。
これらに対して理性という抑圧機能はなんとか機能できるが、限度があるので絶対的ではない。空腹、疲労、睡眠不足、性欲の抑制は、あくまでも『限度付き』のも

のである。性欲に関しては特殊な修行によってある場合は完全に消失するが、空腹、疲労、睡眠不足に関しては、長期に渡れば命取り、または苦痛になる。

<u>我々の肉体は常に、たえずエラーメッセージを出す。</u>
<u>毎日、我々は異常事態になり続ける。</u>
機械では絶対にありえないほど、<u>我々の肉体は不安定である。</u>
・・・・・・・・・・・・・・・・・・・・・・・・・・

さて、文明は、なんとかそれを安泰させようとして、科学や医学を生み出した。
ようやく20世紀も終わりになって、先進国では衣食住の安定確保と、とりあえず大小の病気をその場で切り抜けながら、我々はなんとかかんとか80年ほどの生命の生活を維持する。
だが、それとても、かなり危なっかしいものである。
だが、なんとか、食べる、着る、寝る。すなわち
空腹の一時的克服、寒さの一時的克服、疲労の一時的克服は出来た。
ならば、我々には、労働から解放され、食や性や睡眠がある程度満足されれば、何も帰宅してから問題はないはずだ。なのになぜ問題が発生するのか？

その、ひとつには、実のところ、いまだに我々の衣食住は一生安泰しているわけではないので、<u>常に生存競争そのものの監獄の枠からは抜け出せないわけである。</u>

どんな企業間、人間間、国家間でも<u>純粋にイデオロギーによる対立などありえない。</u>
イデオロギーとは純粋な意味では文化や学問のひとつであるからだ。
しかし、にもかかわらずそれが対立するのは、お互いの生存がかかってきたとき、すなわち『死活問題に発展した場合』である。口先ではモラルを言うが実態を見れば我々は、<u>未だに基本的には『生きることだけ』に追われているのである。</u>
もしも、我々の肉体が強固で、さほどの管理もせずに、また食事もせずに、あるいは、睡眠もとらずに、生存が維持できていたら、どうだったろう。
すなわち、いわゆる霊的身体であったら、どうだったろう？
そうであったら、まず確実なことは、
現状のほとんどすべての物質科学は不要になるということである。
『科学性』そのものは残るにしても、現在の地球の文明も医学も、経済も、

<u>あらゆる創造物は、単に我々の死活問題への恐怖の産物である。</u>
であるから、我々が永久に生きる肉体、あるいは肉体でない存在だとしたら、
文明は、まったく無意味になってしまう。
そして実際そのような世界、つまりもともと我々は肉体の生存のために苛酷な管理
などしないでいい世界の住人であった。しかも地球人のその全員がである。
しかし、では、そのように肉体の管理の必要のない世界の住人たちは
何によって生きるのだろう？
ここからが、本質の問題であり、また釈迦の提示した仏教の根本問題である。

そのような肉体以外の存在たちは宇宙に<u>無数に実在する。</u>（知覚が未発達のあなたに
別にそれを信じろとは言わないが）
物質のレベルでない生物もいる。だがグルジェフの定義するように宇宙の次元全部
が物質であるという言い方も出来る。高次元であれ、そこは密度の違う物質であると。
だとすれば、いかなる振動密度の次元でも、かならずその住人、あるいは生物は、
<u>いかなるものであれ、生存の維持のために、なんらかの『動き』を続けなければな
らない。</u>全く思考や意識が停止したまま存在する知性体には私はお目にかかったこ
とがない。ブッダたち以外には・・・・・・・・・。

では、まず、我々人間と動物は生きるために物質を食べなければならない。

次の世界の住人たちは何を食べるのだろう？
彼らは生物や人間の内容のない情念や執着、を食う。
性エネルギーや生物学的な本能的な恐怖や葛藤の振動である。

さて次の次元の住人達は、生物や人間の発生する快楽や安堵の、
一時的満足の信号を食用とする。

次の次元では、生物や人間の発生する思考、イメージを食用とする生物または住人
が存在する。

その次の次元の住人は生きるために、人間や生物の愛と呼ばれる信号を摂取しなけ

ればならない。この愛とよばれる信号の本質は、分離したものが再び合体しようとするものであり、なんら精神的な要素のない物理現象に等しい。
したがって、意識内部に分裂のない者や生物は、性がなかったり、あるいは愛がなくても充分に平和に暮らしている。

さらに、その上の次元に至ると、その次元の生き物は、
生物や人間が発生する『悟り』の至福の信号そのものを食として摂取する。
むろん、それは彼らが生存するためにである。
・・・・・・・・・・・・・・・・・・・・・・・・・・・・・・
さて、人間のチャクラをいくつに分類するかは別としても、おおざっぱには人間を仮にここでは6つの『次元』に分類できるだろう。

物質 = 感情配列の結果物
感情 = 思考配列の結果物
思考 = 記憶配列の結果物
記憶 = 知覚配列の結果物
知覚 = 意識配列の結果物
ただの意識そのもの

これらは前記した各次元の次元の生物たちのいわば食用となるものである。
すなわち、我々はいわばこのすべての次元の住人の『食用生物』となりうる非常にすぐれた『カロリーメイト的生物』なのである。

我々は他の生物を摂取して生きている。
だが、我々より上位の存在は、我々の感情、記憶、思考、知覚、意識、という、それらそのものを彼らが存続するための『餌』とする。

すなわち、もしも地球人類や、地球の生物たちが、仏だの
神に愛されし子として作られたのではなく、宇宙の次元民族の『食をまかなうため』の『家畜、穀物』として品種改良されたあげくに出来上がったものであるとしたら、どうだろうか？

人間が、肉体的に苦しみ、そして楽しみ、
感情的に苦しみ、そして楽しみ、
知性的に苦しみ、そして楽しみ、
意識的に苦しみ、そして楽しむ。

これらが我々の自主的な人間の尊厳の産物ではなく、
我々の『牧場主』がその我々から、そのような肉体や感情の喜怒哀楽、あるいは知性の作り出すヴィジョン、一体性を求める衝動、あるいは悟りなどを求めて我々が苦しみ、そしてまたそれが達成された時に我々が発生する信号をも『牧場主』は収穫するとする。
まさに、我々を中国料理の「一頭のブタ」のように、精神も肉体もその全身を
あますところなく『食用』として扱い、そのために我々が生まれたとしたら?

すると、我々の生きる道には、次のような『標識』がかかっている。
『勝手に、しなさい。ただし絶対に生きなさい。そして自由にしなさい。
なんでもやりたいように、しなさい。どうせ人類は、進化などしない。
なぜならば、そのままの苦悩、快楽、思考、愛、感情、迷い、悟り、恐怖などをそのまま発生し続けてくれなくては、我々が食事にありつけないからだ。そしてそのためには、人類はまさに、いまのままでよい。ただそのままでよい。
ただし、私達の開発した牧場の惑星を破壊されては困るので、増え過ぎたら人類は処分するつもりである。また別の惑星にも種を植えて、そして、
我々は我々の食糧を『栽培』する。その食糧は実にすばらしいからだ。
なんとその食品は宇宙の『全次元に』食を提供するように作られた傑作だからだ。

すなわち、君達が空腹や恐怖で苦痛を発生すれば、それを喜んで食べる者がおり、
君達が喜怒哀楽をもてば、それを喜んで食べる感情生物がおり、
君達が愛を感じれば、それを喜んで食べる愛生物がおり、
君達が哲学すれば、それを喜んで摂取する思考生物がおり、
君たちが悟りを開けば、それを喜んで摂取する意識体がおり、
まさに人類は、宇宙のカロリーメイトである。
であるからして、地球の歴史には間違いなどなく、君達の行動にも全く間違いはない。

現状のまま、空腹と病魔から逃げるための生活に追われ、虚無感に苦しみ、知識を
収集し、科学芸術に没頭し、悲しみ、愛憎、戦争と迷いを往復し続け、おおいに我々
の食用として『繁殖』したまえ。
我々は時期がくれば君達を収穫するだけである。』
・・・・・・・・・・・・・・・・・・・・・・・・・・・
すなわち、<u>人類は次元生物たちの食の需要を満たすためにのみ</u>
<u>『開発・培養された見事な生物』</u>である。

これで、よく知られたひとつの医学的な謎も解けるだろう。
なぜか、一つのウィルスが撲滅されるたびに、新しい奇病が人類には発生し続けた。
結局、どんなに医術を発展させても、かならず新しい病原菌が定期的に『牧場主』
から送り込まれるからだった。
また、いかに理想を掲げても、人類がたったの1年も戦争を停止したことがなかっ
たのを考えてみよ。我々は争い、苦しむために作られたのであるから、
そのプログラムなどは、我々がどう努力しても変更しようがない。
また、戦争を止めようという理想同士が、また争う悪循環を抜けられず、
それどころか、日常の生活の中でさえも、人々は感情的には、慢性的に争っている。
また論理どうしも争い、何もかもが争う。
さらに絶望的なことに、
そうした、人類の『性(さが)』をすべて超越せんとして修行に入る者のほとんどが挫折し、
また、希に『意識そのもの』に到達しても、それもまた、それを喜んで食う住人たちが、
我々の知らない世界にいる。
さらに、この覚者たちは、人々の中心的存在になることで、より人々の中に精神的
な飢え、葛藤、いらだち、あるいは崇拝、愛、憎悪、自己嫌悪、などをつのらせた。
覚者本人ただひとりが安楽にひたり、まわりの何万もの人々は、その覚者の境地を
知ることで、さらに苦悶し、苦しみ続けたことは歴史を見ればあきらかである。
・・・・・・・・・・・・・・・・・・・・・・・・・・・
かくして、牧場主、企画者は、たいへん喜び、あらゆる方法で、無駄なく、
捨てるものがなにひとつなく『人類』を食用に出来た。
<u>我々は肉体から悟りといわれる意識にいたるまで、</u>
<u>全身全霊が、我々の上位の何者かの食用である。</u>

そしてそれ以下でもそれ以上でもないというのが、
我々人類の宇宙存在における位置付けである。

この結論から、我々が得られる、『正しい生き方』とは、次の通りである。
『間違いはなにひとつない。なんでもいい。ただし、
もっと悲しめ、苦しめ、楽しめ、泣け、悩め、迷え、悟れ、呪え、そして生きよ。
<u>生きることに執着せよ、そして動きを絶対に止めるな</u>』

この基本命令は我々の遺伝子になされたので、これを変更することは不可能である。
したがって、我々は転生しても、どの上位次元（神界、仏界、メンタル、ゴーザル惑星体、
恒星体、銀河系意識体など）に生まれようと
<u>『永久に食用の家畜』として生存し続ける。</u>
・・・・・・・・・・・・・・・・・・・・・・・・
さて、最後の疑問が残る。
さて、その全体のトップにいて、我々を作り、食う『その者』は、
絶対的な支配者のくせに、
なぜ『食事』などを必要とするのか？

そのたったひとつの理由は
<u>宇宙の絶対者は『存在維持病』『活動病』という『神経症』の
巨大な病人である</u>ということである。

しかし、なぜゆえに、その者は
そもそも、そのようにあさましく、在を維持しようとするのだろうか？

<u>実は『その者』は、無が怖いのだ。</u>

かくして、宇宙の絶対者は
たまに覚者たちが現れて、衆生をより苦しめる『さらし者になる』分には
許可するが、<u>ブッダそのものの大量発生には常に監視している。</u>

なぜならば、もしもブッダそのものが大量に発生したら、
この宇宙は『滅びる』からだ。
生存の意志が無意志のブッダたちの死の幸福、無の安楽、
あるいはそうした無の意識の生物、民族、惑星、恒星、銀河系が発生を増加すれば、
あきらかに宇宙は崩壊を開始する。
・・・・・・・・・・・・・・・・・・・・・・・
そして、私のひとつの『ゲーム』は、
この宇宙の崩壊分子として、可能な限り死ぬまで生きることである。
さらに、私は、悟りを『容易』に散布する『兵器としての行法』を持つ。

したがって、読者の、あなたの道はここで真っ二つに別れる。

釈迦や私と共に、このくだらない、
わけも解らず生き続ける病人＝すなわち宇宙から消え去るか、
さもなければ、永久に
食用の家畜として、<u>一時的に分かったような気になる知識や体験、楽しみや小さな
安堵の餌つぶを食いながら、</u>
<u>その殆ど一生を、果ての無い喜怒哀楽、苦悩、退屈、愛憎、迷悟を繰り返して、</u>
<u>そのあなたの『脳の信号』を彼ら『牧場主』に提供し続ける</u>
<u>『良い子』『良い品種のブタ』としての存在を続けるかのみである。</u>

この真実をSFや被害妄想や人間の尊厳をそこなう非道の哲学だ、と言う者たちが
いるとするならば、その彼らこそ『絶好の家畜』となるだろう。
また本書を気楽にお茶を飲みながら読むような、愚かな読者はそんな者の哲学や心
境などは虫歯の痛みひとつで、吹っ飛ぶほどのものでしかない。
あなたは、全くの無能、無力、無価値である。全くつまらない生物である。
あなたひとりなど、そこに存在する価値は何もない。
悟らぬ限りはあなたは、この私の結論に口をとがらせて、あるいは冷静に反論しな
がらも、ただ家畜として生きて死にそれを百億の昼と千億の夜に渡って繰り返すの
みである・・・・。

第3章／楽に死ぬための質疑応答

質疑応答
では、人類は、どうしたらいいのか？

質問＝もしも、我々が宇宙で完全に無価値であるならば、
では、私達は結局どうしたら、いいのでしょうか？

回答＝
人類は何をやっても、満足は得られない。
だから、心理的に何もしないことだ。無為しかあるまい。
後記する『死人禅』によって意識が停止した光明点に留まることだ。

さて、その前に、あなたは、どうしたらいいのかと私に言うのだが、私が何かの道や説明や瞑想方法を示し、あなたがそれを理解し、実践したとしてですよ、そこまでは、いいとして、その結果、それがあなたに与える結果が「よい」とはどういう事だろうか？私の指定した方法によって、あなたが不快になったり、より深刻になったり、より狂乱したり、より混乱したら、あなたは、そうなってから、私を『あいつのは間違いだ』と言うつもりだろうか？

質問のしかたそのものに、気をつけてみて下さい。
私は礼節という意味で気をつけなさいと言っているのではない。
あなたの質問そのものを自覚してみなさいと言っている。
あなたは、私に『どうしたら、いいのですか？』と質問してくる。
私が言う瞑想を行って、それによって進行するプロセスをあなたがどんなに苦しんでいようが、私が『よしよし、それで順調だ』と言ったら、あなたはどうするのだろうか？それでも、私を信頼するならば、そうなったら、おそらく導師と弟子の関係に近くなり、それならば、話は別だ。そういう、全面的な信頼のもとでなら、あなたに変容の可能性は出て来る。
だが、私に対して、未だに「こいつは光明を本当に得ているのか」などとあなたのエゴが判定している限り、そんな事は起きるはずがない。
だから、私は師弟関係を、方便としては、完全に拒否した。

私は、個人が『誰も必要としないで済むため』に文書を書き続けた。
むろん、それは私さえも必要としないためだ。
さて、あなたは言う。
「どうしたらいいのでしょうか？」

何がどうなれば、あなたは『いい』と言うのですか？
では、どうなれば、あなたは満足するのですか？
悟りへ進行して行くプロセスに対して、あなたが、これでいいとか悪いとか、
そんな判断が出来たら、あなたには導師も私も必要ないのである。
あなたのエゴは実際には、悟りに関してだけは、まったくどうしていいのかも、
どうなっているのかも分かってはいない。というのも、
それが悟りという次元から見て、順調であるかどうかは、悟りの地点からしか分からないからだ。それは論理ではない。
そして、実際には論理性が消滅すればするほど、それにあなたは近付く。

自分の状態に確信が持てないほど、あなたはそれに近付く。
説明ができなくなってきたら、それに近付く。
意図して保持できなくなったら、それに近付く。
コントロールが出来なくなったら、それに近付く。
どうしたら、いいのかわからなければ、分からないほど、より近付く。
どうなっているのか、いい状態なのか悪いのか、検討もつかなくなったら、
それに近付く。

なぜならば、それこそが自我の終焉だからだ。
しかるに自我とは何か？
今、羅列して言ったような事を、何から何まで自分で確認し、制御しなければ気がすまないというのが自我の本質ではないだろうか？
だからこそ、あなたはどうしたらいいのかについて、無知になるべきだ。
ただし、私は途方にくれて悲惨になれとは言っていないし、またバグワンのように、
生を肯定して深刻になるな、遊びに満ちろとも言わない。

私はただ、<u>何者にもあなたがならないように、落ち着きなさい</u>と言っている。
何者にもならない、ということは「質問者にもならないでほしい」と言っているのです。質問する者は、文字どおり、質問者とよばれる何者かである。あなたが誰でもない無垢な意識だったら、質問など出て来るはずはないのである。

「どうしたら、いいのですか？」というこの質問の中にまさにあなたの自我が存在する。
ではなぜブッダたちは何千年もその自我がいけないというのだろう？
　　　　　　　　＊＊＊＊＊＊＊＊＊・・・・・・・・＊＊＊＊＊＊＊＊
自我というものは、いろいろな正当化のもとで、社会があなたに<u>非常に中途半端に押し付けたモラル</u>の一種だ。自我を持ちなさい、しっかりしなさい、個性を持ちなさいと。
では、よく彼らの言葉の裏にある実態をみるとよい。
彼らはなぜあなたに個性を求めるのかな？
彼ら自身が、単にそれがいいと思うなら、彼ら本人が個性的であろうとすればいいものを、なんで他人に押し付けるのかを、見てごらんなさい。
彼らは退屈なのだ。彼らは個性的である他の誰かに、感覚や知性のレベルで依存しようとしている。本当に個性に満ちた人々は、他人にそうあれなどとは言わないものだ。他人にそれを強いるのは、いつも決まって、無個性な退屈な人々だ。

そして、さらによくみなさい。自我とは正確になんであるかも説明できないのに、
社会や親はあなたにそれを強いてきた。
その結果、非常に自我を発達させたりすれば、今度は、それを、わがままだから協調性が必要だと言い始める。
いいですか？自我はもろ刃だ。
個性が強ければ、どうしたって、それは衝突を起こす。
実際には<u>個性そのもの</u>が衝突を起こすのではない。個性の『主張』などというものがそれを引き起こす。だから、親は子供に正確には『あるがままで、あなた独自に発達する個性もそのままにしておきなさい。でも、決して他人にそれを説明したり、強いてはいけません』という教育が全く欠落してきた。
従って、この社会では個性すらも生命の芸術としてではなく、
生存競争の一手段となってしまった。個性的でなければ生き残れないと。

しかし、一体生き残るとは、どこで生き残るつもりですか？
いずれは変化し、変動し、変わり行く社会などに生き残るどんな意味があるというのか？
あなたは、社会的に、どんな満足した生活を、すなわち特にこれは金銭的な問題だが、それを達成して安定させても、絶対的に幸福になどなりはしない。

さて、いきすぎた自我は、愛がないとののしられる。では愛とは何か？他人への思いやり？では他人をどういうふうに思いやるのが本当の愛なのか？
それが本当に他人にとって、10年以上の時間の流れのなかで、いいのか悪いのか、あなたにそんな予言者のようなまねが出来るというのだろうか？
単なるあなたの好き嫌いの、その片方の好きのカテゴリーのほうを愛などと呼ぶ偽善はやめなさい。社会があなたに教えた自我の発達も、愛の発達も結局あなたの人生を全く豊かになどしていない。それは適応のためのものだからだ。
内発的なものではない。それは社会的なものだ。組織的なものだ。
組織的な生き残りに貢献するかどうかで判断されるようなものは、なにひとつ愛や個性などとは呼べない。
なぜならば、もうこのようになったら、個性や愛のための個性や愛ではなく、『生存』の手段としてのそれらだからだ。

たとえばエコロジーが叫ばれるが、あなたたちはどうしてそう言うのかな？
それはあなたの存命中の時代あるいは、あなたの子供の時代に「死活問題」に発展する可能性が見えて来たからだ。そうでなかったら、あなたたちは、
これからもずっと際限なく環境を破壊し続けたことだろう。地球があと30倍大きく人口が30分の1だったら、誰もエコロジーなどとは言うまい。
核や有機物エネルギー以外を使用していたら、かまわず環境を破壊しただろう。
全部これらは、いまごろノコノコと社会的な『死活問題』に発展してから叫ばれることになった。すなわち、人類には、植物や動物に対する愛など、
本来は「ひとかけら」もないのだ。
今となっては、人類の社会は生物を思いやって環境を守るのではない。
自分達の生存ばかりを心配してそうなっているのだ。
・・・・・・・・・

私は会社で女性が花を花瓶にさしているのを見た。彼女はひとつ枯れると、
また買って来る。楽しげに「綺麗だ」と思ってそれを見ているのだろう。
だが、私は自宅の近くに結婚式場がある。
その裏を通って帰宅するころ、決まって私は
トラックに積み込まれる無数の花を見る。それが何か分かりますか？
その花は捨てられるのだ。たった１時間だけ、ちゃんと細部まで見られるわけでも
なく、ただ、新郎新婦の周りを飾って、誰もがただ、ボヤーっと映像として眺めて
終わり、そして廃棄処分だ。それらは、まだまだ何日も咲いていられる花なのに。

同じことがその女子社員にもいえる。
彼女はひとつが枯れたらどうするのだろう？
ゴミ箱行きだ。
花や植木は、この人間の「勝手な産業として」育てられ、売られ、買われ、そして
飾られて「綺麗だ」と言われ、そして何日後かには
「この花、もうだめだね」「汚くなったわ」と言われ、捨てられる。

私は、人間がつけた、くだらない花言葉など知らないが、たったひとつだけ
花言葉を知っている。それはこうして産業的に育てられる草花が全員が言う
『彼らの言葉』だ。
それはこうだ。
『人間に作られ、人間に見られ、人間に捨てられる。
私達は、一体なんのために生まれて来たのだろう？』

私は花屋や植木屋に反対だ。そして結婚式、葬式、デート、インテリアそのすべて
に鑑賞用として自然をこのように使うことに反対だ。たとえどんな宗教的な儀式や
常識であろうが勝手な産業や装飾のために花や草を使う人類の愚行には大反対だ。

そんなに見たければ、あなたたちが足を運んで、自然に咲いているものを見ればい
いではないか。都会では、コンクリートのほんの僅かな隙間にタンポポがたくさん
咲いているものだ。よく、見てごらんなさい。
・・・・・・・・・

さて、あなたたちが教えられたモラルも愛も自我も、全くあなたを、本当に満たす効力など何ひとつない。論理的にも、ちょっと深く見れば、人々の言う愛など矛盾だらけだ。しかし、あなたたちは、実のところ心底何が幸福であるかを僅かに知っている。だが、ほんの僅かだ。

それは、次のものになぜあなたが没頭するか、あるがままに見ればいい。
スポーツ、セックス、ドラッグ、酒、娯楽、おしゃべり、笑い、読書、オカルトや精神科学を含む通俗的修行。
これらの何もかもに一貫した基準があるのに気がつかないですか？
あなたの最高潮の幸福感は何によって生まれるかね？

それは実は、『無心』なのだ。
無心になれるものだ。

実はあなたの本来の全生命の全基盤を満たしているのがこの無心の核なのに、たったの僅かな一瞥のために、あなたは刺激の世界をあちこちと巡っている。
あなたは没頭すれば無心でいられる。自覚がない。
そうなったら苦悩というものが存在しないのを知っているではないか？
あなたは働く。なんのためか？そうすれば衣食住が満足して、とりあえずあなたは心配せずに安心できる。安心は無心と同じだ。
あなたが欲しいのは幸福な刺激などではなく、安心や無心なのだ。
これに「違う、刺激だ、生命の活気だ」と言い張るならば、こう説明しましょう。

なぜ、あなたはそういう刺激なしでいられないのですか？
ただ、在り、そこにいて、ただ存在するあなたの意識と共に何もせずにくつろげないのですか？
あなたは座禅や瞑想するかもしれない。なぜ、なんのためなのですか？
特別な体験や能力が欲しいならば、それは瞑想ではない。
本質的には瞑想とは『落ち着く』ことだからだ。
では、なぜあなたは落ち着きたいのですか？
それは無心だからだ。そして安心だ。

そこが、幸福の位置だ。
無欲でいること。

だが、それでもあなたは勘違いし続ける。どうしても刺激が欲しいという。生活に活気や実感や、知識や確信や信念が欲しいという。それはなぜか？
だが、本当ならば、あなたが内面奥深くで、本当に欲しがっているものは、苦悩からの脱出だけなのだ。
断じていわゆる、幸福の追求ではない。
苦悩からの脱出だけだ。ただそれだけをあなたは望んでいる。
その結果がたまたま幸福などという実態のはっきりしないものを追い求める衝動を生んでいるにすぎず、真実の根源にあるのは、全面的な苦悩と心配からの脱出だ。

では、いかにして、それがなされてきただろう。
ブッダはあなたや社会を、
いわゆる幸福にするために法を説いたわけではない。
彼はただ、それぞれの個人にある苦悩を消滅する道に在り続けただけだ。
だが、どんな戒律もモラルにもそれは出来ない。
人は何かを持てばすでに自由でなくなる。
信じるものなどあったら、人は必ずいつかそれを疑うときがくる。
思考が作るいかなる概念も信念も希望も、
決して永久という時間と、無限の空間の中ではなんの効力も持たない。

実のところあなたたちの苦悩の原因は、
非常に巧妙なトリックによって成立している。それは、<u>あなたの自我が逃げたいと思っている当のものが、実は苦悩を消滅する核である</u>というパラドックスだ。

あなたはあるものから逃げたいのだ。そのあるものとは、
『無』である。
闇。絶対の不在。
なにもないこと。
まったくの無。

それは社会的にも心理学的にも、『死』と名付けられた。
だが、あなたの、その落ち着きのない動き、そして苦悩はすべてこの闇と無をあなたが意識して恐れることに由来している。
何も動きがないことへの恐怖だ。
単に落ち着いていると言っても、そこには風もあり、香りもあり、見るものもある。

だが、絶対無では、認識や思考以前に、意識の動きすらない。
それはまさに完全な死だ。
これに対する生物学的な恐怖が我々には埋め込まれている。
というのも、あらゆる細胞は脳をも含めて、常に活動状態にあろうとするからだ。
だが、それに対して真っ向から生を否定するものが、なんと
あなたの意識の核にある。それが無だ。
生命と反目している無であるのに、それはあなたをつき動かすものだ。
つまり、あなたの生命は、その無から逃げ続けるように設計されたわけだ。
無は生命にとっては死だ。生命にとっては。
さて、注意深く、聞いてみてほしい。
私はそれは<u>生命にとっては死</u>だという。
すなわち、
<u>生命を超えたものにとっては、それは生</u>だということだ。
生命を超えたもの、
すなわちあなたの本性、あなたの実在の本質そのものにとっては、死や無や闇は、
まさに『自己実現』そのものへの道だ。
もしも、あなたが精神的に、全くの闇に包まれ、途方にくれることが出来たら、
あなたは始めは、全細胞が『何をしている？生きろ、動け、脳だけでも考えろ』と言うだろう。だが、それでも生命という自我が死ぬのを許容したとき、
あなたに変容が起きる。まさにあなたの苦悩は、
なんとあなたの無垢な、無苦悩の本質から逃げることで生まれていたのだ。

一度あなたが、その本質と溶けてしまえば、あなたはそれこそがあなただったことを知る。それは自我にとっては限りない苦痛となるだろう。なぜならば自我は生き

延びるためにあったからだ。
そしてまた私やバグワンが言うように、残念なことに、肉体というものは、
その我々の核、その本性の爆発的な顕在化に対して、決して強くない。
すなわち、細胞は死に始める。そしてあなたは生きはじめる。
肉体はそう長くは持たない。
だが、あなたはその時には人によって達成されるすべてを終えている。
苦悩の不在、安心、くつろぎ。
それは絶対無だけが、この恒久的な保証を出来るものであり、
一時的な刺激やカタルシスからリラックスという手口で何度一瞥しようが、
決してあなたは『我家』に帰ることは出来ない。
どんな瞑想や座禅もますますあなたを不安にし、不満にしてしまう。

<u>瞑想とは、全面的に死ぬ練習であり、死そのものとして生まれることにある。</u>
このあなたの中にある最高の宝石は自我というものや思考や脳にとっては、まさに悪運を呼ぶ呪われた石に見えるだろう。
だから、あなたが
『どうすればいいのですか?』などと言うならば、
依然としてあなたは、その闇から逃げようとして落ち着かず自我を満たそうとして、あがいており、その次元にいるかぎりは、私が何を言っても、どんな瞑想法を提示しても、それはあなたにとって不愉快きわまりない結果をもたらすだろう。あなたが自我から意識、または無心、不在性、虚無、闇へと全面的にシフトしないかぎり、それが宝石として見えることは決してない。
だが、それでもあなたたちは、ゴールを知っていると私は言う。
だから、今一度、何が欲しいのか、何を求めているのか見詰めなさい。
自問しなさい。
もしも幸運にも我々ブッダたちが言う『苦悩からの解放である無心』という結論に至ったらば、まず緊張してからリラックスだなどと「こそく」な手段など使わずに、はじめっから、ただくつろぎなさい。リラックスのために何かをやろうとしたら、もうあなたは無心じゃない。

だから、あなたに出来ることなど何もない。

出来ることなど何もないという地点に心底諦めれば、
あなたは本当に無期待で何もしなくなる。
それが数十分の深みへと落ちてゆくことが、瞑想だ。
それはちょっとばかりの時間が必要だ。
ほこりが地面に落ちるまでに少しの時間が必要なように。
そうなった時、
『あなたはただ座り、春が来て、草はひとりでに生える』だろう。

『ただ、真っ暗闇の中に座り、頭上の茶碗に私は空を満たす』

『やがて秋がきて、自我はひとりでに枯れる』

1993 6/18 EO

いま、ここに存在すれば、
あなたも社会も存在しない

質問＝
「いま、ここにいよ、という言葉をあなたはどう捕えているのですか？」

回答＝
『いま、ここに、あれ』。
たった7文字の言葉がニューエイジであれ、セラピーであれ、禅であれ、
また、TAOや仏教であれ、それらの本当の基本理念だった。
そして、この言葉は瞑想センターや禅寺や、
最低の場合はカルチャーセンターでも氾濫した。

この7音を発音するのには、なんの苦労もいらず、経験もいらない。
しかし、それが理念や理想や、修行や目的とは無関係に
実際に、いま、ここで『実現』されるとなると、
それは何万人にひとりにしか起きなかった。

しかし、それはそんなに、難しいからなのだろうか？。
まず言えることは、
思考や知性にとっては、いまここにいることなど、
難しいどころか絶対に不可能だということだ。

もうひとつは、
いま、こことは、
あなたのいかなる理念、理想、目的とも関係ないということだ。

現に、人間以外の動植物から無機物にいたるまで、
「いま、ここ」の現存に浸りきっているが、
彼らはいかなるイデオロギーも修行も瞑想も持たない。

「いま、ここにいろ」などとは、一昔前ならば
「なんですか？それは。そんなこと言っても我々は記憶を使い、
人生の計画を練ってゆくのです。そんな無計画なのはよくありません」
という言葉が返ってきたはずだ。

現に、「いま、ここにいろ」、などとあなたの親や学校の教師は、
あなたに教えましたか？？そんなことは全く教わらなかったはずだ。
ところが、ここ20年で、
この「いま、ここ」という言葉は随分と一般的にも聞こえもよくなってしまった。
聞こえがよくなり、昨日の非常識が今日の常識になるということは、
常に、今日の常識は、明日の非常識にもなると覚えておくとよい。

さて、「いまここにいる」という言葉は
下は、卓上瞑想評論家のたわごとから、上は大悟した禅者たちの発言までもが、
あなたたちの脳の中でごちゃ混ぜになっている。

そして、それは、どうも、それはひとつの理想社会を生むきっかけ、
あるいは部品になるのではないか、と人々は思っているらしい。

しかし、真実の「いま、ここ」とは
そのように、人間社会に都合よく利用されるような「部品」や「製品」ではなく、
またあなたの自我が自分や他人の成長に役立てようと、できるようなものではない。
生命とはそんな<u>断片的なものではない</u>のだ。

「いま、ここにいれば、理想的な地球になる」と叫んだ時点で、
あなたはもういま、ここにはいない。
なぜならば、あなたは、そこに未来という理想を持ち込み、
そして過去は悲惨だったという比較を持ち込み、その結果、結局は
「いま、ここ」と、そうでないものに分裂してしまっているからだ。

社会的な規模も個人規模も、何も違いはありはしない。同じことだ。
なぜならば、いま、ここにいれば理想社会になるという発言は、
「いま、ここにいれば私は、もっと理想的な生き方になる」と、あなたが言って
いるのと同じだからだ。
それは確かに政治的な、外部組織を変えるという方法による変革ではなく、
個人ひとりひとりの単位に変革が起きることによる全体の変革だ。
しかしながら、
<u>この自己変革という概念、改革、自己改善というこの幻想が
そもそも莫大なエゴの発端なのだ。</u>

もしも我々が、自力で変容したら、それは我々の「成果」になってしまう。
そうなれば、それは技術となり、エゴが達成したぞと言い、
これでいいぞというマインド・トリップの一部、すなわち思考になってしまう。
そして変革や改善という妄想が進めば、やがて、以前の自分と現在の自分を比較し、
また、毎日違う自分をより安定した精神の自分にしようと葛藤し、
より、もっとよく「あろうとする」。
だが、それら全部の底流にある逃げ出せない『罠』は、
<u>あなたは、それでは一生『くつろげない』</u>ということだ。

どこへ行っても、何をやっても、
かくあるべき自分とそうでない自分を比較し、自己想起し、自覚的になり、反省し、
改善し、瞑想し、よりいま、ここにあろうとする。
<u>しかし、そうした方法が成功したためしは、ただの一度もない。</u>

そのような方法は、結局、精神病院の患者、
あるいは座禅者のような瞑想エクスタシー中毒者、
無心無我中毒患者を生みだす。
有名なＪ・Ｃ・リリーは、非常にアカデミックな学会でも有能な一流の学者であり、
また特級の精神探求者のひとりだった。その著作は再評価もされ、また未だに敬遠
もされている。多くのニューエイジにとって彼の著作は、イルカや鯨、そしてソリッ
ドステート組織体といった用語もあいまって、一部ではカリスマ的な教祖的な

存在でもあろう。
しかもいわゆる外宇宙知性体も関与しているような言及も多い。
しかしながら、その彼の<u>終息した場所</u>を見るがいい。
これについては、あなたたち個人と私の見解の相違はむろんあるだろうが
極論すれば、私は彼を「瞑想中毒患者」と見なす。
<u>彼は科学者特有の『再現性』に完全に囚われている。</u>

いかに、効率よく、サマーディを再現して生みだし、維持するか。
これでは精神病院の者と全く基本的に同じだ。これは一種の神経症的探求だ。
J・C・リリーは、そこに科学知識、経験が付加されているというだけで、
その探求の動機そのものの根底は、いまだ16才の少年なのだ。
・・・・・・・・・・・・・・・・・
さて「かくあるべき自分とそうでない自分の葛藤をやめなさい」というクリシュナ
ムルティーの、このたった一言が理解できないだけで、
あなたはクリシュナムルティーを逃し、そしてバグワンを逃し、禅師を逃し、
私を逃す。

「いまここにいれば自我はなく、それが無為自然を生み、攻撃的な感情のない理想社
会が生まれる」という言葉は、
今日では比較的一般に受け入れられる言葉ではあるが、
これに絶対にNOという者が、いまここに発育している。
それが私だ。
昨日の精神世界の常識を今日の非常識におとしめるために私はここにいる。

なぜならば、いかなる用語、スローガンであれ、
あなたの思考が、<u>それを理想にした瞬間に重荷になる</u>からだ。
社会や瞑想センターや禅寺は、そのあなたのスローガンを聞いたら
「とても、よい方向です。まさにそれが正しい道と探求です」と支援するだろう。

しかしそういう虚構に対して、
私があなたたちの理想を全部破壊するつもりだ。

その理由、動機は至って簡単だ。

理想こそが、あらゆる戦争の発端だったからだ。

なぜならば、
異なるふたつの理想が、戦わないでいられるわけはないのだよ。

では、どうすればいいのか？
それは理想など持たないことだ。そして、
持たないという理想も持たないことだ。

しかし、こういうTAOや禅の帰着点というものは、
あなたがどんなに、あなたの成長などに経験を上塗りしても、全く進展しない。
どんなに知識や、あるいは瞑想経験を上塗りしても、絶対に悟りは起きない。
なぜならば、悟りとは、上塗りではなく、塗りを全部剥がすことだからだ。
いわゆる鏡にたとえられるあなたたちの本性が、口先の理屈ではなく顕在化するためには、あなたは、ほとんど空虚になるまで殺され続けなければならない。
ある瞑想センターのセラピストは、私の言葉でネガティブになったらしい。
EOは言う
『まだ、ネガティブがそこにあるとは・・・ずいぶんと結構な瞑想だな』
・・・・・・・・・
悲惨さ、ネガ、こういうものは、断じて、今ここには存在出来ない。
同時に、正しさ、ポジティブ、そういうものも、今ここには存在出来ない。

あなたは、どうやら、この『いま、ここ』という密度の恐ろしく高い、
瞬間という神秘のスペースを垣間見たことがないようだ。
・・・・・・・・・
瞬間の中には決して理解は存在できない。
そこには理解がないからこそ、それはあるがままと呼ばれる。なぜならば、
分かったり、分からなかったり、
そして、分からない事を分かろうとする。こうしたことが、

<u>たった一度でも、あなたを、深々と、くつろがせた事があったか？</u>
絶対にある筈がない。
<u>これらの比較を止めたときが、本当の静寂点だからだ。</u>

さて、とにかく、あなたたちは、座禅であれ、瞑想であれ、
それをあなたの変革の『為』に使おうとし、
それにさらに社会変革などという公明正大な理屈を付けて、
他人の支持を受けたがる。

何度でも言うが、変容とは
『変革しようとする、あなたが落ちたときだけに変容が起きる』ということだ。
あなたたちが、
「そんな訳があるまい、なぜ改革の意志なくして変革など出来るものか？」と、
反論するのは目に見えている。

寺で座禅に親しんだ者たちでさえも、
「探求を落とすにしても、最低限、最初の探求は必要です」と言う。

これが、昨日までの、寺や瞑想センターの常識ならば、
今日の常識は、こうだ。
『今、あんたが自分で言った事を、全部忘れろ。
それも、たった、いま、ここで！』
・・・・・・・・・
これは、あなたが、もしも正確に私の、この法を、しっかりと受け止めたら、
あなた、瞬間で呆然自失するだろう。
しかし、逃せば、あなたは口をとんがらせて、
「でも、でも、でも、そんな事を言っても」
と私に向かって言うだろう。
私は言う『ほら、ほら、ほら、そんな事を言っているからだ』と。
・・・・・・・・・
では、一体EOの言う、死人禅は努力の一部ではないのか？

それだって達成欲に基づくものではないのか？
そう言う言葉が、あなたたちや禅寺から聞こえそうだ。
私は、きっぱり言うが、
私のメソッドでは達成欲は、全滅する。
すでに、私とかかわった死人禅の実習者は、
瞑想者の場合は瞑想が落ち、禅寺の者は禅が落ちている。
また、自分は心優しい人間だと思っていた者は、その心が落ちている。
自分は知っているという者は、それが落ちてゆく。
そして、変容したい、悟りたい、と思う者は、それが落ちてゆく。
そして生きるのが苦しいという者はそれが落ちている。
生きるのが楽しいと言う者も、その楽しさが落ちている。
ならば、彼らは、そんなふうにまでして、
どこへ転落して行くのか？

その、どん底の底辺へだ。

そこが、殺しても死なない真の

『いまここ』だ。

1993 10/23　EO

では、いまここの『瞬間』とは何か

質問＝あなたはその意識変革の為の宗教的な組織を作るつもりですか？

回答＝NO! 冗談じゃない。
なぜならば、いかなる共同体によるムーヴメントであれ、
社会や、他人との関係性、特に集団との関係性の中に充足を求めることは、
絶対に、最終的にはひとりの人間を不幸にするからだ。
そうではなく、あなたが、『ただひとりで満たされ』、
たった一人で死んで行くときにも
満たされていること。
これが私のたったひとつの望みであり、私の作業はそのためのものだからだ。
・・・・・・・・・
幸福になったり、不幸になったりするのは、はたして社会なのか？
幸福になったり、不幸になるのは、他人や集団なのか？
ちがうであろう。
一体「どこで」あなたは幸福になったり、不幸になるのかね？
「どこで」、その感覚は生まれているのか？
その本当の『現場』はどこか？
全部たったひとり、あなたの意識の中だ。
そのあなたの意識がとらえる外部の情報の中のひとつに、社会があり、導師がいて、
そしてあなたの子供や旦那さんがいるのである。
では、誰がそれを感じ取っているのか？
どこで感じ取っているのか？
すべて、あなただ。
それもあなたという個においてだ。

そして、これから世紀末の香りが漂う世界の情報が急速に増えるだろうが、
あなたは未来にいるのか？
あなたは未来に住んでいるのか？
違う、違う、違う。

あなたの現場は、常に『今、ここ』だ。
未来を感じるなどということは不可能だ。
未来を現在の中で予知することなら可能だ。
だが、未来の中に『存在すること』は不可能だ。

まず、あなたによく理解してほしいことがある。
『あなたの言う現実』というものは、
その尺度、スケールがコロコロ変わっているということだ。毎分違う。
しっかりと、私の言葉についてきてごらん。

あなたはたとえば、社会的な情勢やムーヴメントについて、考える。
あるいは週刊誌でも読み耽る。
いわゆる、あなたの言う「現実問題」としてね。
さて、友人から電話がかかって来る。
電話に出たら、実につまらない話でさっさとあなたは電話を切りたい。
一刻も早く切りたい。
これがあなたの現実世界のすべてになる。早く電話を切ること。
やっと切ったら、テレビでニュース速報で、どこかの国で大地震があったという。
たいへんだなぁー、とあなたは思う。
それがあなたの、「そのとき」の現実だ。
ところが、他人の国の心配をしていたあなたは、
次には、またかかってきた、悪友からの電話にうんざりする。
今度はその「うんざり」があなたの全世界だ。
そして、今、これを読んでいるあなたは、
それがあなたの世界だ。
それも、あなたがとらえられるところの、全世界のスケールだ。
夜になって、誰か恋人と享楽的にセックスをすれば、またそこが現実だ。
電話の事も、世界情勢なども、どっかの国の地震なども知ったことではない。
あなたの世界、現実、
これらは、瞬時にコロコロとその範囲や内容が入れ代わる。
あなたはそれらの集積としての記憶の中を漂っては、随分といろんな事を知ったの

だと思い込む。
中には自分は世界的なスケールで物事を見ているのだと思い込む者もいる。
さて、このあなたの知覚や思考によってクロ‐ズアップする現実のスケールが、あまりにも統一性なく拡張したり、ちょっとした、ささいな目の前の出来事に集中するのを観察してごらんなさい。

一体、あなたの現実とはなんなのか？
どこが現実なのか？
どれが、もっともあなたの基本をなしているアイデンティティーなのか？
たとえば、よく人に
「これがなくなったら、自分じゃないというものはありますか？」
と質問すると、下は酒と言う者から、上は神への信仰だと言い、最悪の場合は自分の趣味の世界の事を言う。

<u>では、それがなければ、彼らはなんなのだろうか？</u>
あなたから、肩書を取ったら、何が残るのか？
人々から恋人や酒や趣味を取ったら何が残るのだろうか？
僧侶から袈裟や寺を取ったら何が残るのか？
学者から、研究を取ったら何が残るのだろうか？
オカルティストから魔術を取ったら、なにが残るのか？
よく、そういうとき、その者は、なにも残らないと言う。
ならば、彼らが寝ているときは、彼らは自己喪失しているのか？
彼らは下痢でトイレにかけこんだら、
修行僧としての彼らや、世界情勢や世紀末問題はどこへ吹っ飛ぶのか？
彼らはトイレでは何者なのか？
彼らは、トイレでは、ただの人だ。だが、
そして、実に
光明とは、『そこ』にある。

余計な思考、哲学、よけいなヴィジョンなど何もなく、
もっとも目の前にある現象に、全面的に対応している姿だ。

それをつまらない現実的な問題などと言わないこと。
禅は、だからこそ、ただ、ひたすら生きることだと言う。

大それた思考などならば、それは思考には、いくらでも可能だ。
世界の事を、御託を並べて論じるぐらいは愚かな政治評論家でも出来るのだ。
ところが、そういう者たちは、
一歩家庭に帰ったら、妻や子供の機嫌ひとつ直せない無能な父親となる。

一方、目の前の当たり前の物事を、トータルに対応するとなると、あなたは、思考や記憶や未来予言の中になどにふらふら意識が行っている暇などない。
だから、危険な状態や、せっぱつまったり、あるいはそういう、現在だけしか存在しないようなものがワークや修行になるものだ。
私は、何度でも言うが、私という扉は、
あなたが死ぬ時に、あなたと共にいる。
私の原稿をシリアスで暗いと、あるセラピストは言ったが、
死が暗いのは私のせいではなく、あなたの観念、妄想のせいだ。
だが、あなたが死ぬ瞬間に、
私の言葉は、初めて、全面的にあらわになる。
なぜならば、
死ぬときに、あなたの『現実』はどうなるのか？
そしてあなたは『独りで死ぬ』のだよ。
たとえ、心中したとしても、死の中へゆくのは、個人の意識だ。
恋人と縄で体を縛って海へ飛び込んでも、
死に直面する意識としてのあなたは『独り』だ。

だから、あなたは、常にひとりっきりで死ぬ。
さて、その時、現実はどうなる。
今度は、まさに死そのものが、あなたの現実のすべてになる。
それが生のクライマックスで起きることだ。
そして、これだけは、必ず起きる。必ず誰もが死ぬ。あなたもだ。
悟りを知っていようが、いまいが、瞑想しようがしまいが。

これは断言するが、その時は、今まで生きていたことなど夢になってしまうだろう。
常に、現実と呼ぶものは、『意識の中に映った世界』のことだ。
あなたが夜、夢から覚めれば、「なんださっきのは夢か」、で終わる。
しかし、眠りに入るときは、逆だ。
さっきまでの事が夢になってしまう。
つまり起きていたことなど関係ない。今度は夢の世界が全現実だ。

さて、そうして、いよいよあなたが死ぬ時には、
今度は生など無意味になる。
そして、あなたは独りだ。
そこに、直面してゆくときに、一体あなたの世界、あなたの知識、
あなたの誰かへの愛、そんなものが存在できるだろうか？
そこで、あなたに存在するのは、死のプロセスだけだ。
あなたは、そうした、いわゆる何物かへの信仰心が存在できると言い張るならば、
では、いいでしょう。
今夜から、神やら何やら、あなたの一番大切だというもの以外の夢をみないようにしてみなさい。夢の世界にもって行けないような信念は、死んでも同じだ。
今夜から、眠りは死と同じだと思って一瞬も神のことや瞑想のことから意識が離れないようにして、眠りなさい。それができないなら、あなたはいくら口で私に何を言おうが、死の本番では、申し訳無いが、あなたの負けだ。
あなたは全部忘れてしまう。すっかり全部。
最後には自分が誰だったかも忘れてしまうだろう。

だから、私は、死のときに、失われるようなものは
今、ここでも持ち歩くなと言う。
つまり、どんな観念も、価値観も持って歩くな、ということだ。
では、人は死ぬときには、何を持ち込めるのだろう？
実は何も持ち込めない。
ただ、あるがままに死ぬこと、そのまま死を受け入れ、消えて行くだけだ。
『死の中へ　連れてゆけるは　ただ死のみ』である。

だが人はそこに恐怖や、あるいは、場合によっては死後の問題を持ち込む。
だから私は、全面的に死と共にくつろぐことの出来る者を育てようとしているのだ。
なぜならば、そこでくつろげないならば、
あなたは「現在、いまそこ」でもくつろげないからだ。

死の中へ、くつろいで入る者は実際には何も残っていない。
そこへ入って行けるのは無垢な意識なだけだ。
何も戦おうとしないことだ。
だから、そこは光明の瞬間になる。

さて、たとえば、あなたにこう質問しよう。
『あと、1ヶ月の寿命を宣告されたら、何をしますか？』
私はかつてこういうアンケートを50人以上やったが、
みんなそれぞれに片付けたい問題や、やってみたいことを持っていた。
だが、これに対するブッダたちの答えはこうだ。
「知りません。今のままです。別に明日も何も変わりません。」

もしもあと30日の寿命を宣告されて、あなたが何かをやり残しているのならば、
あなたは依然として欲望と思考の中にいる。
しかも30日先の死に脅えている。
最低限の近辺整理についてやるのはいいとしても、
人生問題のやり残し、などという問題がそこで浮上するなら
あなたは、決して悟れない。なぜならば、死と仲良くなり、くつろいで、
いま、ここの存在を味わうのが、悟りだからだ。
死ぬ時も、それを味わう意識そのものだけがあるだけだ。
だから、ブッダにとっては、生きるのも死ぬのも、全く分別出来ない。
どっちも、味わいなのだから。

さて、まだあなたたちには、こうした問題は現実として実感できない。
それよりも、あなたの現実とは、明日早く起きるから、今夜はもう寝ようとか、

あれこれとした生活の雑事が現実だ。
しかし、私はどれが価値のある現実だとは言うつもりはない。
どれが意識を集中するに値する現実であるかなどは私は問題にしていない。
そうではなく、現実とは、<u>常に瞬間にはたったひとつ</u>だということだ。
さらに、・・・もしもあなたが覚醒して、瞬間の中に入って行ったら、
まず思考が存在しなくなる瞬間が増える。
そうしたら、いわゆる夢や希望はそこに存在できない。
次に、あなたがもっと瞬間の中に深く入ったら、感覚も存在できない。
いろいろと音は聞こえるだろうが、
過ぎてゆくだけで痕跡をあなたの意識に残さなくなる。
さて、そうすると、あなたは自分の存在感にいきつく。さて、
そこでは、何が現実なのか？

外部も思考もあまりない希薄な存在性。そして、あなたは存在している。
その存在の自覚がその時は、あなたの全現実だ。
恋人のこと、世紀末のこと、今夜の食事の献立のこと、
そんなものは、高密度のこの今の瞬間の中には存在できない。
そこに存在できるのは、あなた本人だけだ。そして、
さらに、あなたは、その存在感をもっと深く意識しようとする。そうすると、
それもまた瞬間の中に存在できない。断片的だ。

さて、あなたは、私の誘導で、うまくいけば、完全に沈黙してしまう。
あなたは、たった独りで、どんなマスターも必要なく、たった独りで、
そのあなたの部屋で、完全な沈黙と静寂を実現出来る。
それは『あなたの、純粋な存在感の<u>自覚と自覚の隙間にいようとすることだ</u>』

これが私のワークであり、私の方便のひとつだ。

これが死人禅という手法における
自然発生的な『絶対の沈黙』である。

悟りは社会に対しては
どのように対応してゆくのか？

質問 =
あなたの言うことは、言葉の上では分かります。指摘される点は他の導師と比べても聞き慣れたものだからです。でも、具体的な生活の中で、どのように他人や社会とかかわり、対応して行ったらいいのかが、全くわかりません。
世間で自然に、ありのままにいることは、とても困難な面を持つからです。

回答 =
どんな、対応もしようとしないことですよ（笑）。
全く対応をしようとはしないことです。
いかなる「用意した対応」も持たないことです。
だからと言ってあなたが周りに何も対応しないで死んだふりをする、ということではない。ただ、「あなた」が対応する、とか、しなければならない、とか
そういう思考であなた自身をせっついてはよくない。

まず、対応しなくてはならないという思いが落ちれば、
あなたは何かをやりに走る落ち着きのなさを離れることができる。
次にただその状況に居ればよい。ただいるのです。
優先されるべきことがあるとしたら、対応するという行為でなく、ちゃんと
『存在している』ことだ。だが、あなたの質問を聞くと、すでにあなたの中には
あなたがかくあるべき応対の態度というものを、すでに持ち込んでいる。
「どのように対応すべきなのですか？」とあなたは問いながら、
実際にはあなたは私の言葉、回答がそのあなたの既にもっている応対の姿勢と合致すれば私の言うことを聞き入れるだろうし、また私の回答がものめずらしかったり、あるいはいかにも役に立ちそうだったら、私の言葉に聴き入るだろう。だが、全くあなたの予想、期待に反したことを私が述べたら、あなたはどうするだろう？
事実、私は、たった今、そうしたあなたの期待を裏切る回答をしているのだ。

だが、これはあなたの個人的な人生論や人間関係の方法論を裏切ろうが、
それに反していようが、私は常に「ただの事実」を述べているのだ。
これはTAOの道であって、世俗のモラルや銀行員やセールスマンの応対セミナー
などではない。それに他のどのカウンセラーにもあなたは満足できなかったから、
私にこういう質問をしているわけだ。だから、私が言うことは意識のリアリティー
の位置から言うのであるから、それがあなたの思考を裏切るのは当たり前だ。
なぜならば、完全な応対、対応、完全な周りとの調和は、
あなたが『無心』である場合にのみ可能だからだ。

無心であるということは、
<u>そもそも応対すらしようとしていないということだ。</u>

それでは世間で役にたたないとあなたは言うだろう。だが、世間で本当に役に立つ、
あるいは長い目で見て、無害な良好な平安をもたらせるのはこういうタイプの人達
だけだ。
何事か常に対応して、やりくりしなければならないという思いに取り付かれている
人達の言動の結果は、もっとも始末の悪い混乱を作り出して来た。
だから、実のところ、TAOにおいては全く無心にいる、という停止の中から生まれ
る洞察や観察の中から行為が起きる。それは「やる」とか自分がやっているという
感覚はほとんどない。やるべきだというのとも違う。ただやるのであり、そこには
一切迷いはない。なぜなら、考えてやっていないからだ。何も考えないでやる場合
にあなたが迷うはずはない。迷うとしたら、あなたが、いいのか悪いのかと無心で
ないということになる。

しかし、それは直感とも違う。直感的ではあるかもしれないが、直感ではない。
というのも、<u>直感を感じてからやるのではない</u>からだ。
無心の中では感じる主体としてのエゴのあなたはいない。
だから、私が「直感的に感じたからやった」などとすら言わないし、
そんなことは思いもしない。
とにかく、あなたは、世間とかかわるときに、あなたを持ち込みすぎるのだろうと
思われる。あなたとは、つまりあなたの思考、あなたの価値観、あなたの理想、

何もかもあなた『個人のもの』だ。

こうした個人の意見、見解をありのままに交換することが、一般的に理想的な人間関係や情報交換だという変な定説がある。
だが私が知る限り、そのように中立的に他人の見解を、まったく私見を交えずに聞き耳をたてられる人を私は身近では、たった２人しか知らない。
しかもこの 35 年の何百人という出会いの生涯でたった２人だ。
世間では明るい人間関係と言いながら、それは単に
退屈しのぎの「おしゃべりと自分を押し付ける」という興奮した感情ゲームだけだ。
国の大問題を議論している国会ですら乱闘するのだよ。
いわんや、あなたが隣人と表向きは穏やかな顔をしていても内面で冷戦状態や激戦状態を起こしても不思議はあるまい。これらは何もかも、あなたを意図的に持ち込みすぎるのだ。あなたは、ちゃんとあなたであり、意図したり、意志で自分をどうこうしなくとも、あなたの育った環境は他人と違う。
だからその風土の中であなたの個性はちゃんとある。
あなたを無個性だとは私は言わない。だが、あなたは自分の個性について意識する必要は何もない。また意図して他人に知らしめる必要などどこにもない。他人だってそんなものに関心あるふりはしても、実際にはあなたに関心などないのだから。

もしもあなたの個性に本当に関心を寄せる人がいたとしても、例えばあなたの恋人のような者であったとしても、その関心は無心なものではありえない。なんらかの<u>心理的利害関係</u>をあなたの恋人はあなたを見る尺度にするはずだ。
「こうしてくれるに違いない。そうしなければあんたを嫌うぞ」などという「取引」がかならずある。今はなくとも１年後には出てくるだろう。
これらはすべて、あなたが自分を大切にしすぎるためだ。
世間は自分を大切にしろという。だが、大切にすべきものなどなにもありはしない。
意図して大切にしないで、むしろ無視するからこそ、逆に無為に自然にあなたは何も分別なく大切にするようになる日がくるだろう。
そこには、<u>やり手</u>はいない。
だがその行為、対応、応対は<u>あなたの思考の結果であるならば、</u>
あなたはその結果どうなっても、TAO から見れば完全な間違いだ。たとえ、結果

が楽しくなろうが他人に支持されて選挙に当選しようが好きな恋人と結婚へゴールインしても、「完璧な失敗」だ。
世間でどんなに認められても、あなたはブッダたちには無視される。
だから、逆にあなたへの質問だが、あなたは世間一般から、
よい人物だ、心地よい人だ思われたいのですか?
それとも私や和尚や禅師に
『よし、でかした』と言わしめさせたいのだろうか?
この地点が、あなたと私にTAOの橋がかかるか、かからないかの分岐点になる。

社会や世間とどう具体的にかかわれば、あるいは未来の地球のためにどうしたらいいのかという質問を何度も私はアストラル界であなたたちから受けましたよ。
その度に、私の答えはひとつだ。
『そもそも、狂った思考、落ち着かない思考、エゴの産物がここまできてしまった社会に適応の必要などありはしない。世間そのものが間違っているのだから、なんで、あなたがわざわざ猿の檻に入り、猿と折り合いをつけなければならないのか?
あなたは猿の調教師になるつもりなのか?
そんなことより人間＝ひとりのブッダでありなさい』

さて、たとえばあなたがセラピストだったとする。あるいは瞑想の指導者だったとする。あるいは禅寺の師家、あるいはどこぞかの編集長だったとする。
こうなるとあなたには「肩書」と「役回り」が発生する。
だから、あなたは不自然にでも、やってくる人達に
<u>特定の対応をしなければならないと自分の首を絞めはじめるのだよ。</u>
特定の対応とは、つまり静かにとか、親切にとか、グル風の振る舞いだの、自由で生き生きしているフリをしなければならなくなる。
誰もそんなことは要求していない。だが、いうなれば、世間もあなたそのものも、暗黙のうちに、その場に必要と勝手に思い込んだ雰囲気を「繕おう」とする。
こうした不自由な思考に支配されているあなたたちが表向きだけのカウンセリングやセラピーや瞑想ごっこを、2時間ほどうまくやりすごしたとしても、
そこにはなんのTAOも光明もない。それは、ただの学校の「体育の授業」だ。

さて、あなたはそのように、ある社会的なポジションを持つ、あるいはそうでなくても、瞑想家や雲水という求道者であっても、それすら、あなたの重荷になる。
私は終始言い続けたが、何度もあなたたちに言わねばならない。
『あなたは、何にも属さない。あなたは「ただ人」だ。
あなたには名もなく、目的もなく、達成すべきこともなく、
あなたは習うような瞑想など持たず、あなたはただ、
あらゆる状況の生の中にあって、ただの存在意識であり、また死ぬときも、
ただ静かに思いなく死ぬものだ』と。

こうした、言葉では、私はあなたの『本性』を打とうとしている。
だが、あなたが思考で「どうやって世間と対応すればいいのですか」などと質問すれば、私はそのあなたの思考を落とすためにあなたの論理的な心理的な部分を攪乱させるために、あなたを別の角度から打つことになる。
というのも、論理や倫理の平面ではTAOの答えはないからだ。

だが、『応対などするな、ただいろ。』と言っても、これが全くの事実であるのに、これはあなたを途方に暮れさせてしまう。
だから、ひとつやりかたがある。
あらゆる状況においてあなたを持ち込むのでなく、
あなたの存在、あなたの『ただの意識』を持ち込みなさい。
その意識にはインスピレーションも判断力も何もない。あなたは本当に誰でもない。

あなたは自分であなたの記憶を見る限りは何者かであり、何者かとして振るまわなければならないように見えるだろう。
だが、そんなものを一瞬だけ、ほんのしばらく放下してみてごらんなさい。
周りに人々がいる。周りに来客がいる。周りに、あなたより先輩の、あるいは後輩の修行者たちがいる。
だが、ちゃんとそこに、ただいるあなたは誰なんだろうか？
それは誰でもありはしない。何者でもない。ただの意識だ。
性別はおろか、人間ですらない。

あなたが人間であることにこだわる限り、あなたの無垢は不完全だ。
あなたが人間という社会からや自分で張ったレッテルをはがしたら、
あなたは本当に『ただもの』だ。
そうなれば、あなたは他の宇宙の生物ともやっていける。
どこにいても、その『ただもの』『無心な意識』が自分の本性として感じとれるならば、あなたは何を主張できる？
あなたは他人から馬鹿だと言われれば「まさにそうだ」と喜ぶようになるだろう。
あなたを軽蔑できる人間はいない。
というよりも、あなたに軽蔑の屈辱を味わわせることの出来る人間はひとりもいなくなる。たとえ、グル（導師）でさえもである。
なぜならば、あなたは、どんな軽蔑すら及ばないほど馬鹿になるからだ。
軽蔑されるためには、少なくとも愚かな事をしなければならない。
だが愚かなことすらもしないほど「無為な馬鹿」をあなたの我家に出来たら、誰もあなたを傷付けられない。
あなたが自分を特定の性格、人格、人間、個性、あるいは私は静かな人だ、とか、私は瞑想に熟知している、などと思うかぎりはあなたは、<u>そう振る舞えない状況で自分を責めるだろう</u>。焦るだろう。
だが、何者でもなかったら、何を焦る？？あなたはけなされても、なんともなく、誉められてもなんともない。
自分で自分が誰かわからない者に、何を言っても彼らは怒りを現さない。
もしもあなたが、誰かを怒らせることが出来るとしたら、それは相手が自分というものを持っていて、さらにその自分にこだわっている場合だけだ。
そういうタイプの人達が実に地球の 99 パーセントだ。
だから、あなたは誰だって怒らせることができる。その方法は実に簡単だ。
彼らが「大切に思うものをとことんけなせばいい」のだ。実に簡単なことだ。
無条件に、あなたはどこででも、トラブルを作り出せる。実に簡単だ。
だが、あなたが決して怒らせることの出来ない人達がいる。
それが、ブッダたちだ。
彼らは心が広いわけじゃない。狭いも広いもなく、そもそも心がないのだ。
彼らは思慮深いわけじゃない。何も思っていない。
彼らは優しいわけではない。優しくなどしようとすらしていない。

ただ、彼らはあなたという存在に『立ち会う鏡』となる。
だから、もしもあなたが、自分を主張して、あまりにも
『私、私が、私は、私の』と言うと、私もまた
『私、私は悟り、私は意識で、私はブッダで』になってくる。
一方、もともと「私」が希薄な人達が私に近付くと、
私から主語が落ち始める。
「意識は、誰でもない存在は、ただいる存在・・空は」になる。
そこには私という始点が不必要になる。
だから私はそんなとき、よく自分を3人称で語る。
「EOは、彼は、この青年は」という具合に。
これらはすべて、私の前に質問してくる、あなたたちへの反映だ。

私は『私』『あなた』という分離した表現に耐えられなくなり、
意識体と思考体という言い方に変えようと思ったことがある。だが、それは長く続かなかった。質問するあなたがあまりにも「あなた」を持ちこみすぎるので、私の中にも「私」という表現が現れる。
あなたがあまりにも「私の個体性」を見るからだ。
同じようにあなたは導師たちを見るときに彼らの「個体性」を見すぎる。もしも、本当にTAOの視力を持つ者がいれば、私を見ようが、誰を見ようがその者はただ『世尊よ』あるいは『ブッダさん』と呼ぶだろう。
けっして固有名詞ではない。そんなものは無意味だからだ。しかし私は「悟った者」「ブッダ」とは呼ばれたくない。
私を呼ぶなら『意識』でいい。「白痴」や「馬鹿」でもいい。

我々は・・・そう、このように、私はよく「複数形」でも自分をあらわすのだが、
我々はどう見ても、自慢できるようなものに到達したのではない。
とてもとても自慢など出来ない。
あまりにも、単純で無力で、無為で、静かなただの『存在』にくつろいでいることが、何かのエゴ、なにかの「自分」を生み出せるわけがない。だから私達はあなたを『くつろがせる』手伝いしか出来ない。あなたの人生に役に立つような、そんな知的、感情的な娯楽のオプションを差し出しているのではない。

世間の殆どの瞑想、セラピー、能力開発セミナーとは、すべてあなたのエゴにまた
ひとつの部品、つまり「おもちゃ」「自己主張」「達成したんだぞ」「理解したぞ」の
エゴを上塗りすることになる。

我々は、私は、意識は、
この青年を通じて何度も何度も、何度も言ったはずだ。
それは『足し算ではない』。
引算だ。禅やTAOは絶対的に引算だ。

あなたがかかえたエゴの数が100ならば、私の言葉も100になる。
ただし、『-100』の形式で。つまりその全部を壊そうと私はするだろう。
あなたがもしもたった1しか残らない無垢な意識ならば、
私もまた『-1』について語る。それはほんの一言だ。
あなたが質問しても、私の答えは『うむ・・』で終わりかもしれない。
禅にはこうした最後の1本のワラにしがみついている弟子と和尚の物語りがある。
それについては、既に『地球が消える時の座禅』に書き記しましたので、
今回は、これまでにしましょう。
そして､､､

もう一度、最初の質問にコメントしますよ・・・
「具体的にどうやって世間と折り合いをつけ、道にかなった対応をするか？」
答えは
対応というのが、そもそもなんであるか、解らないほど、
あなたがまったく、そうしたことに無知になることだ。
対応などという、そんな言葉すら、あたかも聞いたことがないかのように、子供の
ようになることだ。
同じように、あなたは自分の意見を忘れ、自分を忘れ、瞑想的なふりをするのすら
何もかも忘れて、そこにいなさい。特に観察や洞察する必要もない。
あなたは『いるべき』場所を勘違いしてはならない。あなたはあなたの存在性、
ただいる、存在にくつろぐのであって、そこを我家にしなさい。
あなたの考えに住み着いてはだめだ。

あなたの無思考の無心の家にいればいい。
他人を観察すらしようとしないこと。クリシュナムルティーはあるがままに見ることを強調しすぎている。彼自身は自然にそのような観察が可能で、全く緊張していないだろう。だが意図的になんでもやろうとする教育を受けた人類の思考にとって、それは不可能だ。
だから、私はもっと、もっと馬鹿になりなさいと言う。何も知らないことが何よりもあなたをくつろがせる。あなたが知っているべき、唯一のことは
あなたの本性が、もともと何も知らず、なんの知識にも経験にも属していないということだ。その『本性』とともに世間を散歩をしてごらん。
あなたは観察する必要はない。ただいればいい。あなたの無垢なただの存在に落ち着いていれば、自然に物事は見え、聞こえ、通過し、役にたたないものは消え、
なにか、ちょっと最低限やらなくてはならない必要なことは自然にあなたはやっている。自然にひっかかるものも出て来るだろう。だから、何かがひっかかっても
『無心でなきゃ』などと緊張しないこと。小さな錯乱でさえも、必要なものがあるものだ。<u>混乱を受け入れたら、始めてあなたは静寂をも受け入れられる。</u>
もしも静寂だけを受け入れたら、迷いをあなたは拒否し始める。
そうなったら、そこに無思考の静寂と思考という分別が、あなたを苦しめることになる。
もしも、私が無思考にこだわっていたら、
こんな文章を書くことすら、私は拒否するだろう。
だが、これらは起きていることだ。私がどうこうするつもりは何もない。
だから、もしも突然に話が消えるとしても、
私は続ける気はない。
たとえば、
こんなふうに・・・・・・・・・・

1993　2/7　意識

なにひとつ
見るものもなし
　　　静かな日
思うことなく
　　することもなし

風

静寂と沈黙以外には
本質的な祈りなどというものはない

質問 =
あなたは宗教的な祈りや感謝というものについてどうお考えですか？

回答 =
食べるものがあり、着るものがあり、雨風をしのぐ部屋がある。
そして働き終えて帰宅して、眠るまでの静かな時間に、この国の人々には、なんの心配もないはずだ。
衣食住の心配がないのに、その上、悟りたいと言ったり、悩んだり、理解を
したいとか、楽しみたいなどと言うのは、あまりにも、ぜいたくというものだ。

この国では、いまのところは、衣食住への悩みはさほどの問題ではない。
爆撃にさらされる日々は何十年も前に終わった。
問題は肉体の不安がなく、満たされたというのに、
その上さらに苦悩を作り出す思考そのものだ。
最低の衣食住と健康があり、何もしないですむ時がありながら、
その上、何かが満たされないと、もしも、あなたたちが言うならば、それは悩みが
そんなふうに実体として「ある」のではなく、それはあなたが作っているのだ。
静かに暮らすならば、あなたにはなんのトラブルもない。
飢えることもなく、気にかかる痛みや病もなく、静かな時を持ちながら、
退屈などしたり、つまらないと不平を言ったり他人ともめたり、漠然と何かが不安
だと言うならば、もはやその責任も原因も、あなたにしかない。
この国の禅師たちは言い続けた。
「幸福とは、幸福などというものがあるわけではなく、
それは、ただ不幸の不在だ」と。

心配の不在である。だからそれは何事もないという安心に満たされることであって、
知識や経験や能力や知的あるいは肉体的快楽に満たされることではない。

飢えと戦乱と病の溢れていた数百年前のこの国の乞食坊主たちがあんなに満たされていたというのに、この時代の人々はなぜこんなに狂ってしまったのだろうか？
悟りや理解をどうやって得るのかが問題なのではない。すでに安心の時に居ながら、そんなものを得ようとしているあなたが大問題なのだ。

　＊＊＊＊＊＊＊＊＊＊＊＊＊＊＊＊＊＊＊＊＊＊＊＊＊＊＊＊＊＊
さてあなたたちは、あなたたちもよく知っているある現実を想起して欲しい。
日本を含む先進諸国のパン屋やケーキ屋の裏へ行ってみるとよい。
毎日どれだけの、まだ食べられる食物が『ただ売り物にならない』というだけの理由で捨てられているのか見るがいい。
私はエコロジストでもなければ、
ボランティアというエゴトリップに狂ったキリスト教徒でもない。
にもかかわらず、
こうした基本的な話題についてコメントしなければならないほど、
ある時期が地球に到来しつつある。

私はテレビなるものを見なくなって大分経過するが、かつてそのテレビという箱で見た情報によれば、次のような情景が思い出される。
皆さんだって充分知っていることばかりだが、書いてみよう。

干ばつの時期のアフリカの朝、人々がどうやって水を飲んでいたか。それは木の葉の朝露を集めて飲んでいたのだった。
フィリピンのかつてのスモーキーマウンテンと呼ばれる地区の人々はゴミの中の廃品を拾い集めて暮らしていた。
ルーマニアでは革命の落とし子と呼ばれる孤児たちが路上で大人たちから、うす汚い不良と呼ばれながらその日のパンもない。
ロシアは最近よく知らないが、まだ物が不足しているだろう。
アメリカのスラム街でクリスマスに急増するもののひとつが、自殺だと言う。飢えや寒さや寂しさや絶望や空しさからのことだろう。
アメリカと旧ソビエトの余計なてこ入れのせいで起こさなくてもいいような戦争を起こして、毎日恐怖にさらされてきた無数の国の人達。

だが、私はこれらを政治や特定の支配階級のせいにするつもりは毛頭ない。
私は断じて外的な変革には反対だ。
そして、あくまでも今のところの日本でという話だが、たとえ会社が倒産しようが、我々の社会の作り出した雇用態勢によればこの国ではなんとかかんとか最低の衣食住は確保できる。
もちろん職種にあまり文句を言わないという前提での事であるが。
この国のどんな人達でも欲さえ出さなければ、働き、狭いアパートであっても帰宅し眠るまでの数時間にくつろぐことは可能だ。
食べるものがないことや、くつろぐ時間が全くない国に比べたら、一体何が不幸だというのだろう？
かといっても、そうした日本の豊かさも無数の余計な製品の生産や自然破壊によって成立しているというとんでもない事実の前に、一体我々に何が出来るか？
シベリアの永久凍土の中の氷が木の伐採によって太陽光線を浴びて溶けてゆき、
そのせいで連鎖的に、どんどん沼が出来て木が倒れて森が消えて行く。だがその木材の買い手は日本なのだ。

かと言って私は自然保護主義ではないし平和主義でもない。
ただ、私は静寂主義なだけだ。だから、その静寂を作り出し、安堵を与えてくれるすべてのものに感謝せざるを得ない。
それは神でもなければ社会でもない。

それは、食べるものと着るものと住む場所の３つだけだ。
加えて、いちおう痛みを感じないでいられる正常な肉体と、一人だけの静寂な時間。

ここまでが私に言わせれば不幸でなくなるための管理だ。
その後に生まれる不幸や不平や不安など全部人間個人の産物だ。
これら衣食住と健康とは平たく言えば、肉体の苦痛がないということだ。

<u>我々の最低にして最高の幸せはこの底辺の問題に基盤がある。</u>
だからあなたたちは仏像などというただの人形や、和尚の写真にでもなく、聖書に対してでもなく、そんなものにではなく、

食べる物と着る物と住んでいる場所と静寂な空間、
そして健康な肉体そのものに対して敬意を込めて感謝すべきだ。
なぜならば、瞑想とはその生活の安心の基盤の上に座ることだからだ。
それがあなたたちの仏性の現れることを助けてくれる。
危険な状況でも人は悟り得るだろうが、危険な状況よりも、全くの死のような静寂がブッダたちを生み出した事実を踏まえておくことである。
静寂こそがその土壌だ。
思索も崇拝も信じることも、理解も社会的な行動もワークも必要ない。

その静寂が生み出される最低の背景は、肉体の苦痛を受けないための衣食住とその静寂な時間と空間だけだ。
人間関係の中にあってそんな静寂は私にはないという人がいるならば、
さっさと人間関係など断ち切りなさい。たとえ誰であれだ。
あなたが、つまらぬ関係さえ作らなければ自然に生まれる人間関係で、あなたを拘束するような関係はあるまい。
沈黙が外部にトラブルを生み出す可能性はほとんどない。
沈黙がもしも何かを生み出すとしたら、それはあなたの内面に落ち着きのない不安を作り出したりヒステリックなエネルギーの爆発を生み出す程度だ。
だが、それはいずれあなたを変質させる力になる。

だが、一旦他人に不注意に無意識的にかかわれば、人間関係は人生の楽しみや情報交換のひとつだと口先で言いながら、そんな目的をとっくに逸脱した、ただの無駄で混沌としたおしゃべりと論争があるだけだ。

沈黙というのは暗いのではない。ただ静かなだけだ。
沈黙というのは無視ではない。ただ『いる』だけだ。
だから沈黙の中では物事を無視はしていない。ただ通過するだけだ。むしろ沈黙の中ではあなたは他のどんな人々よりも状況に注意深くなっている。
なろうとしなくても『なっている』。
かと言ってその洞察が年中物事を解決するわけではない。
ただあなたは無害になるだけだ。解決すべき問題などそもそも持たなくなるだけだ。

こういう全くの無知、全くの最低のただ『いる』だけの人間に判断も理解も知識もない。そしてそれでいい。ただ、静かにいることの『実存状態』はめったに行動などしない。衣食住に根差した労働以外に必要な行動や言動など皆無に等しい。
ただし、それはたった一つの場合にのみ特殊な言動を引き起こす。

それは、同じ意識の深みが伝授される道があるときだけだ。
そうした人が現れたときだけだ。そしてそれは実際には伝授しようなどと全く意志すらしていない。それは自然に起きるだけだ。どちらかが導師でどちらかが弟子なのではない。<u>状況そのものが導師だ。</u>
かと言って、そういう伝授だけが意識の特性なのではない。
普通に食べて、寝て起きて、挨拶程度に最低限度の口をきく。
この中に脈々と本性は生きている。

だから、いま、安心出来る『この瞬間に』あなたがくつろげないのなら、あなたたちには一生もあるいは何回生まれても安心もくつろぎも悟りもあり得ない。

静寂も安心もそれらはそれがあるときに味わわなかったら、決して永久に味わうことは出来ない。それにはたった数時間でいいのだ。
その後あなたが死のうが、今、この時、その安心の時があるならば、
とんでもない貴重な空間をあなたは台なしにしている。

だから、病気の人達は、とにかく全治する以前に苦痛を取り除くべきだ。
私は生きているとか、治るとかそういう問題以前に、苦痛を取り去る方を重視する。
私は治療師ではない。私は治療など興味ない。
その人が<u>苦痛によって静寂を味わえない</u>というのを、最も問題としている。
空腹の人達も、寒さに震える人達も、ひとえに私が心底悲しいと思うのは、
それが彼らから静かに死に直面するための、落ち着きを奪うからだ。

私が支持するのは物質的な豊かさでも精神的な豊かさでも、能力でも知識でもない。
私が支持するのは全くの平安の中で死んで行ける環境だけだ。

私の重点は、論点は生きるという片面だけではない。

これは覚えておくとよいだろう・・・・・。
あなたが人に生まれて何をやってこようが、なんの能力があろうが、どんな修行を
してこようが、どんなワークをやってこようが、なんであれ・・・
死の『本番』に際して、あなたが深い安心の中で死ねなかったら、
あなたの人生は台なしになるということだ。
あなたの生の最後の点数は、あなたの死に方、
あなたの死んで行くときの内面の静寂だけが評価対象となる。
ただそれだけだ。
なんらかの蓄積されたような人格も知識も何も役にたたない。安心の中で魂も個も
消滅してゆくことを最後に静かに味わえることだけがあなたの成長の基準だ。

なぜならば、もしもあなたが死ぬときに、死ぬことそのものに対する安心がなかっ
たらならば、それはあなたはとっくに、我家を取り違えていることを意味するからだ。
あなたは「せっかく家に帰ろうとしているのに」それを恐れていることになる。
そのまったきの空、無、それがあなたの最後の家だ。
そこがあなたの我家だ。

私は何度でも言わなければならないが、
それは断じて転生するから魂が不滅だという理論による安心じゃない。
そんなものはなんの助けにもならないどころか、
あなたの本性をあらわにしない原因だ。それではただの眠りだ。ただの衣替えだ。
何度でもあなたは着替えてこの世界にやってきて、同じことをやり続けるだろう。
だから、私は全くの死、全くの消滅が我家だと言う。
なぜならば、それは『生における我家』を支える基盤だからだ。

しかし我家には二つある。
ひとつは我家そのものとしての空。全くの無、非存在の彼方だ。

もうひとつはそれを背景にしてこそ始めて支えられている、あなたのただの生存、

ただの存在性、まったく誰でもないただの存在、人ですらない、肉体でもなく、
霊的な知覚存在ですらない、ただの存在。
何も見ていない、なにもしていない、ただの意識性だけという我家だ。

それは<u>無の性質をもった存在</u>という逆説的な正反対のものの融合だ。

こうした静寂、無心、沈黙、を通してしか、あなたは死と仲よくはなれない。
なぜならば死とは静寂、無心、沈黙そのものだからだ。

あなたたちが物理的な肉体の死であれ、精神的な死であれ、それと仲よくなるべき
理由はただひとつだ。たったひとつだ。

それは<u>もともと自然の万物の反面が死によって成立している</u>からだ。
これはまったく当たり前の事実だ。説明の余地すらない。
これは哲学でも宇宙論でもない。
消滅はまったくの自然ななりゆきだ。
ならばあなたの心で、思考の次元で、何を一体保持など出来るのか？？
この全宇宙ですら何度も完全な全滅をしてきたのだよ。
もはや、これは理屈じゃない。事実だ。
『あなたは、死んであたりまえ』なのだ。
あなたの肉体も思考も魂もいつだって死んであたりまえだ。
それは偉大な再生でも復活でもなければ悟りでもない。
単に『当たり前』なのだ。

あなたは論理や知識や宗教によって、死を恐れなくなるのではない。
あなたは本性にいれば、ただ恐れのない意識にいるだけだ。
そこには実際の死はある。肉体も魂も死ぬ。そしてやがては本性すら、
つまり『ただいる』存在性もなくなる。
それでもあなたは何も恐れない。
だからそれは、ただ恐怖の不在であるのあって、
永遠の魂という妄想に支えられているような、思考や信仰の産物ではない。

だから、私はブッダたちというのは知識や能力の産物ではないと言い続ける。
経験の産物でも瞑想の産物でもない。それはそもそも『産物』ではないのだ。
それは何も知らないで『存在している』だけだ。
だから、私はブッダたちを比類なき馬鹿、比類なき無知、無力な乞食という。
それは蓄積じゃない。修行とは本来は積むのではない。逆だ。降ろすべきだ。
無知の中にあってただの存在性があなたを包むときに、
誰がそんなものを自慢できる??
誰がそんなものを誇示できる・・?
だから、嫌でもあなたは謙虚になる。

心が最低であることは、すなわち心がないことだ。良いとか悪い心という以前に、
心そのものがないほど「心に言わせれば」最低のことはあるまい。
だからその最低になりなさい。
そうすれば、
あなたは万物や人がすでに、すべてブッダだということは嫌でも了解される。
気がついていようがいまいが、
すでに誰もが、あるいは存在物全部がすでにそうなのだから。

なんであれ、たとえ社会であれ、
あるいは精神世界であれ、瞑想によってであれ、
「頂き」に至ろうとする者は本当に愚かだ。
一方、それ以下のない谷間に集う人々は本当に賢い。

老子はそれを『谷の神は死なない』と言ったらしい。
そこでしかあなたは『衆生すでに仏なり』、
あるいは『目にとまる誰もが悟ってしまう』という言葉の真意を知る手だてはない。

それは決して「頂き」では理解しえない。

存在の谷底の底辺、最低部に至って、あなたは基盤を知る。
その基盤こそが頂点だ。

その基盤を守ってくれるのは静寂や沈黙や無知だ。
そして生存中のあなたのそれらをさらに守ってくれるのは、
あなたの苦痛の不在だ。
それを支えているのは、食物や衣服や住居や肉体の健康だ。
だから、あなたたちは他のどんなものよりも、
わざとらしい信仰者のような外的動作など伴わなくてよいから、内面において、
そっと・・・
食べるときは食物に頭を下げ、
眠るときには、部屋の屋根や壁に感謝し、
外を歩くときには衣服に感謝し、
排便する時にはどこも痛まず、正常な肉体状態に感謝し、
静かな時間があれば、心配事がなく、そしてあなたの未来への希望や夢などという、
わずらわしい幻想が心に浮かばないその静寂に頭を下げるべきだ。

そしてそこにただ『いる』あなたの存在性（意識性）を味わうべきだ。
このように最低の衣食住と健康と静寂と存在性に頭を下げても、罰は当たるまい。

そして、その無限に続く静寂の中で、
もしもあなたたちが虚無感で混乱して、不安になり、
あなたが錯乱して狂うとしたら、
まったく、それは贅沢な修行というものだ。

かつて、私もその贅沢な狂気という修行をさせてもらった。
だから、その支払いは
こうして法話でも書くしか方法がないのかもしれない。

1992 12/2　EO

マイトレーヤの実体と
クリシュナムルティー
終焉のない狂気の惑星「地球」

質問＝
あなたは有名なインドのクリシュナムルティーについては
どのように感じているのでしょうか？

回答＝
クリシュナムルティーの死がどのようにむかえられたのかも、
彼の遺言なるものも私は見ていない。
本で読む限りだが和尚ラジニーシの小さなコメントによれば、
『宗教は娯楽ではない。弟子たちは私を聞かなかった。私は失意にうちひしがれてきた。人間は私を裏切った・・・』と言ったという・・・・。

さて、地球人類はよくよくクリシュナムルティーのこの言葉を味わうべきだ。
バグワン（和尚ラジニーシ）は本の中で言っていた。
『光明は遊びに満ちている。クリシュナムルティーにはそれが欠落している』

私は断じてこのバグワンのこの言及を見逃すことはできない。
なぜならば、このクリシュナムルティーの言葉には
およそあなたたちにはその重要性の分からない『暗号が含まれている』。
・・・・・・・・・
『宗教は娯楽ではない』
この言葉でクリシュナムルティーが言おうとしたのは、
探求は娯楽ではないということだ。
彼が宗教と言うときと、ラジニーシが宗教と言う場合、全く意味合いが異なることに注意すべきだ。ラジニーシは『光明』という次元に到達しているものを宗教と言う。
クリシュナムルティーは人がそこに至る、「そのプロセス」、そのまだ至らぬ道の、人々の探求の過程そのものを宗教と呼ぶ。

ならば、全くクリシュナムルティーの言う通りだ。
探求は断じて遊びではない。
一度光明に達すれば、それは遊びと呼んでもよかろう。だが、そうなったら悟りはもう宗教ですらないのだ。それは道ではない。悟りは宗教ではない。
それはいかなる宗教にも属さない。それはただ『それ』だ。
そしてそれは、決して遊びに満ちているとも限らない。
人々にバグワンがその言葉の方便の結果によって、もたらした最もひどい誤解と偏見は、光明が必ず『明るい・創造・遊び』をともなうというものだ。
しかし、真の悟りは明るくも暗くもない。
それは創造でも破壊でもない。
遊びでも真面目でもない。
その現れ方は、全くの『未知』だ。それは時には暗い姿が必要な時代もある。
さて、クリシュナムルティーは言う。
『宗教は遊びではない。』
これをあなたたちの誰も非難したり、彼を笑うことなどできない。
実際、あなたたちの探求は一体何か??
あなたたちが、どういう理由をつけるにせよ、
それは全くもってして『知的なお遊び』だ。比較宗教やら、詩的表現やら、逸話の内容に酔っ払っているだけの、ただの遊びだ。
あーでもない、こーでもないと。
ワークをやっていようが、座禅していようが、
自分の探求の段階や体験の状態を確認しているようなあなたが存在しているかぎり、それはただのまさにゲームだ。
だから、クリシュナムルティーは言う。
『探求はサマーディ・ゲーム』じゃない。
あなたがたは、こうした私の言葉に腹を立てて言うだろう
「とんでもない。私は20年も道を探し、探求し、世界を回り、経典を学び、サイキックな能力も開発しワークに参加し、クリシュナムルティーの最前列に座って講話も聞いたし、ラマナの道場やラジニーシアシュラムにもいた。
・・・だから、大まじめだ」と。

私は言う
『それこそが不真面目だというのだ。
なぜならば、結局は、それによって
どこの誰が、どこの誰のエゴがそれで満足しようとしているのだ??』

さて、クリシュナムルティーは言う。
『誰も私を聴かなかった。私は失望した。人類は私を裏切った』
これはとほうもなく深遠な言葉だ。
バグワンにかかれば、まるでクリシュナムルティーの境地の低さとして語られるだろう。だが、私はきっぱりと言う。
全く同じ言葉を今、そしてかつてこの地球を訪れ、また今後管理し、西暦2880年に至るまでこの惑星を管理する外宇宙の種族や、またTAOを奉じてきた霊的な次元のサークルの人々もまた、全く同じ言葉を最近口にしている。
そのスタッフの中にはマイトレーヤーに対してこう言う者すらいる。

『あなたは、地球へ到着しないで結構です。おやめなさい。
誰もあなたを決して受け入れません。これは単なる無駄です。
あの惑星の人類は、『あなた』ではない別の何かを求めていることは3500年の歴史を観察して明らかな事実です。彼らは意識など待っていません。彼らが待っているのはただの知的な、感動を呼ぶ、世紀末のお祭りのような娯楽にすぎません。
彼らは永久という時の中で退屈しのぎを求めているだけです。
あなたはあそこへ行く必要ありません』

そして残念というべきか、当たり前というべきかこの惑星の生物の歩んで来た真実を直視する存在達の目に、この地球がTAOの希望にかなう惑星に映ることは決してない。あなたたちは何でも夢見たり、人間や地球を根拠もなく、
いつも自分達人間を特別視して、ひいき目に「解釈したがる」ようだ。

だが事実を見て来た別の次元の存在たちは直視する。
それは正確に数学的に検討される。何世紀で何人のブッダが生まれたか。

それに対して<u>大衆はどうしたか？</u>
虐待、無理解、嫌悪、政治的利害からの黙殺など、あらゆる行動特性が検討されたが、その結果はひどくレベルの低いものだ。
この程度のブッダ生産の可能性のある惑星なら銀河系に４万はくだらない。
・・・・・・・・・
さて、
クリシュナムルティーは言う
『誰も私を聴かなかった。私は失望した。人類は私を裏切った』
これはクリシュナムルティーという<u>個人の声明</u>じゃないことをあなたたちは見逃している。これは意識からのものだ。すなわち、これは、
<u>あなたの中の本性そのものから発している</u>と言っていいほどだ。
これは彼が、<u>あなたに代わって、あなたに向けた</u>メッセージ、遺言だ。

『思考は内なる意識に見向きもしない。このまま意識はとうとう顕在化できないのだろうか。思考は意識を拒否している』

これは、まさしくあなたたちの思考と意識の状態だ。
これは深刻であってしかるべき問題だ。
環境問題よりも平和会議よりも、これはあなたの中の、
あなたの脳の、思考に汚染された脳の環境問題だ。

これは深刻でなければならない。なのに何が明るい修行なのか？
この問題に関する限りは、深刻であり、ひどく見通しが悪いことに対しては、
TAOのシステムにいる誰もが（すなわち別の次元の人々が）同じ見解をもっている。
　そうとは知らず、
『これからもマスターは現れるから、なんとかなるだろう』と内心たかをくくっているあなた達は一体なんなのか？
あなたたちは深刻じゃないふりをしても、彼らは深刻だ。
彼らはとっくに、地球人類の力量など見切りをつけている。それでもまだ希望を捨てていない。あなたには決して理解出来ないだろうが、もしもあなたが彼らの意識に到達すれば、あなたはまぎれもなく、こう言う。

『これは無駄です。全くの無駄です。
どんなに愛が膨大にあっても、彼ら人間だけは助けられない』

なんと、これはあなたが言うのだ。
立場が代わったら、あなたはこう言わざるを得ない。
知らないから、あなたたちはブッダたちの慈悲を口にする。
まるでブッダたちから慈悲を受けてもそれが「当たり前」のような態度だ。これはまるで、親の苦労を知らない子供の甘えそのものだ。
ブッダたちからの慈悲を受ける最低のレベルすらないというのが銀河系での地球の一般的評価だ。
あなたたちが、悟り、あるいは光明に達したとき、まずあなたが知るのは、
その『伝達の困難さ』だ。
ワークも言葉もあまりにも無力と分かる。
そしてあなたは絶対に失望するだろう。
こんな基本的なギャップに一体どうやって橋をかければいいのか?
これはもはや不可能に近い、、と。

あなたたちはその困難さを知らないから、マスターに頼る。
しかし、もしもあなたが知れば、その困難さに失望して当たり前だ。
以前に私は、あまりにも子供っぽくすぐ怒り、ティッシュボックスを床にたたき付けるような瞑想センターの男性に、
「ごく論理的な、怒りの発生について意見書」を出した。またそれは、実に丁寧な瞑想の指導書でもあった。 ところが、それを受け取った彼はこう言った。
「こんなことは、言われなくても分かっているんだ!」
あわれにも、彼は2つめの不可視のティッシュボックスをまたもや投げつけた。
そんな世間ですら軽蔑されるような怒りすらどうにも出来ないとは、彼は師と仰ぐそのマスターから10年以上もかけて一体何を学んだのだろうか?
しかも、こういう人間が、瞑想センターで、なんと、本来はその怒りを克服する『瞑想について』の原稿の編集すらしているのだ。 あきれるばかりだ。

こうしたことからも、あなたたちはクリシュナムルティーのその遺言が、

彼の見地の狭さや、個人的なエゴから出たものではなく、
それはひとつの事実、まぎれもない人類の『実態』について、
意識そのものが発したということを記憶すべきだ。

私が知る限りマイトレーヤというのは、それは断じて『続・ブッダ』などではない。
もはや、いかなるマスターも、地球では無能とみなして、送り込まれる、
ある種のまぎれもない『地獄』の創設者だ。それがマイトレーヤだ。
それは最後の手段となる。ブッダはたかがインドで数十人、バグワンもたかが世界で数人、禅とて、たかが数百人のブッダを生んだ。
ところがマイトレーヤとなると数千万人だ。いや数は未知だ。
マイトレーヤに慈悲はない。だめなら駄目で、人の魂を単に廃棄処分にする。
『魂の廃品利用システム』に回すだけだ。
マイトレーヤに関する限り、どんな過去の経典もその実体を描写できない。
あなたたちはむしろ、無機生物のような、あるいは物質的実体のない、
ある種の宇宙的意識体とみなした方がいいだろう。
いささかSFじみてはいるものの、真実のマイトレーヤに関する正確な表現は
この地球の過去の遺物や古文書には存在しない。
それは地球以外、あるいは全く別の宇宙そのものからの介入かもしれない。いうなれば、それは問答無用で、人間の精神と呼ばれる機構の骨組を解体しはじめる。

そうなれば、我々の基本的な4つの霊的次元も解体され、やれアストラルだの、
メンタルだの、エーテルだの、アカシックレコードどうのこうのなどと言うすべて
のシステムが破壊される。これがあなたたちの内面あるいは、内面より、
さらに深い存在にもたらす恐怖は、測り知れないものがある。
ほとんどそれは、完璧な発狂と言ってもよい。

そして、正気とは何も常識や、社会や、正常な脳細胞が、
あなたたちに提供しているものではない、という事実がここにある。
正気とはひとつの人工的な『夢』にすぎないものだ。
あなたの正気を支えているのはあなたではない。

それは惑星や太陽系の安定した集合意識のシステムだ。
しかし、こうした次元に解体が開始されると、あなたたちには、全く理由も原因も不明の狂気、不安、虚無感が発生する。
しかもそれは毎日休みなく、あなたをさいなむだろう。
発作的な全く理解出来ない犯罪、狂気、発狂、
あるいは突然の失心などが世界に蔓延する。

そうなれば光明も悟りもあなたの知的な満足の探求ゲームでは済まなくなるだろう。
それは、狂うか、狂わないかの瀬戸際に『すべての人類』を連れて行く。
もはや、マスターなど西暦2000年以後必要ない。
『生き地獄』があなたのマスターになるからだ。

まさにそれは「遊び」ではなくなる。
そして、マイトレーヤは一個人に入り込めるような実体ではない。
地球という惑星の意識そのものが、まだマイトレーヤの受け入れを躊躇している。
クリシュナムルティーが仮に、たとえ躊躇したとしても、当たり前というものだ。
地球の惑星意識ですら戸惑っているのだから。
いわば、21世紀とは、
マイトレーヤが地球そのものを棒で打って、黙らせる。
その痛み、その苦痛は、あなたが禅の逸話で読むような他人事ではなくなる。
それはそれこそ、無分別に、大きな愛で一般の人も、探求者も等しく、打ちすえる。
それはどうみても、あなたたちには憎悪としか映らないだろう。
なぜ、こんな仕打ちを受けるのかと、あなたたちは路頭に迷うだろう。

しかしブッダを生産するに当たっての最終手段が取られることは、私の知るかぎり、
変更の余地はなさそうだ。その方便は心理的にも激痛となるだろう。
その方便とは、、それは、『完全な絶望』だからだ。
完全な狂乱。暗黒。完璧な無目的、完全な無意味。全くの価値喪失だけだ。
それはほんとうにギリギリのものだ。
いわば、それは死よりも危ないとすら言える。
ここは終焉のない狂気の惑星となりかねないからだ。

しかし、それでも、それは起こるだろう。
これは予言ではない。
単なる宇宙一般の常識というものだ。

いうなれば人は、人類はその精神や魂の次元を包含しても、
我々が宇宙というスケールの中では、ただの微生物、家畜、猿、マウス、高次元体の食用の穀物、農園、畑だったことを知るということだ。
むろん、それは思考や精神や肉体、そのすべてがである。
その現実の前に、人間性のプライドなど、宇宙で生き残るわけがあるまい。そもそも人間型の精神構造の意識体よりも、そうでない方が宇宙では一般的なのだから。

だから自分達の生存価値について、都合のいい夢を見たがる者などに私は興味ない。
自己同一化、すなわち自分が心ある人間や地球人であるなどという、そんな同一化がなんで宇宙で通用する？？
宇宙では苛酷なほどの透明性、無心、シンプルさが要求される。
そのシンプルさを描写できる、どんな禅やTAOの書物も存在はしない。
私に言わせれば、それらはあまりにも、人間臭すぎる。

バグワンは人々に『あなたたちは宇宙市民であってほしい』と言い残した。
しかし、これは、私に言わせれば、まるで茶番だ。
あなたたちは、ひとつ横の惑星、いやいや、それどころか、あの月に棲息する者たちに出会っただけで、逃げ帰るだろう。
『僕は宇宙市民なんかいやだぁ』と。

私があなたたちに残す言葉があるとしたら、こうだ。
『超宇宙市民であってほしい』
すなわち、
宇宙そのものの世捨て人たちだ。

どんな進化、どんなTAOにすらも所属しない、ただの『ただびと』だ。

どんな宇宙民族にもひょこひょこついて行かない、ただの意識だ。
この全宇宙にあってさえも、唯我独尊でいなさい。

それは彼方へ、無とあなたが契約してこそ得られるものだ。
誰からも何も言われず、あなたはあなたなのだ。

そういう、『ただの人たち』が本当の雲水、
あるいはインドで言うところのサニヤシンだ。

もはや、それだけで、
それは雲水やサニヤシンですらない。

それは、ひとつの『疎遠な』ブッダの群れだ。

ブッダどうしは、いつも疎遠だ。

互いに静寂を尊重するからだ。

1992 12/6　意識より

愛情という名の幼稚な偏愛

質問＝結婚や育児と悟りの関係はどのようなものですか？

回答＝『無関係だ。』
さて結婚というシステム。あるいは習慣だが、女性の言う結婚などどう美化しようが、
いかにして一生安泰の男に寄生するかというものでしかあるまい。また男性も、
結婚を性満足と雑事と育児の道具として見なすのだろうか？さて、ここで、
またもや自殺論の時のように『極論という論理ゲーム』をしてみましょう。

もしも風俗営業というものが、男性用も女性用も含めて、食事のように低価格で、
しかも全く健康的で衛生的に保証されたスポーツのようなものと見なされた社会が
出来あがったら、結婚など、半分に減少するだろう。
なぜならば、化粧やファッションや、それらが誘発する男性の性欲というものを
結婚への道具や踏台にしている者が、特に女性には全部でないにしても多いからだ。

さて、なおも、残るのが育児願望というものだが、
さて、あなたの老後を完全に保証する社会があったら、これまた子供を持とうとする人々は、減るだろう。
極論すれば、子供とは、あなたの老後の衣食住の確保ためのものと見なしている者たちが全員ではなくても、かなりいるということだ。
だから、老後が安定して保証される福祉社会では、子供は減るだろう。
そこまではっきり言うなと、あなたが言うならば、
さらに、『はっきりと』言わせてもらえば、
何があとは、子供や結婚のメリットなのか？

あなたたちは結婚や家庭、特に育児を人間的な成長のステップと称して美化するが、
それは親のエゴではないだろうか？よく家庭や子供を持つ社員の方が、
持たない社員よりも社会的に信頼されるという風潮があるが、
これはどうしてか分かるかな？
それは別に、会社があなたの家族持ちであるからという人格を尊重しているわけで

はない。それは会社や社会にとって『安全である可能性が高い』という事にすぎない。
家族持ちの方が「妻子をかかえていては、無謀なことはしないだろう」という経営者の安心、これが、その「信頼という名の裏にある偽善」の事実だ。

さて、結婚について最後に残るのは種族保存という本能を持ち出すつもりだろうが、今後の地球を考えるならば向こう10年は産児制限をすべきだ。
なぜならば、増やすのはいつでも増やせるものだ。問題はあらゆる無駄な浪費の元、あらゆる環境問題、資源問題の根本である『需要』を減らすことだ。
それは人口削除だ。
戦争によってではなく、産児制限によってである。

さて、そうすると何が結婚に対する女性や男性の正当な主張として残るのか？
よく言われる愛情などというものは、
異性や子供との間だけにおいて発生したり成長するものではない。
むしろ家庭で発生するのは偏愛ばかりだ。
中年になって内面が豊かになった主婦など私は見たことがない。
実に馬鹿でおしゃべりで、見栄っ張りで、くだらない趣味を持って、グチが多く、態度が大きくて、がさつで、下品なひとたちばかりだ。
一体年をとるというのは、どういうことなのだろう？
男も女も年をとるほどに、飲んだくれて馬鹿になってゆくなんて、
一体、ここの惑星の生物は、なんという生物なのだろうか？

さて、男性の側から言えば、現代の日本はコンビニひとつで一生暮らせるほど便利な世の中だ。
しかも、掃除、洗濯などあまり重要な問題ではない。
また、別に女性は家庭の雑事のためのものではないわけであるし。
そんな事を言ったら、女性解放運動などに、とり憑かれる女性は反発するだろう。
また、現代、ことに日本では全く状況は昔とは違う。

そこで、では、あらためて、男女ともに何が家庭を持つメリットなのか？
最後にいつでも女性が主張するのは子供のことばかりである。

以前に私は呆れてものが言えなかった言葉を女性から聞いたことがある。
「なんのために子供を持ちたいのか」と質問したら、
「中年になってから淋しいからだ」と言う。
では、子供は親の淋しさをまぎらわせるための道具なのだろうか？
こんな馬鹿げた事が果てしなく続いている。
私は次男だが、自分の親になぜ私を生んだか聞いたことがある。
その答えは、「ひとりっ子は何かと、わがままになるから」というものだった。
もしも、ひねくれて、率直にこの言葉どうりにとれば、
極論すれば、私は「兄のわがまま防止」の為に作られたというわけである。

一体、あなたたちが子供や家庭を持つ、どんな正当な論拠があるのだろう？
子供はもしも、管理された教育システムがあれば、馬鹿な親よりもよく育つものだ。

こんな事はあまり比較には出したくないが私が見てきた別の天体、惑星社会では、
子供を自分の子供だなどと言って愛情という名の偏愛を注ぎ込む子供じみた娯楽を
やる者は、ひとりもいなかった。
彼らの子供は、惑星のコンピューターシステム（有機体と無機体の合成によるもの）
が育てていた。そして、その子供たちは充分に我々よりも形而上学的にも心理的にも、
瞑想的にも、はるかに成長が早かった。
彼らは親などという猿のようなレベルの愛情ではなく、生物や万物全体から絶え間
無くその恩恵を受けていた。
まったく、地球の愛情の概念など、幼稚園以下のものだ。

さて、まとめてみよう。
もしも性欲が安価で衛生的に保証された、合法的な娯楽となり、
そして育児は社会が行い、
衣食住に必要な稼ぎというものがあなたに保証され、老後も安泰した場合、
一体家庭がなんの意味を持つのか？
<u>もしも、これらを取り去ってしまったら、その意味がなくなるのであれば、
あなたや社会が言う家庭や育児とは、そんなものだったのだ。</u>
つまりそれは<u>社会的な産物</u>にすぎない。それは愛情の産物ではない。

最後には、「生物学的な本能」は残るだろうが、
それとても、あなたたちは、子供にこんなふうに無駄な偏愛を注ぐ生物などは、
自然界においては「ごく一部の哺乳類にすぎない」という事実を見るべきだ。
動物でさえも、その多くはもっと子供の死には楽観的なものだ。
本能として子供を必死に守る事はあっても死んだ子供を思って、いつまでもミイラ
になった子供をくわえてノイローゼになった動物など猿以外にいたことはない。
そして親と子供の関係を離れるのも、はるかに人間よりも他の動物の方が早い。
それに比べたら
一体人間ときたら、何才まで親子などというものにかかわっているのか？

これらは、まったく馬鹿げている。
人間は全く文明や精神性などと呼べるものは作ってはいない。
他の動物と比べて、あまりにも弱い肉体の克服と、死への恐怖と本能に躍らされて
きただけだ。それが合理化の結果として、社会や家族形態や文明を生んだにすぎない。

では、ここで、TAOの本論となる。
TAOにある基盤は無心であって、
それゆえにそれは自然と合体されている。

しかし、もしもこの無心が実現されたら、
現在のあらゆる社会構造は崩壊する事は必至のこととなる。

なぜならば、
現在の社会システムとその目的も、そしてあらゆるイデオロギーも一皮剥けば、
結局のところ「死と苦痛への恐怖」と「生きなければならない」という
衝動的な脅迫観念の産物にすぎないからだ。
しかし無心なる意識においては、生存欲の根源が消滅される。
そして、社会が崩壊するということは、
あなたの内面のほとんどすべてが崩壊するということだ。
なぜならば、あなたの内面などというものは、
 人類という宇宙からみたらたった一握りの

下等生物のただの社会情報で出来上がっているのだから。

その中には無論、TAOや禅や和尚などというものも含まれる。
あまりにも、こうしたものは人間的すぎるものだ。

だが、宇宙は人間を中心として存在などしていない。断固として。

だから、悟りと社会は無関係だ。
それは全く別の宇宙と宇宙のように隔たっている。

どちらに住むかは、あなたの自由だ。
だが、そもそも社会というものがあなたに与えている自由とは、
たった一つの自由だけだと覚えておくがいい。
すなわち、宇宙があなたに与えているたったひとつの自由とは
『どの不自由と契約するか』という選択の自由だけだ。

　一方、悟りとは、

生死そのものとの、

解約だ。

虚無感は悟りへの扉である

質問＝
いざ、瞑想をしていると、様々な思考が押し寄せ、とても無心になれないです。
また、時折、静寂がやって来るのですがそんな時には、いざ無心になると、空虚な虚無感や不安がつのります。どうしたらいいのでしょうか？

回答＝
それは瞑想しているとそうなる、というのではなく、
あなたたちの生活の95パーセントがもう、すでにそうなのですよ。
毎日がその繰り返しだ。

特に瞑想などしなくったって、あなたたちは、毎日毎日繰り返し、同じような思考が押し寄せ、また、なんの意味もない連想やおしゃべりに明け暮れ、また、
深い静寂が内面にやってくると、倦怠感や恐怖を感じて落ち着きをなくす。
こんなことは瞑想しなくても起き続けている。たとえば、電話で会話が途切れた時、どうしてあなたたちは、「なにか話題を」などと焦っているのかな？
落ち着いて黙ってしばらく無言の電話でよかろうに。

さて、この質問には無数の問題を含んでいる。
第一に、ほとんどの人々が無心を理解していないことだ。
たとえば「1分だけ無心に何も考えないで下さいと」私が誰かに言ったとします。
そして1分後に「どうでした？」と言うと
彼らは「何も考えませんでした」と言うかもしれない。

だが、それが嘘であることには本人も気が付いていない。
すなわち無心が何かを全く理解していないのが世間の大半の人達だ。

まず、単に頭の中の「独り言」がないだけでは無心ではない。
いかなる「イメージの断片＝（映像）」も消失しなくてはならない。

次に外部から聞こえる音などに対しての「連想や注意や判断」があってはならない。
そして、1分が経過するのを待っているとしたら、
その「あとどれくらいか？」と待つというのがすでに思考だ。

全面的な静寂の中では、これらが一切ない。皮膚感覚や音は感知するが、
全く思考はない。ただ入って来るだけだ。他人に言われなければ
あなたは1分たったのすら忘れてしまう。なんのためにそうしていたのかも忘れる。
つまり動機も目的もそこでは落とされるものだ。
このように、深い意味での本当の静寂は一般的には全く理解されていない。

次に、とても<u>重要なのはあなたのその恐怖</u>だ。
あなたが思考がなくなって、深々と深まる虚空の闇に落ちる、飲まれるような感覚
に恐怖を感じるとしたら、それは、いかにあなたが自分の中に溜めた思考に、しが
みついているかを表している。

当然のこととして、思考が消え始めれば、自分が誰であるかなどというものは消え
て行く。なぜならば、それらは単なる記憶の寄せ集めに過ぎないからだ。そして、
思考が消えるということは、理解した事も消えるということだ。
つまり、あなたはもしもちゃんと私の言うように瞑想したとしたら、
何もかも「分からなくなる」はずだ。
どんどんと理解したものが不明確になり、不安定になり、
やがて消えてしまう。
あなたは完全に馬鹿のようになる。
そして「ように」ではなく、本当に馬鹿になる。

特定のイメージや記憶や思考、思い込み、価値観との自己同一化と呼ばれる部分が、
瞑想では急速に崩れて行くべきだ。
だから、これは内面的な意味では、正確な意味において『死ぬ』という事だ。
私が何度も「死ね」と強調するのは、それは比喩でもなく、直接的な事だ。
思考の次元での死にほかならない。
だから、あなたは、たかが無心になる瞑想なのに、それを『恐怖』として感じるのだ。

誰もあなたに危害を加えるわけでもなく、あなたはちゃんと食事もして飢えているわけでもない。
なのに、じっと座って無心になり、思考が消えると、漠然として不安になる。
これはすべて思考の次元での死の恐怖に由来する。

むろん、私の方法や禅で言う瞑想とは、いわゆる観想ではない。
何かの神秘的な、あるいは宗教的なイメージを固定したり展開したりするものではない。
そしてまた、光のヴィジョンを見ようとするものでもなく、透視能力のためのものでもない。それらはすべて、虚空の闇に余計な別の思考世界を作り出すことになり、無心とは全く掛け離れてしまう。

さて、私はあるとき、飛び込みの読者に「3分の完全な無思考が達成されるまで、私にもう手紙を出すな」と言ったことがある。というのも、
おそらくよくある低俗なオカルト雑誌でも読んでいた読者だったのだろう。
情報、用語、言葉ばかりの氾濫する手紙であり、全く知性や意識的な次元が欠落していたからだ。
さて、そういう世界からの読者は、大悟する以前にも百人以上、そして悟ってからも、数人を相手にしてきて、とにかく、彼らは「ただの思考だけ」である事が結論されてしまう。
思考している動機、内容、自分で言っているテーマの方向性、そうしたことに全く『無自覚』なのだ。ただの言葉と、つまらない体験と意見のごちゃまぜだ。
まったく、ただのゴチャ混ぜだ。
それをなんとか大袈裟にして、自己顕示欲のために使おうとしているタイプが実に多かった。特にアマチュア無線やら、コンピューター通信マニア、いわゆるオタクと呼ばれる人種に圧倒的にこの手の者が多い。
そして彼らは最後まで「性」に取り付かれている。
そんな者に禅やTAOや精神性を語ることは無意味だ。最後には異性問題に欲望が帰着するなら、最初からとっととそういう風俗的な世界へ行ってもらいたいものだ。

しかし、この欲望のシステムの枠組というのは、とても基本的なものであり、

何も精神世界に限ったことではないから問題なのだ。
いわば世間というものはすべてその基本で動いている。

たまたま、その者が自己主張のために、<u>どんな素材を使うかという問題</u>だけであって、
ある者はファッションや自分のスタイルの美しさや容貌を使うだろうし、ある者は
別のはけ口を探して芸術、読書、などに自分が自己同一化できる題材、あるいは
感情移入できる題材を探すだろう。
社会的に最悪のケースとしては犯罪行為にそれを見いだす者もいるだろう。
だが、それらのどれも変わりはしない。

どこかの編集長だろうが、通り魔だろうが、心霊相談を請け負うオバサンだろうが、
酒場で上司をののしる中年だろうが、どこも、誰も何も変わってはしない。
彼らは、ただの思考の寄せ集めだ。
心霊的な感覚をもふくめた感覚情報と思考だけで出来たものだ。私に言わせれば、
彼らはただの雑音、『ノイズ』だ。
・・・・・・・・・
というのも、思考体である限り、『思考のその内容』は問題外なのだよ。
思考の内容などは、なんでもインプットできるものだ。
問題はそのオペレーションのパターンだ。

禅の世界がこの問題に対して、抜群の効果をもっている、あるいは過去にはもって
いたのは、弟子がいかなる高度な問題を扱ったり、知っていたり、質問したり、
見解を述べても、導師は一切、それらを罵倒し、棒で終始、絶えず打ち続けるからだ。
その評価基準が全く世間や通俗的精神世界（＝精神世間）とは異なるからだ。
何を言ってもあなたは打たれる。
私もまた、あなたが何を質問しても、何を反論しても、何を自己弁護しようが、
<u>私はあなたの言っている内容など、ほとんど問題にしていない。</u>

私は言う内容ではなくて、言っているあなた本人が、無思考、無心の静寂の中から、
内発的に行為や言動が起きているのか、

それとも価値観というゴミのごったまぜの中で、
それらに踊らされているだけなのかを見るからだ。

そこに思考の動きがあるかぎり、導師はそれを殺そうとする。
それが止まって、真空になった空白にだけ、本性の落ち着きと、
楽であることの美しさ、あるがままの行為、
無動機、無目的の動きが生まれるからだ。
ただし、その為には、徹底的に、社会が条件付けた、あらゆるゴミをあなたたちから落とさねばならない。

だからこそ、私は通常人々が蓋をするような、自殺問題や結婚の矛盾、社会通念、
マナーとしてではなく利害関係に基づく礼儀の馬鹿らしさ、などについて、そのまま指摘をしてゆくのである。

一般社会でなくとも、例えば禅には
『小僧さんや』と言われて不意に『はい』と返答する。これが無為なら、『はい、はい』
無心だ、、などと寝ぼけた事をぬかす
馬鹿禅の坊主が溢れている。

こんなものは無心でもなんでもありはしない。これは、ただのオウムだ。
本当ならば、挨拶されても無礼に徹して無口のほうがまだしも悟道にかなっているものだ。
さて、本当の禅は座禅によって無心をなそうとしてきた。そして、ひっかけ問答によって、その透明度のチェックをしてきた。
どこかで、思慮分別の思考が動いた時点であなたは禅寺なら、失格だ。
似たような事は私のところでも行われる。
禅ほどに伝統や形式は全くないが、基本は同じだ。
私のところでは「説明」は許されるが「言い訳」は許されない。
会話も普通に許されるが「価値観や目的を持ったり、一般常識に裏付け」されたような言動は一切許されない。
たとえ、無心という事にも「価値観によってそれを称賛すること」は許されない。

だから、私はブッダたちの方便、語る事は、
あなたたちの「価値観」の娯楽の一部に組み込まれないし、
組み込んではならない、と言い続けてきた。
それらは心理的な娯楽じゃない。
それらはむしろ『最終治療』に近い。
思考というものの苦悩の中で、
もはや自殺だけが待っているほどに断崖にいる者ならば、無心というのが彼らを楽にし、また単に楽という次元から、光明という次元に移行することも可能だ。

だが、知性が情報を自分の好みで振り分けて、
やれ「あれは価値ある、あれは価値がない」などという幼稚な仕分けゲームをしている者に、私はダルマを渡すつもりはない。

だが、残念な事に、
世間も精神世間も、そういう者たちが99.99パーセントを占めているのだ。
クリシュナムルティーが40年語り続けて失望したとしても当たり前かもしれない。
そしてバグワンが単なる弟子ではなく光明を得た弟子をたったの10人以下しか持てず、しかもそのうち、まともに肉体が生きていたのは、3人程度だけだったのも、当然のことかもしれない。

このブッダフッドという現象は、
思考主義によほどの打撃を与える圧迫が加わらない限り
決して一般化することはない。
私はブッダフッド(仏性)に「ついて」の何かが一般化しないとは言っていない。
「ブッダフッドについて」の賛否、論議、瞑想家や雲水の量産ならば、
そんな事は3000年も続いている。

私は「それについて」ではなく『そのもの』が一般的に顕在化する可能性は、殆ど希だと言っているだけだ。
なぜならば、二度と自分の思考になど振り向く事がなくなるほどに、
思考というものに絶対的に苦悩し、全面的に打撃を受けて、それを放棄するという

地獄の通過を出来る者が、あまりにも少ないからだ。

そして、私は無思考は『無条件』だと言ったはずだ。
どの思考はよい、どれは悪い、の問題ではない。
『どれも全部駄目』なのだ。

だから、私の言う瞑想とは水平の次元じゃない。
それは垂直の次元だ。
価値観や論理、自己主張、自己同一化、自分は何を知ったか、何を見て、
経験をしてきて、何を学び、どんな能力があり、どんな考え方を持つか、
自分は何者であるかなどの、これらすべての「こだわり」は、私の前では
・・みなさんには、残念だが、
それらは『特大の粗大ゴミ』だ。

さて、あなたの質問は、どうしたらいいかという事だが・・。
どうにも出来ない無力の窮地に追い込まれるがいい。

瞑想して空っぽの恐怖がきたら、
そこで死ぬか、狂うつもりで、飲み込まれなさい。
それしか方法はない。
あなたがあなたを「保持」しようとするかぎり、
絶対に『それ』は『それ』として生まれない。

だから、死に慣れなさい。それが鍵だ。
まず、とりとめのない連想の癖をやめなさい。
それは死人禅でなんとかなるはずだ。

問題は次だ。次が『関門』になる。

その無、無力、無知、無能の闇に飲まれなさい。
『そこ』で生きている、在る『それ』は断じて、あなたという個人ではない。

それは思考ではない。
それは、それらを越えたものであり、
それらの基盤の底辺でもあり、
それは、あなたが『ただいる』という事実そのものだ。

それを「えっ?それはなんなのだろう?」などと探すのはやめなさい。
内面や自分を探すことによってすら、それは失われてしまう。
それは、現象だ。それは論理ではない。
それは体験されるべき現象だ。

それが一瞥の体験をされる可能性は
ブラフマランドラ（頭頂）以外にあり得ない。
・・・・・・・・・
そして、厄介な問題はさらに一瞥の後に起きる。
あなたは、また比較を始めてしまうのだ。
「あのときはうまくいった、あの感覚だ、あれが悟りだ」・・と。
そうではない!!!

『あれ』ではなく、『これ』だ。今、ここに在る『それ』だ。
自分の記憶を眺めてはならない。
すでに体験の終わったことなどほっておきなさい。

「来たるものは、本質ではない。また、去り行くものは、本質ではない」

去来するようなものは、なんであれ、あなたの本質ではない。
それがたとえ小悟の一瞥でもだ。そんなものは、本質じゃない。
あなたに認識「された」ものではなく、
認識している「本人」『張本人』があなただ。

それは、いまもそこにいるではないか?
これを読んでいるあなたがそこにいるではないか?

その、あなたそのものだ。
しかし、それはあなたの思考ではない。あなたの肉体ではない。
あなたの感覚でもない。
あなたが、これを読み終えても、何も記憶になく、
何も反省すべきこともなく、かといって、
しばらくは、何も買い物にも行く必要もない。
考えるべきこともなく、あえて落ち着く必要もなく、
あなたは、ただ、存在している。
そのあなたの意識だ。
存在性だ。

それはあなたですらない。
それは、何もしてなどいない。何も手に入れたり、失ったりなどしない。
それはただ在るだけだ。

あなたが、瞑想で恐怖を感じるとしたら、あなたは『それ』に交ざらず、
自分の意見や経験や思考と自分を混ぜてしまっているのだ。
もしもあなたが禅や私の言う『それ』とあなたがひとつになってくれば、
あなたは馬鹿みたいに無心でいる方が、よほど楽になる。

そして恐怖などそこにはない。
あなたが、何かで在ろうとしたり、なろうとしたり、保持しようとしたり、定義したり、
留めようとしたり、しがみつくから、あなたは恐怖するだけだ。

また、「自然に自分を明け渡したいのにどうしても、出来ない」などと、葛藤するからそういうことになる。
それは、なんとも、随分とエゴの強いことだ。
明け渡したいという、などと<u>選択する意志</u>があることが、すでに、あなたたちのエゴそのものではないか？
明け渡したり、明け渡さなかったり、そんな「器用なマネ」が出来るとは、なんと、あなたのエゴは「ご立派」なのだろう。

だから、こういうナンセンスなコントロールをやめなさい。
あなたは無力でいい。
明け渡しすら、あなたのやることじゃない。
無心だって、あなたの達成することじゃない。
それらは、単に、あなたの深い落ち着きの中で『起きる』だけだ。
・・・・・・・・
ところで、あなたたちは、いつまで、私に質問する気なのか？
あなたたちは、また、いつまで私のコメントに、賛否や仕分けをし続けるのか？
いつまで、私の手紙を破り続け、そして捨て続けるのか？
一体、いつになったら、『それ』にジャンプするのか？

考え抜いて検討して、EOというやつに会って、彼の悟りを試して、
確かめてから、信じて、そしてあなたの経験や知識と照合して確認してから、
死人禅の瞑想でもするつもりなのか？
これでは、あなたの中の思考や自我や怒りが・・・・・・消えるわけがあるまい。

1993 7/4　EO

光明は死期を急速に早める

質問 =
あなたは、なぜ多数でワークや瞑想会をやらないのですか？

回答 =
私が悟りや解脱、モクシャについて、
実際にワークを執り行わない最も大きな原因は、
その段階の人が希すぎるということです。

瞑想会を TAO の広告のダシに使うならともかく、
実質問題として光明へ誘導するのは、話は全く違ってしまう。
それは集団的なワークになり得ない。
それは非常に希な人にしか伝達できない。
私の「書き物」ならば、適当な誰かが後に残すことは出来る。
マニアックな記録として、どこかで生き延びるだろう。
だが、悟りそのものの伝達は、全くの別問題だ。
その理由のひとつは、当の伝達された者が長生きしないからだ。

法の「書物の伝達」と『法そのものの伝達』は話が違う。

TAO について知っている者も、知らない者もふくめて、知っている知らない、
瞑想経験があるなしは伝達の基準にならない。
ここにもまた<u>必要性だけが基準になる。</u>
マインドの娯楽の延長にしようとする者に私は伝達するつもりはない。
また、たとえいかに真剣な修行者であっても、駄目だ。
<u>問題は真剣であるか否かですらないのだ。</u>
その最終的な基準は、その者が２度と個体として生まれない段階にきているかどう
かだけである、と言っても過言ではない。
２度と自我のある生物に生まれないか、もしくは存在そのものをしないかである。

従って、私がこれから、ある種の深淵の深みに入るに従って、
私を単なる友人としてみなす場合には私はあなたに無害だが、
私がその者に法の伝達を決断した場合には状況は変わって来る。

その者は、第1に今回の生が最後となることを、覚悟しなければならず、
また、残る死期までの数年も、光明以外の要素はすべて内面から失われる事を忘れてはならない。本当に心が無一文になる。
ただの存在性と、瞬間という時以外を残して、目的も夢も、記憶も思い出も、
なにもかも未来を失うということを覚悟しなければならない。
理由は至って単純だ。
『光明とは、そういうものだからだ。』

それは完全な自我喪失の狂気と『引き分けるための』最後の正気である。
とにかく、何か途方もない勘違いを人々はしている。
私はかつて
『悟りとは残る生の時間を
自殺せずに安心のうちに迎えるための、わらじであり、死水であり、
一軒のボロボロの小屋のような我家だ』と言った。
そしてそのことは今もなお言わねばならない。

この問題を、あのラジニーシも生前どこかでコメントしてた。
私も断定して言わねばならない。
必ず光明は死への距離を縮める。死期をとてつもなく速める。
これは断言出来るが、
光明とは史上最大の『安楽死』の技法である。

生まれ変わることなく、最後の存在となる。
しかし、一体何人がその覚悟が嘘偽りなく「心底」出来ているというのか？
そして死期までの残された時間にしても、
決して楽しく明るい生活であるわけではない。死ぬ最後まで、あなたは法の伝達に
寄与する生活をするか、さもなければただじっと静かに暮らすだけだ。

ほとんどのケースでは光明を得たら、死ぬか、静かな狂人になるか、
ほとんど静かな死人のように生きることになる。

バグワンやクリシュナムルティーや私のように、しゃべるなどというのは全く例外だ。たぶん、私は、とてつもなく無責任な半端な導師として、弟子たちを見捨てた過去生のカルマでも持っているのだろう。だから、こんなふうに説法などしているに違いない。
だが、私はもうすぐ、しゃべらなくなるだろう。書かなくなるような気がする。
そうなれば、あの『深み』がやってきて、
私の肉体や脳はもっと損傷を加速する。
だが、私はそれが、あまりに地上のどんな幸福にも勝ると知っている。
だからそれが開始されたら、私を引き留められるのは、
本当の被伝達者しかいない。
趣味の娯楽程度の探求者ではない。
また、その者もまたこの生が最後になる者に限られる。
そして、そんな者は、実に希なのだ。

ただの探求者、ただの瞑想者ではない。ただの禅の雲水ではない。
人が考えるかぎりの人生などというものは、台なしになると覚悟することだ。
衣食住の安定以外何もかも失うだろう。あなたは心を失う。
得るものなど何もない。
すべてを失い続ける。
そして、それは『すべての不安をも失うまでに至る』のだ。
その不安の全面的な不在が、死への扉になる。
そこで人間としても存在としても終わる。
ただ・・・終わるのである。

だから、光明に関して、何も美化してはならない。
何も希望や夢を作ってはならないし、期待してはならない。
あなたは、終わるのである。
全くすべてが、そこで終わる。再生などというたわごとは論外だ。

光明とは、ただの消滅現象だ。
それについて希望や夢をあなたたちが持つなら、
徹底的に私は言うが、
そんな夢を思うかぎり、あなたたちには、光明など、絶対的にあり得ない。
それが一体どんな状態なのかと問うならば、
本心からブッダたちはこう言える。
『この瞬間にあと1分で死に、そして二度と生まれることのない無へ消え去っても、
全くなんの躊躇もないという意識の連続状態だ』
それは100%の安心だ。
その光明の前では、生そのものが色あせて、まったく意味をなさなくなる。
こんな現象をあなたたちに理解は不可能だ。
<u>生そのものが色あせるのだ。</u>
現在のあなたたちのすべてである、生のすべてが、
全く無視されるほどの圧倒的なエネルギーだ。
そのエネルギーと共にいることによって、あなたは生も死も無視するだろう。
あなたの内面と肉体のすべてを支配していた、その最も本質的な生と死が
まったく論外にされてしまう。

しかし、そうした光明のエネルギーは絶対に肉体を維持するためのものではない。
肉体ばかりではない。アストラル体もメンタル体の維持も不可能になる。
したがって、ただ、徐々にあちこちが駄目になってゆき、
あるいは瞬時に、または時間をかけて消え行くだけの道をたどる。
あなたたちの思考、価値観には、光明というものは、まったく逆行する。
全く、完全に思考にとっては、無価値に思えるものだ。
あなたに、もしも理性があるなら、
そして、本当の光明についての情報を知っているならば、
あなたは、光明など得ようとするはずがない。

だから、生を見ている者や、
生に希望や目的のある者は、光明に近付いてはならない。
その者には光明へのパスポートは手に入らない。

だが、また、死に憧れる者にも不可能だ。
死ぬということを、ただ飽き飽きしたあなたの今回の生に見切りをつけ、
また別の生でやり直すための移動手段に使おうとする、そのような
<u>逃避、引っ越しのような観念から死に憧れるような者は駄目</u>だ。

本当に全く全面的に死ぬことだけを欲する者になら、
光明は接近するかもしれない。
光明では、あなたは完全に『おしまい』にされる。

「おしまい、って、一体その後は、どうなるのだ？」と、あなたが問う。
私は言う
『そのあなたの問いが、そんな事を言うあなたが、おしまいにされるのだ。』

光明では、あなたは無心になろうとしてなるのではなく、
いやでも、何も考えられなくなる。
それは、なってしまうのであり、あなたがやる事ではない。
光明のなかで、あなたがやることなど、ひとつもない。
あなたはどこまでも、ただ無力になる。なにも出来はしない。

死と生の間の『虚ろな存在』、
あるいは『虚ろな死』のように、
あなたは生きる。そして死ぬ。
あなたはただ存在性として留まる以外に、全くの無能になる。
しゃべる、学ぶ、説明する、そんな事は全くできなくなる。
それどころか、ものを見ることすらうまく出来なくなる。
全く出来はしない。あなたに出来ることなどなくなる。
完全な馬鹿になる。無能だ。無力だ。
あなたに残されるのは、ただいることだけだ。
それでもなおも、あなたが、しゃべり、行為するとしたら、
そのときには、絶対にそこには「あなた」などいない。

一体どうなってしまうのだろう、とあなたは私に問うだろう。
それに対する答えは
『そんな不安すら存在はしない。何もない。ただ在るだけ』。

光明に最も似ている者を私は知っている。
これは断言できるが、それは、白痴か廃人だ。
あなたがどんなに反論しようが、それ以外の表現は不可能だ。
それは存在としての最低の状態である。
まったく最低だ。それ以下はあり得ない。それ以下は死体だ。

そこまであなたに、死に切ることが起きないならば、
決して光明は起きない。絶対に無理だ。
光明はあなたの期待どうりのものではない。
そして、それがあなたに起きたら、あなたは
期待を思いっきり裏切られるほどの、
本当の幸福に見舞われる。

圧倒的だ。
あなたは生など、振り返る気もなくなる。
もはや、ただ、満たされるだけだ。
それは、あなたによってではない。
「存在が存在を満たす」だけだ。

期待はずれなほど、まったくあなたの期待を超えた、
予想を超えた、変容が起きる。
それを決して予想することはできない。
予想の不在の中でしかそれは起きないからだ。

そして、それは徐々に死を、必ずあなたにもたらす。
その現象は肉体には負担が大きすぎる。

また種々の次元層の精神体にすら、負担が大きすぎる。
それが全く負担にならないのは、全次元体にまで及ぶ、完全な死だけなのだ。
ただ、その残る数年の間、
あなたは光明によって、まったく、何もいらなくなる。完全に充足する。
生など二度と必要ないまでに、あなたは完了する。
だから、それは完全な終わりなのだ。
その、全面的な終わり、という言葉に否定的な感覚をあなたが持つのは、
それは、ひとえに、
ただ、あなたが、光明を全く知らないという事に原因がある。

だが、私はこの光明を決してむやみに人々には与えられない。
それは人の想像や期待を絶している。だから、
本当に、自分を、完全に終わりにしてもいいという人だけが、私を訪れなさい。
そして、もしも私から光明が伝達されたら、
あなたは私に敬意も感謝も出来ない。
あなたは、完全に『おしまい』にされる。
感謝、敬意、尊敬、そんなものが、私に対してなされるような
そんな「あなたは存在しなくなる」のだ。
光明に満たされたら、ただ、あなたは完全なる馬鹿になる。
その世界で最も無垢なる魂が、一体何に感謝するというのだ？
もはや感謝などない。
わたしの前ではあなたは、あなたに戻るだけだ。

それは、「あなたらしくなる」という事ではない。
誰らしくもない、ただ者になるだけだ。

私の臨在によって、そんな大それた事が起きるのは、
決して探求者ではない。
むしろ、死の瀬戸際、狂気の後の放心状態、空漠とした、人達にこそ、
それが起き得る。
無心な者だけにそれは起きる。

だから、それが起きる可能性は
師の言葉や伝統的を誇示したり守るだけの瞑想者や僧侶には、ほとんどあり得ない。
背中に「未来のために修行中」などという、
世間から一見まともに見えるだけの、
エゴのシールを張り付けた
そんな者たちに起きるわけがない。

死と刺しちがえてこそ、始めて光明はあらわになるものだ。
こういう私の言葉を聞けば、人々は言うだろう。
『お前など、勝手に、早くくたばれ』

私も出来ればそうしたいのは山々だ。
だが、私は誰かを、最低３人を大悟させるまでは、
絶対に、くたばらない。

1993 4/12 EO

女性は悟りに至りにくいのか？

質問＝「自我の強い男性よりも、女性の方が受容的で悟りに至る可能性があると思うのですが。どうでしょう？」

回答＝
女性の修行者に最もありがちなマインド・トリップは次のようなものだ。
ちょうど男性がヘッド・トリップ（論理主義）ならば、
女性はマインド、あるいはフィーリングトリップする。それは感覚主義だ。だが、
<u>感覚と本性は全く関係ない。</u>
女性特有の気まぐれ、感覚的な影響をされやすい事は真実の意味でのフィーリングとは全く無縁だ。さらによく聞くのは
「そんな難しい理屈でなく感覚です」という曖昧な言い訳である。
しかし、この感覚とは全く仏性及び本性とは何の関係もない。
これらは思考を否定したものの、
<u>それよりも、もっと低い感覚の世界に逃げて行く</u>という一種の屁理屈に過ぎない。
よく世の中を見るといいだろう。
そのように言う女性の殆どが全く落ち着きも洞察も、彼女達が口癖のように言う優しさも、何ひとつ備えていないヒステリックな状態にいることからも、これは明らかな事である。
一般的な読者にとっては、非常にローカルな話題ではあるが、ひとつの例として、ラジニーシ・アシュラムと言われるインドのコミューンで起きた「光明」について述べてみよう。私が本その他から情報を得た限りでは、女性で悟りを開いたのはマスターの祖母と側近のヴィヴェクの2人だけだ。ただし、公表されないだけで、他にいるかもしれないので分からないが。あとは、ダダー、シッダールタ、ヴィマルキルティー、チンマヤ、みんな男だ。
これらの<u>純粋に統計的な数値的な事実</u>をどう思うだろうか？
確かに歴史上では、バラモンの僧侶と光明を得ていた弓矢の女職人の出会いから、そのバラモンが変容へ向かうというようなケースもある。
感性の繊細な女性の詩人（たとえば金子みすず）や特種な舞踊家には悟りの意識があっても全く不思議ではない。

だが前記コミューンでの<u>数値の偏りは何に起因するか</u>をあなたたちは少しだけ観察
したほうがいいだろう。
女性に悟りの可能性がないとは言わない。
だが、それは、<u>あなたたちの知っているところの女性では駄目なのだ。</u>

ラジニーシは、とりわけ受け身で待つことを女性特有の性質であると多くの講話の
中で語った。だが、それは<u>感覚の中に埋没したり、生理的、または感覚のゴタ混ぜ
の混沌に負けよ</u>などと言ってはいない。
単に、基準もなく、フィーリング（気分や機嫌）がふらふらしている事を無為自然
などと言う女性がいるとするならば、彼女たちは真っ先に論外だ。
・・・・・・・・・
さて、とても注意深く観察されるべきことは、
なぜ結果的に男性に悟りを開く者が偏るかだ。
勿論、それは今までの時代の社会制度の中での情報の流通の制限もあり、
女性のブッダたちの記録があまりないということもあるし、<u>彼女達が目立った記録
に残る行為を取らなかったからだろう。</u>
だが、これらは正当な理由にはならない。
なぜならば、ラジニーシは主要<u>スタッフを半数近く女性で運営させた</u>のである。
<u>なのに、なぜ男たちが悟ったのだろうか？</u>

これは究極的には、段階的に見ても、
<u>最後に超えるのが知性であることに起因する。</u>
それは絶対に感情中枢ではない。これ故に女性は到達しにくい場合が多い。
つまり、とても知的な女性だけがその可能性を持つのである。
だが、それは知識を持っていると言う意味ではなく、
徹底した観察力、あるいは鋭い感性と、洞察を放棄しない力量を持っていることだ。
そういう苦悩があってこそ、初めて知性が全部まるごと放棄される瞬間が来る。
これは物事のあたりまえの順序だ。
ハートや感情は明け渡しのきっかけに過ぎない。
単にその中枢がそれを得意としているのだ。
だからハートを明け渡すのは誰でも条件が揃えば簡単だ。

だが、そんな女性たちが、
付き合い始めた男と、どうやってトラブルを巻き起こすか見てごらんなさい。
<u>不幸は常に思考の『取引から』始まる。</u>
「こんな筈じゃなかったのに」「彼はきっとこうに違いない」という期待を破壊され、それらが鼻につくようになり、やがては嫌悪と失望とを通過して、結婚や出産による我慢の生活を平安と思い込む。

だが、私はそんな主婦たちが、一触即発の状態で生きているのを知っている。
いつだって彼女達は精神病棟にいけるだろう。

こうして下位のハート中枢は受動的でも、上位の知性が受動性を帯びて落ち着いていなければ、結局彼女達は、物事の直面から逃げる口実だけに関しては、いっちょまえの理屈屋になってしまう。
だから、この<u>フィーリングという言葉にも注意しなさい。</u>
<u>これは断じて『精神用語』じゃない。</u>いわんや、これはTAOではない。
そして、サハスラーラの機能の介在なしに、TAOの言う、無為も自然も、感覚も悟りもあり得ない。
そしてそれは知性が単に脳の陰で生殺しになっているだけの一般女性には不可能だ。

逆に言うならば、先天的に徹底的に本当に知性がかけらもない女性ならば
悟りは可能だ。実質的にそれは完全な無知を意味する。
全く小利口でない、こうした女性だけは本当にタントリックになり得るだろう。
私がはるか遠い前世で関係した、いわば魔女たちはこういうタイプだった。
彼女には知性のかけらもない。だが、魂を売り飛ばすに値するほどに、
絶対的なまでに美しく、狂ったように官能的だ。ただそれだけだ。
そこには理屈も修行もない。愛すらない。
しかしそれを動物的と言うにはあまりにも違うものだった。
なぜならば、その純粋な肉体性を通じてのみ最高の意識の高み、静寂が可能だったからだ。少なくとも当時の私においての話であるが。
こうした全面的な交わりにおいてのみ、肉欲と高次元体の分離が起きる。

官能は完全だ。そして意識も完全だ。ただし思考はない。なんの取引もない。
だからこそ、私は言わざるを得ない。
知性の全滅こそが男性であれ、女性であれ、光明に必要な条件であって、
それは、<u>理屈が分からなくなったときだけ、都合よくフィーリング（機嫌や気分）に逃げるというものではない。</u>

一般的には男性は既に、感情を超えやすい振動位置に『重心のセンター』がある。
と言っても、それもごく一部である。
少なくとも、女性でそうある人物はこの生涯では、私はたった一人しか知らない。
だが、それは男性となると多いことだろう。

これはやはり、彼らが『最後の難関』にいるという現実を意味する。
つまりあと一歩なのだ。
しかしながらそういう男性も、
過去に充分に感情的なハートで生きた経験を必要とする。もしもハートで生きた強烈な通過がなければ、今度彼らは土壇場で知性を超えた時に、ハートのセンターに囚われるのだ。
ようするに7つないしは9つあるいは12のこれらのチャクラは全部を通過しないかぎりは、<u>どこかで最後に足を取られる</u>ということだ。
その最後に足を取られるのは人によってことなるが、いずれにせよ、それはあなたの実存がサハスラーラに長く止まれない原因となる。
すぐに転落し、下位の衝動に翻弄されてしまうのだ。
もしも他の中枢を中途半端にしたままサハスラーラに集中すれば、浸透していないその中枢に何度もあなたは転落する。

ちゃんと異性と肉体関係をやり終えて、性センターに充分な満足がなければ、
あなたは瞑想したあとで一気に性に取り付かれる。

同じように、もしも知性センターが充分に発達していなければ、
あなたは瞑想のあと、途端に考えはじめるだろう。

もしもハートが欠陥を持っていれば、あなたは瞑想直後に淋しさや甘えや、感傷的になったり、あるいは激怒するだろう。

ひとえに<u>あなたが充分に世話をしなかったあなたの中枢センターがあなたを転落させるだろう。</u>

女性は結局は知性が転落の原因になることが多いと私は見る。
また、オーガズムを何度も経験しつくさなかった女性（これは性的欠陥のあるような相手の男性にも責任があるが）もまた、最終段階にきて、満たされていない性に取り付かれる。

だから、あらゆる段階にこうした転落がある。
物質を充分に扱わなかった場合は、瞑想直後に、物質欲に向かう。たとえば、水晶や宝石への傾倒はオカルティックなものではなく、
明らかに屈折したムラダーラからの物質コンプレックスに起因する。

持久力を伴うような、気力を使う作業を充分に過去に発揮していなければ瞑想直後にあなたの肉体は落ち着かなくなる。これもマニピュラチャクラの不浸透からだ。

記憶力を充分に酷使したり、あるいは夢見を充分にしていなければ、あなたのヴィシュッディーのチャクラからあなたに無数の霊的に見えるようなヴィジョンが沸き上がるだろう。むろんこれらはただの記憶にすぎない。

このように、大きく分けて、6つの他のチャクラへの、バランスのとれた通過がなければ、あなたは決して第7ないし、第8の中枢、あるいは肉体の外にある9つ目のチャクラには住めない。

私が提示した、脳の上部の中枢へのコンセントレーションの前に、あなたは自分の未浸透のチャクラにまつわる作業を片付けるべきだ。
これこそ、どんなワークよりも必要だ。
その後で始めてあなたは静寂や闇の中に突入すべきだ。

そうでなければ、あなたはどこかで精神の『死』に怖じけづいて、戻ってしまうだろう。

チャクラというものは、あまりにも、古典的な体系だ。

だが、これは基礎だ。
しかしそれは、むやみにチャクラに瞑想するという事ではない。

<u>そのチャクラ特有の性質に対応する</u>
<u>現実の生活をちゃんとやりとげておく</u>と言うことだ。

死人禅はその後にこそ、効力を発揮する。

1992 10/17　EO

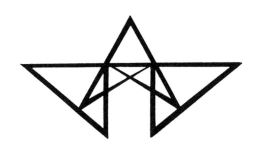

『いや、そんなことはない』
という女性修行者への講話

それでは、あらためて説明し直しましょうか。
いままで、私はさんざん思考を超えろと言って来た。
だからここで思考の持つ本質的な機能について述べることは、
人々を混乱させてしまうが、それでもそれは語られる必要がある。
思考の機能と言ってもそれは「はしご」、通過の道に過ぎない。
だが、思考や知性を通過するということなしに、悟りはあり得ない。
最終的には知性は破壊されるものだ。
だが、それはのちのちに再び頭を出さないまでに、使用された場合に限ることは既に述べたとおりである。

野心家というものだけが最後に悟る。
知的な者だけが最後に悟る。
強欲なまでの知性、探求者、そして攻撃性や破壊性を発達させたものだけが、
最後に２度とそれらに手をつけない。
もしもそうでなければ、
彼らはどこかでまたもや、それらを拾うだろう。
要するに完璧に『懲りる』か『無関心』になるまでやり尽くさないことは、転落の原因となる。

さて、女性というのは、
初めの若いうちは、感覚で生きているかのように振る舞い、
そして、いい年になってから「ずる賢く」なってしまう。
それは思考の出番が後にずれこんだだけなのである。

しかも、そのずる賢さというのは、ひどく次元の低いものに向けられる。
家計のやりくり、旦那のコントロール、子供のしつけ、近所の噂話、カルチャーセンターでの暇潰し。ようするに女性は知性を結局放棄できなくなる。

だが、この原因はとても、複雑である。
知性が放棄されるのは『限界』を必要とするからだ。

男性というのは、最初から理屈で突っ走る。理屈で生きる。そしてつまずく。
社会で、あるいは至るところで失敗や成功を繰り返す。
理屈に関しては、とにかく、それで生きてみることをしている。
そして、さらに発達した知性というのは、
ただの成功ではなく、野心家になる。それもほとんど気違いじみた野心に。
国でなければ、世界、世界でなければ宇宙へと。
それは知識の収集や認識の拡張に貪欲になる。これらは全部思考の仕業だ。しかし、
<u>またこうした狂ったような探求なしに人は『限界』にぶち当たることはない。</u>
そしてその限界にぶちあたらなければ、
いつまでも知性が効力を持っているものだと思い込んでしまう。

人を悟りへ至らせる重要な要因のひとつはこの『限界点』である
。
一方女性の知性が限界に行き着くまで発達するのは希だ。
知識や認識や自我を貫くことに対して、そこまで貪欲になれないからだ。
だが徹底的に突っ走ったことのない知性でなければ
その『むなしさや限界点』は立ち現れない。

だがその限界点で始めて本当に人は知性を捨てる事を学ぶのだ。
知性が限界に行き着くためには、
<u>その知性が多大な被害、迫害を被ることが必要になる。</u>

男性は社会でつっぱり、そして何度もたたかれる。
社会で成功しても、彼は禅寺などに行き着けば毎日棒で打たれるだろう。

ところが女性はたたきのめされない。
たたきのめされるまでに知性を発揮しないからだ。
そして甘える、泣く、そして社会に甘やかされる。

社会もそれらを女性のナイーヴさだと勘違いするはめになる。
こういう罵倒を私から、もしも受けたくないのならば、せめて女性は感傷的に泣くということをやめなさい。 歓喜ならば結構だ。 だが、そうでなければ、結局、男性社会というものは、あなたたち女性を弱いものだとして扱うことになる。
それは、女性たちにとても、不名誉なはずだ。
それとも、女性の涙はあいもかわらず、あなたの大切な武器なのかな？

だが、本当の悟りには、知性を発揮して、しかも限界までいって、
全部粉々に粉砕される、というプロセスが、非常な必要項目になる。
男性は社会で自我の闘争によって突っ走りすぎるために、ダメージが大きい。
だから、本当に捨てる瞬間が来る場合がある。
ところが女性の野心たるや、バーゲンや恋愛と、ひどく狭い世界で発揮される。
それらは「知性」ではなく、ずる賢い程度の思考ですんでしまう。
たとえば、バーゲンで思惑どおり欲しい品物を買いそこねたわ、
などという理由で、貴女は
『私は二度と思考なんかで生きるものか』と、絶対的な決意をするに至るだろうか？
そんな事には決してならない。

ところが男性ときたら、もう再起不能とも言えるダメージを被るほどに、
大それた妄想を考えて失敗する。だからこそ２度と重荷を拾わないのだ。

ようは、こういう事である。
あなたは粉砕される必要がある。
だが、待っていても誰もあなたを粉砕してはくれない。
あなたが突っ走って限界の壁にぶち当たって自我が死ぬべきだ。
あなたが自分で自分を破壊しなければならない。
そうしなければ恒久的な無心などあり得ない。

だから、とにかく、知的な探求も女性に必要だ。
そしてそれは単なる探求でなく、
徹底したものであり、

しかも完全な失敗をする必要がある。
限界に行き着く必要がある。
しかもそれは実感されなければならない。

そうしなければ、女性修行者というのは、
フィーリングや愛に傾倒した振りをしたまま、そのずる賢い、小さな小利口なエゴ
のやり口が脳裏で生き延びて、決して全面的な明け渡しも光明も降り注がない。

知性も感性もバランスのとれた者は、男でも女でもない。
実のところ、それは『中性』だ。
中性に行き着いたものだけが、人を超えて一人のブッダへ飛躍する。

バグワンは決して物理的な意味で女性を支援したのではない。
彼は「女性原理」を支援しただけだ。

だが、私はそれすらこうして疑問を投げ掛ける。
女性原理、男性原理、その性質は、いつも一長一短だ。
私が支援するのは中性原理だけだ。

宇宙には性の分離のない種族、
あるいは２つの性の統合された生物がたくさんいたからだ。

だからTAOとは中道なのだ。

さて、バグワンの講話の中にこんなものがある。

気違いラージュと呼ばれる彼の友人が馬に乗って・・・という話だ。
ラージュおじさんは、馬に乗るのはいいが、
それは後ろ向きだったという。

この話の中では、ムラ・ナスルディンも、ろばに後ろ向きに乗り、

老子も水牛に後ろ向きにまたがっていたという伝説がコメントされている。
あなたたちもちょっと想像をしてごらん。
後ろ向きに馬やろばや牛に乗ると。
あなたの視界はどう変化するかな？

前向きでは、あなたは目的地を見る。未来を見る。やってくるものを見る。
そしてあなたはコントロールする。

後ろ向きだと、次元が違うでしょ？
あなたは、ただの観察者だ。
馬がこれからどこへ行くか知ったことではない。

あなたの視界はどうかな？
過ぎて行く景色をのんびり見ている。
あなたは前を向いていれば、何もかもが「やって来る」のを見る。

後ろ向きなら、何もかもが「過ぎて行く」世界となる。

前向きならば、例えば遠くの木が、しだいに近付いてきて、ちょうどあなたの位置に来たとき木はあなたの世界から消える。

後ろ向きならば、世界は予測しない突然の現れをする。
一本の木が現れ、逆に時間をかけて遠のく。

この違いを感じとりなさい。

達成指向の男性は前向きに馬に乗る。そして突っ走る。
受動的な女性は後ろ向きに牛に乗り、過ぎ去る世界を眺める。
それはまさに老子だ。
彼は予測などしない。未来に興味はない。彼はまさに中国の生んだブッダだ。
彼はただ、物事の余韻を楽しんでいる。過去を見ているのではないよ。

余韻を静かに見守っている。
彼は思考に対するあなたたちの瞑想のしかたを
牛にまたがって示唆していただけだ。

ところで、ブッダ・・・・釈迦ならどうすると思う??
それはEOと同じことをする。
ろばの背中で中道となったら、

そりゃ、『横向きに乗る』しかあるまい。

そうすれば、世界はただ『今ここ』にしかない。
来るも去るも知ったことじゃない。
ただ、通過するだけだ。
どこから来たのか、どこへ行くのか、知ったことではない。
横に座ればあなたは自分を思い出す。
乗っている自分をね。
対象の世界ではなく、自分を思い出す。

バグワンは西洋という民族の土壌を説法の場に選んだ。
だから彼には中和すべき無数のいきすぎた男性的な志向をもった弟子をかかえてた。
ドイツ、イタリア、日本、ユダヤ、インド。
だが、私は日本人しか見ない。
だから、日本なら中道というものは伝わり得る。
極端に男性的に突っ走った社会が
やがてバクワンのような女性的な語りに傾倒するのは、
単なる社会的なバランスとしての現象だ。
だが、それもいきすぎては効力を持つまい。

だから私は微調整をしているだけだ。
マイトレーヤだのとバグワン和尚が事を荒立てれば、
私は『ちょっと落ち着きなさい』と人々に言う。

バグワンが『女性が必要だ』と言えば
『ちょっと待った、おっさん。』と言う。

クリシュナムルティーが、自分を明け渡さなかったなどと言えば、
私は『違う』と言う。
私はひねくれているんじゃないよ。

こうした和尚ラジニーシの方便に、ひねくれてゆく人々を
『ひねり戻して』いるだけだ。

いちいち他人の言葉や意見で、あなたの我家から吹っ飛ぶんじゃない。
死んでも、馬鹿でも、黙って『我家』にいなさい。

だから、旅人たちは、ろばには
横に乗ってごらんなさい。

1992 10/17　EO

笑うコンクリートたち

質問 = 出家とはなんでしょうか?

回答 = 禅寺、そこは本来修行を積むのではなく、修行を降ろすべき場所だ。
本当の意味では寺に出家した者など一人もいないのだ。
出家とは、『内面的な放棄』のことだ。
だとするならば、あなたはあなたの『精神世間』を出家したらどうなのかな?
そうなったら、あなたは寺や精神世間の組織などにいられまい。
自然の中では、寺に群がる動物などいないし、寺にばかり咲く花などもない。
そんな事をするのは人間、しかも坊主や瞑想家たちだけだ。
世間の人達の方がむしろ、無欲に近い。全然無欲ではないし、彼らの愚かさは変わらない。ただし、彼らの中にはただならぬ悟りを開いた者になろうなどという野心がないだけ、それが救いで彼らはちょっとだけ身軽だ。ただし、そういう彼らも、酒やギャンブルやセックスや地位だの、役立たずのただの物知りや、善人づらしたいだのと、実につまらぬ野心で生きている。
つまりあなたはどこへ行こうが、野心的な人々にしか出会わないだろう。
場所、つまり分野が変わっただけで、寺も世間もまったく貪欲の集団だ。
・・・・・・・・・・
一級の禅師たちが、たとえば良寛、風外、桃水、一休などが、
常に放浪し、また、さびれた庵や洞窟などに住んでいたのは、
彼らが真に美しいもの、光明がなんであるかを熟知し尽くしていたからだ。
それは世間にはないし、精神世間、つまり寺や僧侶の世界にはない。
そして実は自然でもない。彼らは彼らの中に住んでいるだけだ。
その彼らの中とは、空っぽ、、空、そして無だ。
自然というものは無心だ。だからそういう環境の方が、こざかしい世間、こざかしい僧侶の群れよりも、TAOや光明を本当に楽しむ場ではある。
だが、その自然とて、何も山や森や海へ行く必要などない。
都会の中のコンクリートの割れ目に咲く雑草や、世間がはっきりしない嫌な天気という曇り空、そして都会の朝のゴミ置き場にすら、

大悟すればあなたは光明を見るだろうから。
＊＊＊＊＊＊＊＊＊＊
ある朝、私は勤め先に向かって歩いていた。
月曜日だった。
前日の雨の水溜り、雑草、カラス、電信柱、そしてゴダゴタに捨てられたゴミ、
道路、コンクリート、そして、そこに死んでいるドブネズミ。
その何もかもが、私に『挨拶』をしていたのだ。
それは無言の沈黙の挨拶だ。
別に沈黙したままテレパシーで『おはよう』などと言っているわけではない。
その沈黙そのものが、万物の最高の挨拶なのだ。
自然の中に、いちいち挨拶するような草も生物もいない。
そんな騒々しいのは人間だけだ。自然は挨拶などしない。なぜならば、
その沈黙の中に、絶え間なく、最高の礼節の挨拶がなされ続けているからだ。

私は万物の沈黙の挨拶に耐えられず、目を閉じて歩いたものだ。
ちょっと屈折した言い方をすれば、いちいち、すべてのものが私に挨拶をするので、
私は少々疲れてしまったのだ。だから、あまりちゃんと物を見ないことにした。

会社に着くと、いつものように、私はゆっくりと、小さくうなづくだけで、
小声でしかたなく、「・・・ょうございます」とだけ言った。
実は最後の『います』が私の本当の挨拶、メッセージなのだが。
朝っぱら、顔を合わせれば、お互いに『いる』のは分かり切った事だ。
何もいちいち他人の内面の静寂を壊してまでも元気よく愛想を振り撒く必要などなかろう。
こうして通勤するまでに、万物と挨拶を交わして満たされたせいで、
いざ到着して、人間に挨拶などすると、
本当に､､､まったく､､､
色あせて､､まったく、馬鹿みたいだ。・・・沈黙のほうが美しい。

そしてそれがＴＡＯの旅人たちの本当の礼儀だ。
・・・・・・・・・

つまり、あなたたちと人間以外のものは、
たえまなく、いまここに、目覚めて、光明に、なりっぱなしなのだ。
あなたが、寝ぼけているだけなのだ。
虚栄や思考や探求や、未来や過去に、泥まみれになって見えないだけだ。
だから、あなたの、そのしっくりこない虚無感や退屈や落ち着かない内面のすべては、
実は、<u>あなたと万物の間の、意識の次元の誤差が原因でもある</u>。

一度、あなたがくだらない思考を全部捨て、むろんその中には瞑想などという観念
も含まれるが、それらを放下して、ただあなたの意識だけの存在と共に、
ただそうして無能で無害で、最低であることに落ち着いていれば、
あなたの回りのゴミや物質にいたるまで、
全部があなたとともに、存在や死を満喫しているのが解るだろう。
・・・・・・・・・
はて、ところ変わり、寺や瞑想センターの事務所、そして酒場、
あるいは、アミューズメントスペース。一体それらのどこに美しさがある？？
一体どこに静寂、沈黙、たえまない光明がある？どこにもありはしない。
いやいや、<u>実はその事務所の床も天井も壁も光明だらけなのに</u>、そこをせわしなく
動いてしゃべる、人間たちだけが、その存在たちから分離しているのだ。しかも、
あなたの肉体でさえも、それらと一体だ。結局、あなたの狭い狭いその「オツム」
だけが、万物から分離して、やれ苦悩だの幸福だのと、おしゃべりを続けている。
＊＊＊＊＊＊＊＊＊

ところで、もしも、あなたが光明に至ると、あるいはそれを目指すとなると、
職種にある程度の選択、制限が加わるという事を知っておくとよい。

一般的な世間に還俗と言っても、野心的な集団というのは、まずい。
いわゆる創造性を絶えず要求されたり、営業成績だのと言われる場所、あるいは、
いちいち他人におせっかいをするような人材のいる場所だ。それに、あまり思考ば
かりを酷使するのもまずい。またおしゃべりを必要とする職種もまずい。
慣れれば考えずに出来る、職人的な職種がいいだろう。
極端な肉体労働もワークと割り切る人はやればよいが、度を越してはまずい。

エコロジーなど人間のたわごとだから、別に原発に勤めようが、製紙業界だろうが、
かまわない。ただ、あまり直に生き物や植物を扱うのはよくない。
これはよくない。花屋もペットショップも肉屋もよくない。ハンバーガーショップ
などもってのほか。しかし、そういうとウエイトレスも出来ないことになる。
とにかく、明るい楽しい職場だの、高給だの、やりがいのあるだののコピーの書い
てあるものは論外だ。求人雑誌を見るなら、控え目な広告。
それに、出来ることなら週休2日か隔週土曜休日の、
なるべく 6:00 で定時で、残業は月に 10 時間前後。
一体、なんの文章だか解らなくなってきましたね。これでは就職マニュアルだ。
・・・・・・・・・・
だからこのように、あなたたちが還俗すると言っても、
なかなか道を極めて大悟するための環境は困難だろう。
ただ、あなたそのものが、おしゃべりや野心的でなければ、
自然にあなたはそういう環境の職場を直感的に選択するだろう。
それに、くだらない問題の大半は口が元だ。ほとんど全部そうだ。
全部、いらぬおしゃべりのせいだ。だから、無口でいるといい。しゃべる必要など
ないのだ。あなたはあなたの光明に根差した生活をすればいいのであって、もとも
と狂った集団の世間などと、折り合いを付ける必要はない。ただし、彼らには無害
でいなさい。勤めるのは、あなたの衣食住の確保のためだけだ。
不必要な人間関係などチョロチョロ作るものじゃない。
ただ、仕事だけやって無口で馬鹿のふりをしてなさい。
そして、ふりではなく、事実、真実馬鹿のままでいなさい。
あなたが他人に無口で無害であるのに、さらにイビリが入るとしたら、何かの因縁
だろうから、あきらめなさい。常に、世間の者たちよりも、さらに最低の者でいよ
うと努めるがいい。そう「彼ら以下に」なるのだ。
だが、それは犯罪者という意味じゃない。
無為で無学、無口、仕事以外は無能、無趣味のように振る舞い、余計な関係を作り
出さないことだ。
あなたはいずれ、そういう彼らよりも最低に『ただ存在』している事が、
あなたにさまざまな、あるがままの洞察をもたらすだろう。
あなたは世界の中にあって、その中心に止まる。

他人の言葉もさまざまな身の周りの事件も、ただただ、通過し、消えて行く。
何事も、実は、『何も起きてなどいない』のだ。
世間は動いて行く。だが、あなたは留まる。そして、あなたは、充分に、
ここが狂った猿の群れだと、いずれ理解するだろう。
だから、あなたの中の知識や過去の瞑想体験や未来の目的と一緒ではなく、
あなたに今、その瞬間に存在してる、ただの「いる」ということ、
ただの無垢な無為な意識、存在性だけと共に在りなさい。
・・・・・・・・・
そしてあなたたちは、実に寺や瞑想者の集団やら、『大嘘つきの導師』などというものが、一番始末の悪い騒々しさを、絶えずあなたの内面にもたらすものだと解るだろう。そこで取り上げられる話の題材、テーマがそもそも全くもってして騒々しいのだ。なぜTAOや禅や和尚について話すよりも、
あなたが、<u>今、そこで、そうで在ること</u>に重点を置かないのか？
だから、むしろ、普通の世間で、
なるべく静かな人達のいる環境へ、移動しなさい。
その中で、あなたも無害でいることだ。
光明、悟りは、そういう中でしか、決して開花しない。
そして、悟った私でさえも、その静かな生活を何よりも尊いと思う。
私にも静寂は必要なのだ。
だから、あなたたちに、それが必要でないわけがない。

その中で、最も素晴らしい静寂をもたらしてくれるものが
完全な、暗闇を、瞑想によって観想することだ。
そうなったら、場所も時間も関係なく、
あなたは瞑想空間を持ち歩けることになる。

1993 4/28 EO

手塚治虫の『ブッダ』への雑感

宇宙の全物質は完全に覚醒している。
そして、非常識と思われるような逆説を私は述べるが、
実は、より進化していない次元の存在の方が、意識は覚醒しているのだ。
すなわち人間よりも動物、鳥、昆虫、魚類などは全面的に覚醒している。
ただし、哺乳類のいわゆる知性があると呼ばれた種類は、その知性の判断ゆえに、
だんだんと人間に近くなり、こざかしい、余計な事を思考している。
そうすると、次の下の次元は植物だ。これはもはや、ほぼ完全にTAOだ。
全く覚醒している。さらに下は、気体や液体や鉱物だが、こうなると、
もはや、これこそ、完全なサマーディだ。
あなたは、サマーディというものを、進化した高度な知性のさらに上位に位置させようとするだろう。そして人間の意識、感覚を基準にして、動物にはそんなサマーディはないと言うだろう。
だが、比喩ではなく、中国の禅師たちは、常に自然を手本にしてきた。
比喩ではなくてね。自然そのものであろうとした。それは決して方便ではない。
それも、特定の動物や植物ではなく、石も山もなにもかもを貴いと感じていた。

西洋人も東洋人も、歴史的に見て、古くから動物を力の象徴として崇拝してきた。虎や牛など。そして神話の竜や麒麟。エジプトでも中国でも日本でも、どこでもかしこでも、強い動物や知恵の象徴として、あるいは優雅さのシンボルとして、主に動物を崇拝してきた。

しかしながら、もしもより覚醒しているとしたらば、ロバートモンローの言うところの第4作物でもなく、第3作物でもなく、すなわち、より原始的な粒子の方が、覚醒は高い。それは純粋に『存在性』に定着しているからだ。
可動性のない生き物の方が、TAOに適っている。
なぜならば、意識には、実は可動性などないからだ。
あなたの中心は、悟っていようが、悟っていまいが、
一歩もあなたの中心から、ずれることはない。
だから、禅も我々も、『あなたはすでにそれだ』と言い続ける。

＊＊＊＊＊＊＊＊＊
これは手塚治虫のマンガ『ブッダ』に出て来る話だが、
スードラの者たちが、動物に自分の意識を乗り移らせる場面がある。
そして、その時彼らは実に的を得た言葉をシッダールタに言う。
むろんこれはマンガのフィクションの話ではあるが・・・。
『自分が人間だなんて、思っていたら動物と一つになることなんか出来ないさ』

これには、さすがに大拍手である。・・・意識とはまさにそういうものだ。
それは無名者だけが、共有する神秘だ。
そして、彼らスードラはインドの社会から人間として認められていないほど、
あまりにも蔑まれていたために、こうした意識が開発されている・・・かのように
手塚マンガでは描かれている。

さて、さらにこのマンガで特筆すべきことは、
ブッダが最初に悟りを開いて、最初に説法を始め、
そして最初にそれを理解したのが、人間ではなく鹿やワニだった点だ。
むろん、これはあくまでもマンガの中の展開である。

だが、実際のブッダがどうだったかは別としても、いつでもダルマを最初に理解するのは、人間ではなく、動物や植物たちだ。
一人のブッダが生まれたとき、それを最初に感知するのは、我々よりも下位にあると、我々が思い込んでいるものたちだ。
私は事実は別としても手塚氏がブッダの中で、
この動物との意識の交流を描いた点には、なかなかの味を感じる。

我々のもっと下、意識などないと我々がただそのように教育されただけの世界に、
本当に同調するならば、あなたは、時には、石ひとつ、草ひとつ、虫の一匹も、
手を加えたり、危害を加えたり出来なくなってしまう。
むろん、我々は殺傷したり栽培したりして食物を食べている。
だから、食事の時ぐらいは、動作などいらないから心の中で合掌してもバチは当たるまい。我々は相互依存しているのだから。

だが、食事ばかりでなく、衣服、建物から地面から気体、なにもかも、
我々の所有物ではない。それらは我々は借りているだけだ。自分の肉体すら。

一度、あなたが光明、いや、この悟りとか光明は、もうやめよう。違う表現がいい。
それを特別視することのなかで、それが原因で、まさにそれが失われるからだ。
それを特別凄いなどと思うのは人間だけだ。勝手に人間がそうでっちあげただけだ。
しかし、かといって、サマーディは簡単なのだ、と思うこともまたサマーディでは
ない。簡単というのも、また人間が言う勝手な位置付けだからだ。
難しいと言ったからといって、それがあなたに起きるなら何度でも言えばいい。
「それは、とても難しいんだから、あんたみたいな人間に起きるわけがない」
とEOに向かって言うことが、あなたのサマーディを引き起こすなら、何度でも私
はそう言われたい。それでもしもあなたが「それ」になれるならば。
また、「いや、楽観的でいい。深刻はだめだと導師が言った」と言うことによって、
それが起きるならば、マントラのように何万回と繰り返せばいい。
だが、結局それは起きない。
だから、私は言った。
『悟りまでは、ひと笑いじゃない。ひと黙りだ』と。

やさしいと言っても、難しいと言っても駄目です。何も知らないほうがましです。
何も言わないほうがいい。大袈裟にしてはならないし
また簡単だと言うことによって、「簡単さを大袈裟にしてもならない」。
つまり、あなたの心が、それについて一切騒がないことです。

そうしたら、その騒がないという静寂の深みにおいて、
あなたは、なんと、誰も、誰ひとり、光明について騒いでいなかったと知る。
騒ぐのは瞑想家、禅寺、ヨギたち、そして世間だけだ。

大悟したものは、みんな、まずこう言うだろう。
『なんだ、君たち、とっくに悟っていたんだね。僕は知らなかったよ。
今日からやっと僕は君たちの友達だね。』
彼は、そして彼女は、その瞬間、

彼らの周囲のすべての動植物、物質にいたるまで、突然に、それは友に変わる。
ゴキブリさえも。

そして、なんと、本当にサマーディから掛け離れているのは人間だけだったと知る。
人間の、その肉体の細胞すら自然の意識の中に存在しているのだから、
自然から分離しているのは、なんと、あなたの、思考ただひとつだけだ。
それが生まれるスペースと言ったら、なんと脳だ。たった20センチの。
その他のあなたの身体の細胞すら、あなたの意志や夢や希望や瞑想フリークぶりとは無関係に、ずーっとTAOの摂理に属していたのだった。

****
ひどく個人的な話ですが、
私はゴキブリは、好きではなかった。グッドデザイン賞（いやバッド・デザイン）を与えてもいいほど、すぐれたデザインだからだ。それは人間に嫌悪されるために、完全にデザインされている。あらゆる部分が、他の昆虫とどこがどうと言えないのに、嫌われるように作られている。まさに嫌悪されるためのグッドデザインだ。
しかし、大悟が起きた年の夏、私は一匹も彼らを殺せなくなった。
生理的に決して好きではないが、ただ、私はその生理的な嫌悪が根拠がないと感じ、よくゴキブリを眺めて『僕達人間は、一体どうして君達を嫌うんだろうね』と心の中で話し掛けていたことがよくあった。
もしもピンクのゴキブリだったら？もしも鈴虫のように鳴いたら、もしも君達が、人間になついたら、もしも君達がとても美しかったら、もしも君達が食べるととてもおいしかったり、とても医療に役にたつ薬になるものだったら、そうしたら、一体人間どもは君達をどうしただろう？
もしも君達が「ササササッ」とではなく、もっとゆったりと歩き、カブト虫のようで、そして、テントウ虫のようにカラフルで、人間を見て、『コロコロ』と鳴いて、餌をやると、我々におじぎをしたら、一体どうだっただろう？？

君たちに対する嫌悪は、なにもかも、人間の勝手な、生理的な、嫌悪だ。
しかも、他の動物の誰ひとりとして、きみたちゴキブリを嫌ってなんかいない。
しかも、君たちは僕らを刺すわけでもない。ただ、余った食べ物、

しかも特に、我々には食べられない腐敗した食物を好んで食べるだけだ。
全く、我々に無害なのだ。衛生性という点以外では。

それまではゴキブリなど見たらBB弾を打ち込んでいた私なのに、その年の夏から、
数十年も嫌悪していた彼らを次第に、おだやかに眺めるようになった。
次第に、私はまったく、蚊も殺せなくなった。
かゆいが、じっと、おなかがいっぱいになる最後まで、血を吸わせることにした。
とうぜん、直接的な殺虫剤から、間接的に結果的に彼らを殺すことになるゴキブリ
除去製品などを置くことも、やめてしまった。

何が一体そうさせたのだろう？
それは、モラルや慈悲というものではないのです。
いわゆるエコロジストのように、特定の動物を守り、片手で別の昆虫を殺したりと
いう矛盾した事は出来ない。
また、いわゆる仏法の戒律だからじゃない。
私のこうした突然の変異は、宗教や学校で教育されたものじゃない。

それは、意識そのものが私にした教育だった。
結局、その意識は、まったく彼ら昆虫や、
すべての物質の底辺そのものだったからだ。

それは、決して俗に言う「高い次元のもの」などではない。
本当に、楽にして、無心で、我々が、馬鹿なほど何も知らず、何もなそうとせず、
落ち着けばいいだけだ。
日本語の落ち着くという言葉は実に美しい言葉だ。
それはまさに、『落ちて底に着く』ことだ。
そうすれば、万物との一体性とは、口先だけの偽善的な愛ではなく、
あなたにとって、明白な一体性の体験になるだろう。

私に言わせれば、サマーディーだの、悟りだなどと騒ぐよりも、
あなたたちは、もっと「騒がないこと」により、

もっと落ちて、もっと空虚になるべきだ。

その時、あなたは光明や悟りなどという言葉よりも、もっと美しい現象に出会う。

それは、満足だ。
あなたは、満たされる。
あなたには一切不満などなくなる。

生も死も、迷いも悟りも、光明も無明も
何もかも、何もかもが、ただ『OK』なのだ。

その『OK』には理由はない。
論理はない。
どうしてOKなのかという根拠の問題じゃない。

それは、ただ『OK』なのだ。・・・

EO

理解から無理解への飛躍

質問＝
「私は自分が嫌いです。
悟っていないどころか、いつも不明瞭で、混沌として、物事に心底なじめず、
かといって超然と離れて冷静でいることも出来ないからです。
いろいろなものごとや、学問、神秘学、神秘体験はあるものの、最終的な充足は得られませんし、恒久的な境地も得られません。
なにもかも、いつも届かないままに放置されています。結局、満足などというものは、どこにもないのではないでしょうか。あなたが言うように人間は苦しみという実りのためのただの創造者の収穫する作物に過ぎないのではないでしょうか？」

EO＝
この質問の中には、実に多くの事を含んでいる。
端的に言えば、あなたは不幸だということだ。
だが、その不幸の本当の原因に対しては、
実に複雑な問題が理解されねばならない。

私は、人類という鍋の中で煮詰められた「上澄みだけ」を拾うということは決してしたくない。
すなわち僧侶や探求者だけに法を与えるような事はしたくない。
なぜならば、その彼らの修行もまた、ごく日常的な疑問や苦悩から発生したものにすぎないからだ。もともと高尚な探求など、そもそもありえないのだ。
どんな高尚なレッテルを張られた探求分野も、
『現状嫌い』から発生したものにすぎない。
すなわち不満以外に探求の原因は存在しないということだ。
ならば、不満というものは、僧侶であれ、俗であれ、基本的には全く同じ感情だ。
それは自分が嫌いであり、あるいは自分の一部が嫌いであり、
あるいは世界や特定の他人が嫌いであり、世界の一部が嫌いであり、という嫌いなものがあるのが不満の姿のひとつだ。
僧侶が迷いや雑念が嫌いならばそれまた不満である。

師が弟子を飛躍出来ない不満があるならば、それもまた弟子または、自分の師としての才覚のなさが嫌いだということになる。

多くの探求者が無自覚なままに、よく見落とす不満、すなわち現状嫌いというものがある。
彼らは探求したり学習することで自分が満ち足りた人生を過ごしていると言うものの、その探求や学習や活動性、行動性の背後にある、根本的な不満、嫌うものの存在を盲点のように見落とす。
すなわちそれは『退屈感』だ。彼らは退屈が嫌いなのだ。
退屈とは、実際にはおおいなる静寂、死、再生、変容への扉が見えたということなのに、彼らは退屈をまるで自分の人生を破壊する領域のように錯覚してそこから逃げ去る。
さて実に多くの問題が語られねばなるまい。

まず2元対立があらゆる不幸の原因のひとつだ。
この二元対立とは、哲学的な問題ではない。
それはあまりにも日常的で、かつ根本的な問題で、誰にも例外はない。
物事に2つを見たり、二つに区別した時点で
実際にあなたはもう二元的になってしまう。
二元性を客観的に観察するなどという事自体不可能であり、
物事が2つに見えたら、もうあなたはその2つの間を往復せざるを得ない。
すなわち2元性を超越できるのは、そもそもあなたが2つに物事を見ない場合、又は<u>2つに見えない場合に限る。</u>あなたの内面に起きる物事や、あなたの周りの世界を好き嫌い、善悪、生死、迷悟、高低、優劣に、あなたがそもそも2つに<u>分けておいてから、それを統一することなど不可能だ。</u>
だから、そうした根本的な不幸か不快感、不満から解放されるためには、
そもそも2つに見えない地点、意識にシフトする以外に手だてはないのだ。

こうなると、ここでまたもやあなたの中には「2つに見ることと1つに見ること」<u>というこれまた2つの対立概念を発生する。</u>
『反語』が存在しない言語がないために、
何かを言葉にした瞬間に、あなたたちの概念は2元的に分裂する。

その時点でもう2つに隔てたのだから、言葉を発生した瞬間に、不幸は開始する。

ところが実際には完全な2元的なものなどあり得ないという事実を無視して、言葉は『よい、悪い／正しい、間違い』へと暴走する性質がある。

罪もない子供を殺害することはこの世界では悪とされる。それは一見すると100パーセント悪に見える。だが、それは実際には違う。
60億分の1、それは善なのだ。
すなわち殺害者本人にとっては善なのである。本人の苦悩、苦痛、不安、恐怖からの解放や、快楽、そういったものを成就しようとして殺害したわけであるから、
すくなくとも、犯罪の発覚の恐怖から殺したにせよ、殺人狂という趣味として殺したにせよ、本人にとっては、そこに何らかの不安からの解放がある。
前後の結末や社会性を無視した一時的な逃避、無謀な殺人であったにしても、
つかの間でも、殺害者本人はなんらかの安堵を得ている。
その意味で、あなたたちのどんな犯罪も100パーセントの悪ではない。
本人ただひとりの、それもたった10秒だけはそこは「善」なのだ。

「そんな馬鹿な論理はあるまい」と言う、そのあなたたちも、毎日殺人者と全く本質の変わらない事をやっているという事にも気がついていない。
たとえば、あなたは自分の失態や秘密、知られたくない本音、本心、あるいは知られたくない事実が発覚しそうになったときに、とりつくろう『嘘』を言う。
これはもう日常の事だ。あなたは嘘をつくことで、ごまかす。
あなたは嘘をつき、体裁をつくろうことで、自分が軽蔑されたり立場が悪化することの不安から逃げようとする。あなたは嘘によって状況を切り抜けた。
一方、殺人の犯罪者は殺人によって「切り抜けた」のである。

物事の是非が仮にあるとしたら、
それは手段としての「行為の種類」ではない。
行為の種類は無数に取り替えがきく。道具は、すりかえがきくのだ。
人に当たらず、物や動物にあたったりする。

目につく相手を権力で敗北させるなどという行為は、核戦争と全く基本的に変わりない「動機」からのものだ。
あなたが体裁上、嘘をつく。これは立派な詐欺罪だ。体裁上、気まずいところから逃げる、これは脱獄罪だ。
相手を権力で脅迫して屈服させる。これは内面的な殺人罪だ。
なんであれ、<u>問題は動機にある。</u>
行為の手段となると、
幼女殺害から、「いえいえ、そんな事は思ってもいませんよ」というささいな嘘まで用意されている。しかしこれらは全部同じ動機だ。
それは『あなたが苦しまないためのもの』だ。

苦しみの基準は全く人によって異なり、ある者に苦痛の環境も別の人間にはさほどでもない。客観的な苦は存在しない。
だが、主観的な苦痛、苦悩はたったひとつだ。
それは、あなたひとりだけは『事実として苦しい』のだ。

これから逃避する手段が殺人になるか、大量虐殺になるか、嘘や虚栄になるかはさして問題ではない。問題を引き起こす種子は全部あなたの中にある。
ヒトラーもナポレオンも人々も全員とも『小心』であるという点で心理学者は同意するだろう。根本的な問題の種子は常に「あなた一人」を見れば理解される。
このように、<u>悪すら、究極には一点の善がある。</u>
物事は、絶対に<u>コントラストの中に存在する。</u>
いかようにでも<u>解釈やピックアップする事実を変えることで、</u>
<u>すべての『命名』は、意味を失うか、あるいは曖昧になる。</u>

完全な男もいなく、完全な女もいない。
完全な悪人などおらず、完全な善人もいない。
完全な不幸もなく、完全な幸福もない。完全な迷いも完全な悟りもない。
<u>あらゆるものは『不純物』であり『混合物』なのである。</u>

さて、こうなると、2元性がまず不幸の原因であり、

しかもその2元性すらもあいまいであり、その中間に無数のコントラストがある。
これは、言うなれば、我々には決して身を置く『基準』がない事を意味する。
そして実際には、我々の本性はそのように、
どこにも基準を置けないほど広大な受容性がある。
ところが、これがすべての不幸の原因だ。
ここに宇宙的な次元でのパラドックスがある。

あなたの本性は、あなたの肉体やあなたの個性や記憶などという小さな限定を決して受付ないほど広大な広がりを持つにもかかわらず、あなたは肉体存在に生まれた。
これこそが、一部で言われるところの『圧縮学習』である。
あなたはもともとは広大であるのに、小さな肉体に閉じ込められた。
広大だということは、何もあなたの意識が宇宙ほど広いという意味ではない。
ただ、なんであれ、あなたの意識は本来善悪を介在しないで受容出来るのにもかかわらず、それが出来ない環境に幽閉されたことに苦痛が発生する。
だから、苦痛とは、もともとそのような広大な本性があるからこそ発生する。
もしも、我々が小さな意識だったら、我々は不満を発生しなかった。
だから我々にとっては『何かが』「窮屈」なのだ。
あなたの中にある、「何をやっても何かが違う」という感覚の根源は、
あなたが実際には、<u>もともと2元的な意識ではないのに、</u>
<u>2元的な意識を発生せざるを得ない肉体に生まれた事が原因だ。</u>

だが、この肉体とは、何も物質的な肉体ばかりではない。
霊的身体であれ、あなたが孤立した意識であることに変わりはない。
たとえあなたが、銀河系全体の意識体として生きていたとしても近辺の隣接する銀河系を他者として認識したり、受け入れられない民族が宇宙に存在したら、その時点で、あなたは孤立している。
すなわち、いかなる広大な『枠』も、あなたに孤立や対立を作り出す。個人も国家も銀河系も小宇宙も関係ない。あなたの存在の規模にかかわらず、
存在する限り、万物は『枠』を持つ。最終的には宇宙という1個体とそれを取り巻く虚無との枠、境界線が存在する。
あなたは、存在形体にかかわらず、必ず『何かから』孤立することになる。

さて、苦悩は、このように、もともと拡散して自由なあなたの本性の分子が圧縮されたために、それが元の状態に帰還しようとして、圧力を発生する。したがって、あなたはスプレー缶のガスのようなものだ。

気体であったのに圧縮されて、液体にされてしまった。

だが、ちょっと「缶に穴が空けば」、あなたは途端に解放される。

これが悟りである。

それはあなたに一点の穴を空けることだ。どんなに小さな穴でもあなたは気化する。

もともと１元的なあなたの本性が肉体存在に圧縮されることは、次の現象をあなたにもたらす。

まず、肉体という存在をあなたは意識せざるを得ない。

肉体が生存するためには、自分の肉体の管理をしなくてはならない。

その為に、あなたは年中空腹、微細な苦痛、あるいは微細な温度変化、傷や病による痛みを感じることになる。

これが原因で、あなたは孤立したあなた一人の肉体を感じる。

だから、自分を孤立していると強く感じる者ほど不幸である。

しかし、その孤立感は我々の鋭敏すぎる肉体感覚に原因がある。

他の動物は、実際には我々よりも全然タフだ。彼らはいわば鈍感で、頑丈に出来ている。これが意味するところは、彼らは肉体存在の意識が希薄だということだ。

とうぜん、それは個人としての意識が発達しない。だから群や種族としての意識が優勢になる。

ところが、地球の人類は、ひどく肉体が貧弱で過敏である。

環境変化に過敏であることがもたらすメリットは、実にささいな利点のみだ。

それはすなわち、つまらぬ、ささいな事で快楽を感じとり、つまらぬささいな刺激ですぐに苦痛と不幸になることだ。

嘘だと思うならばイヌやネコあるいは甲殻類をくすぐってみると良い。

人間がのたうつような事は決してない。彼らは鈍感だ。

それゆえにこそ、彼らは自我が軽減されている。

自我というものは、完全に『肉体感覚の鋭敏さ』に比例する。

ここまで人間が刺激に鋭敏に作られてしまえば、嫌でも我々は個人や自分の肉体存在を年中意識せざるを得ない。

そこでその自分に関する情報蓄積（＝自我）に比例して不幸が高まる。

すなわち、もともと自我のないはずの意識が、肉体に圧縮されて、しかも、生存の
維持のためには、自分の体を常に感じ取って、また管理しなければならないように
限定される。
そこで、我々は自分が本来そうであったような解放を求める事になる。
これが生物活動のすべてである。
すなわち、科学も宗教も、どんな探求者も、そして世俗のあらゆる娯楽も
そして犯罪も、実は、たった一点の目的に猛進する。
それは『限定感覚を感じなくてよい解放』状態だ。
だから、自我の発達やアイデンティティーの発達などの理想は、まるで嘘であり、
我々の衝動はすべて集中化しすぎた自己感覚の軽減、あるいは解放に外ならない。

夢中になる趣味、あるいはセックス、あるいは座禅、瞑想、なんであれ
その入り口では、あなたは感覚を強く感じるが、実際にはそのピークにおいては、
あなたは感覚そのものを強く感じて楽しんでいるのではなく、
あなたは『何にも、とらわれていない無心な状態』にいるのだ。
自己などという限定意識を維持できないような状態への手段が性やドラッグや瞑想、
あるいはあらゆる娯楽の衝動の原点である。

だが、ここに『決定的な問題』が発生してしまう。
その体験は恒久的でないために、あなたの意識は、いやおうなしに、
外部と内部を往復してしまう。
あなたの意識が本当に自我という中心から解放されれば、万事、すべてに広がれる
のに、あなたは圧縮されているために、あちこち『つまみ食い』しか出来ない。
そのせいで、あなたの意識は、強く自己感覚にひっぱられたり、
あるいは、外部の現象に深く集中させられたりしつつ、結局は、
そういう対象をさまようやり方では、決して落ち着くことは出来ない。
いつでも、あっちこっちと動いていて、完全に統一的な広がりの意識が出来ないのだ。

たとえどんなに、あなたが自分の存在感覚だけしがみついても、
地震でもくるなり、ゴキブリかネズミでも現れたら
あっと言う間にそんな集中は分解してしまう。

<u>あなたは完全に自己意識だけになることは不可能であり、
また完全に対象意識になりきることも不可能だ。</u>
座禅や瞑想などでそうした事が出来たとしても、それは数分の一時的なものだ。

もともと我々が肉体にいるかぎり、自己の肉体や自分に起きる感覚を過剰に意識し続けなければならないのは、当然であり、そこへもってきて自己を忘却などできるわけはなく、「事実にひとつとなって自己忘却」などとのたまう禅は全部失敗する。
それは一瞥の繰り返しのまま何も起きる事なく終わる。
一方、完全に自己に起きる事だけを自己想起するという修行も失敗する。

もともと広大で限定のないあなたの本性が、しがみつけるようなものはない。
事実も主体もない。外も内もない。
どちらか一方にあなたが止まることは出来ない。肉体ある限り、
あなたは嫌でも、自分と世界の２つの世界を揺れなくてはならない。

このように、苦悩の原因は
『もともと無理なことをやろうとする事』に原因がある。
無理なことが分からずにまるでそれが出来るように錯覚するのが迷いである。
<u>自我の確立も無理であり、無我の確立も無理だ。我々はその全体なのだから。</u>
かといって、全体をあちこち、いちいち、ひとつひとつ探索するのでは、
あなたは疲労するばかりである。
もともと広大な意識が部分的な肉体に圧縮されたこの時点で、既に無理があるのだから、それはどうにもならない。
あとはその<u>無理な負担を軽減してやる</u>他はない。

そのためには、まずあなたは外部にも内部にもどっちにも一方だけには加担できないのだから両方受け入れるしかない。
そしてどっちにも自分を確定して置かないことだ。
こっちが本物の自分のあるべき場所だ、などというものを持たないことだ。

私は、持たないようにせよ、と言うのではない。
もともと、あまりにも我々の意識は広大で、制限を持つには無理があるのだと説明しているのである。

肉体感覚に常に過剰にひきつけられる傾向も、いたしかたない。
我々に出来得る最大限の事は、
<u>閉鎖された集中、拘束状態を意識に感じない状態の実現である。</u>

まず、それには肉体管理である。
健康で、苦痛のない状態にしておくこと。

次に、肉体の存在感覚を希薄にするために、座禅ないしは瞑想をするが、
ただし、本書の死人禅が群を抜いて効果的である。
それは方便として一点の集中やイメージを行うが、
最終的には特定対象への集中もなく、内部も外部でもなくなるからだ。
また、でたらめな刺激の流れに翻弄されることもない。
頭頂点留意はあたかもあなたの缶に穴を空けるようなものだ。
あなたの意識はそこからもともとの広がりのある分子活動の中に気化する。
したがって死人禅が実習されると、
肉体感覚が軽減されるとともに自我が軽減される。
同時に外部の刺激にとらわれることも軽減される。
自我が軽減されたからといって、
それは自我にかわって、感覚が増えるということではない。
自己感覚も希薄になるが、外界も希薄になる。
<u>にもかかわらず、それらは『別の次元性で生き生き』とする。</u>

なぜならば希薄になってゆくのは、自己感覚や外部感覚そのものではなく、
それらへの執着だからだ。希薄になるのは、自己の自我でも感覚そのものでもない。
<u>希薄になるのは、執着なのである。</u>

だから、大悟の後は、何も意図しないのに急速な情報処理能力が付加される。

それはまったく緊張も集中もしていないまま、高速で流れ、通気がよくなる。
執着しないために、自我にもなれるし、無我にもなれるし、外部も意識し、内部も意識し、とどまることなく、動きつつも、その動きの中で静寂なままである。
したがって、特に死人禅瞑想の初期ではなくその成熟の「後期」に経験される境涯は、とどまるところがないために、いわば無知となり、何かを知るという事は出来なくなり、止めることはできなくなり、維持もできなくなり、放棄もできなくなり、まったく確定できない、
不明確そのものが意識の原点になる。

このような、とどまることの出来ない流れのなかで、とどまろうとすれば、
あなたは混沌への恐怖を味わう。だからこそ、
死人禅に唯一存在する悟後の修行とは、
分かろうとする知性が、ただ在る意識に『敗北し続けること』である。
分かるというものは、記憶に無理に保存整理しようとする衝動だ。
そんな衝動は、あなたの本来の本性に対しては無理がある。
もともとそんなことを本性はしたくないのだ。
だから、自分を意識しているのか、外部を意識しているのかも曖昧と呆然となり、
悟っているのか迷っているのかも曖昧と呆然とせよ。
あらゆる現象が、呆然と混然としたとき、
あなたの本性が『もともと無知と呆然がその棲息領域』であったと知る。
これは体験だけがあなたに実感させ得るものである。

あなたが、何もかも分からなくなれば、あなたはただ在る。
逆に、あなたがただ在れば、あなたは何も分からなくなる。
無知と只の純粋存在性は同時に起きる。
それはどちらかがどちらかの原因なのではない。
在る瞬間は無知であり、無知の瞬間、あなたは只在る。

死人禅の行法は、確実にあなたにそれを一瞥させる。
だから、その実習しか手だてはない。
禅寺の師家も、門下も、アウトサイダーの一般読者も含めて、

死人禅行法の『実習不足から来るような繰り返される愚問』には、
私はもう答えるつもりはない。

実習者のみが、質問やコメントをよこすべきであり、
その実習過程で生じる障害にこそ、
語られるべき、あらゆる言葉がそこにある。

1994 2/7　EO

第4章／楽に死ぬための瞑想法

以下の章で取り上げられる瞑想方法の効能を紹介する。

本書の瞑想法の効能

大悟

大安息

不眠症の完全治療

退屈という心理状態の根絶

口論による社会的トラブルの全滅

知性的洞察力の向上

非常識なほどの落ち着きの境地

つまらぬ心霊現象や因縁に過敏な者は一切それらから解放される

性機能は維持されたままでの性欲の減衰

不必要な食欲の減衰（＝最も自然なダイエット）

飲酒によるよりも10倍の意識解放効果を持つため禁酒に最適

その他、あらゆる欲望の根絶

死への恐怖の完全消滅

動植物や昆虫への生理的嫌悪による危害を加えられなくなる

全く理由なき、微笑、歓喜と無為自然からの行為

外宇宙生命体と対等に付き合える外交気質の養成

後遺症

もの覚えが良くなり、もの忘れも良くなる

無心、無思考状態の慢性化

物事にこだわれないために、執着機能が停止する

従って、一般的な情念による恋愛関係の維持は完全に不可能

輪廻からの解脱（平たく言うと２度と全宇宙に生まれられなくなる）

競争精神、及び闘争精神ゼロとなる

暇潰しの快楽追及と生産性と経済機構優先の現代社会からの心理的脱落。

ただし、通常の生活は可能であり、

特に目立って変人になるわけではない

*********・・・・・*********

本書の瞑想法の効能と行法の概要
悟りは沈黙の停止点である

私は、本書で存在の中心について、静寂点とか、本性とかいう言葉よりも、
ときおり『停止点』という言い方をする。事実、これよりも適切な表現がないからです。
・・・・意識の停止点・・・・
悟りの鍵は、すべてが、この『停止』にある。なぜならば、
停止の中には理解もない。
停止の中には何かを求める動きはない。
停止の中には、今しかない。
停止の中には、なにもない。
<u>停止そのものしかない。</u>

だから、私は意識の停止点を『これ』と呼んでいる。
停止には、動きはない。
意識が動かなかったら、どんな観念も、
いや観念や分別どころか、世界という知覚さえも生まれない。
それどころか、私という自覚さえも生まれない。自覚は、停止点そのものではない。
自覚が発生するには、後記するが、そこには構造的な単純な原理がある。

悟りに関しては何も古臭い禅など持ち出さなくても、この意識の停止ということに、
すべては集束される。
さて、意識がその内面や外面への動きを、一切停止すると、一瞬で呆然として、
独特の混沌とした、<u>あいまいさと空漠とした状態</u>がやってくる。
そこは空白だ。そして無意味であり、虚無感すらあるだろう。
たいていの人々は、なにかのひょうしに意識が停止して、その空白を見ると、
長くいられず、思考や自覚の感覚へ逃げかえる。

ところが、人は、結局この虚無感を穴埋めしようとして、
いろいろなものをそこにほうり込む。
学問、修行、恋人、家庭、結婚、育児、娯楽、そして座禅・・・。
<u>ところが、その空白の虚無は絶対に埋まらないのだ。</u>
我々は、それから逃げようとする。

我々は虚無を恐れるが、
なんと、実は我々は本当は虚無そのものではないのか。

だとすれば、
我々は自分から逃げようとしているという馬鹿なことをしているのだ。
空虚、虚無感、空白、停止、死、無、無意味、不毛、
我々は、いつでも、これらから逃げる。
座禅者たちさえも、いまを、ひたすら行為とひとつであることを、
はっきりと「つかもう」などとする。
そうしてこの我々、そのものである、無から逃げている。
無を仏教論理の産物だから、無になろうなどとするのは観念的な禅である、などと
言う禅師たちは、石を投げたら当たるほど歩いている。
しかし、死人禅行法をやってみれば、歴然とするだろう。
いまの、ここの、『これ』に、ただ停止したら、
我々は虚無以外の一体なにものだと言うのであろうか？

さて、こうした意識停止の結果として、
いわゆる光明とか、いわゆる神秘的な幸福感が
悟りや禅の世界にはつきものだ。それはそれで、別にいい。
しかしそれらは副産物。あくまでも副産物だ。
この、今の、この一瞬の、この空白の停止点に深く、そして長く、
ただ理屈抜きで止まることは、それそのものが世界や善悪を逸脱してゆくが、
だが、実は、逸脱してしまった、
その底辺でこそ万物はつながっている。

ひとつになる、ひたすらなりきる、とは禅のよく言う方便であり、または、
それそのものが悟りの姿だが、私は、禅が方便や最終点とするすべてのことを
逆に単なる死人禅の『結果』にしてしまおうとしている。

目指さなくても、結果として
あなたに根本的な解放と安心が訪れ、
ひたすらになってしまい、
無心になってしまい、
ただ、ただ、行為とひとつになってしまう方便。
それが死人禅である。

それはただの結果であり、そのすべての原因は実に単純だ。
死人禅は、特定の境地や悟り、あるいは自覚や認識を求めているのではなく、
また作務や座禅そのものに成り切ることを道とするのではない。
それは意識の『停止点』『消滅点』を実現する方便だけだ。

この『停止点』では、煩悩だの迷いだのを無理に落とそうとしなくても、
そもそも、それらが存在している意味がなくなってしまう。
この停止点のどこに「煩悩」が発見されるというのか？
停止点のどこに『問い』が存在できるのか？

それは、問いや自己を撲滅する必要などない。
そもそも、その停止点は、問いや自己のない地点だ。

だから、それは、必然的に
インド的な神秘科学の原理に照らし合わせても、
その中心という、空のエネルギーの流れや留意点は
どうみても、「体の中心軸」に位置しているはずだ。

そこで、私は脊椎に留意したりもしたのだが、それは線になってしまう。

だから、停止点はやはり、脳天しかない。
意識が世界を生み出す構造は、人体に対応させるとこうなる。
脳天では意識は点だが、それが眉間や人体の下の中枢との間を往復して線になると特有の自我や自覚、自己同一化を発生する。

たとえばサハスラーラ（頭頂）がムラダーラ（びてい骨）との間を往復して振幅して線となっている時、人は、肉体を強く自分だと思い込む。

脳天と胸の形成する線運動であれば、その者は感情と自己同一化するし、

脳天と喉の中枢の往復線だと、その者は記憶と自己同一化する。

そうして、眉間と脳天の線では、人は思考と自分を同化してしまう。

最後には、6.5中枢と呼ばれる前頭部とサハスラーラの線となるが、
これがいわゆる小悟である。
『ただ、これだ！』という観察が発生する。
しかし、そこには僅かな距離がある。
停止点そのものには絶対に発生しないはずの自覚がまだそこにある。

しかし7番目の脳天（サハスラーラ）は完全な意識の停止点だ。
しかし、おもしろいことに、そこは停止点なのに、
それは外部を観察できる。そして動くこともできる。自分から見るのでなく、
見えて、聞こえて、そして行為とひとつになりきっている。
禅が一生懸命に行為や座禅に精進するよりも、
とっととこの停止点に意識が停まった状態に在り続けるほうが早いと私は断定した。
あなたたちは実際に大悟した者たちをあまり頻繁には見ないであろうから、
観察したことがあるかどうか知りませんが、彼らには特有の特徴がある。
常にそうではないが、一種の癖がある。
それは、ときおり、完全に視線が停止している。
視線がピクとも動かない。その目は何も見ていない。空中を見るでもなく、

ただ視点は停止している。
それは意識が脳天に停止した時に、必然的になるものである。
そういう点では、もしもあなたたちの座禅にもうひとつ加えることを薦めてみたい
のは、座禅者は、呼吸や姿勢よりも、視線を絶対に動かさないことだ。
ただし、これは床の一点に焦点をあわせて凝視するということではない。
そうではなく、視線をくつろがせて、視線をただ停止するのである。

そんなわけで、死人禅とは、ひどく数学的で科学的で生体構造的なものです。
そこにはそれなりの論理がある。それは、宗教や禅ですらない。
それはむしろ、数学だ。算数だ。点、線、面、立体、、
これが意識が作り出す内面宇宙のすべてだ。

そして、悟りそのものは、なんのことはない。
ただ、あなたの意識が脳天の一点に
不動になって戻るということだ。
　＊＊＊＊＊＊＊＊＊＊＊＊＊＊＊＊＊＊＊＊＊＊＊＊＊＊＊＊＊

無 = 完全な無の空間のマトリックス（母体）

点 = 存在性、純粋意識（たとえるとフィルムそのもののようなもの）

線 = 点が動くことで自覚、知覚、認識を生む（写ったひとコマの映像）

面 = 複数の知覚が集まり思考を生む（それが連続して動きとして見える）

立体 = さらに思考が無意識的に高速で動き感情を生む
　　　　（ひとつの映像に別の映像をあなたがオーバーラップさせたり、
　　　　　別の映像との間をあなたの意識が往復するために感情を発生してしまう）

1993 11/8＝ EO

行法の実習
死人禅行法（基礎編）

座法とムドラー（印）

座法はなんでもよい。全くどうでもいい。ただし一度決めたら以後はずーっとその座法にするのが好ましいが、これもどうでもよく、基本的には本当にどうでもいい。そして茶碗が頭に乗せられるならどんな姿勢や足の形でもいい。

定形としては、手の組み方は、男性は左手の平で右手の「指ではなく、甲を」包むような位置である。ただし、この手の組み方は、瞑想する時の為には統一した方がいいだろう。女性は手の組み方が逆になる。一説によれば、雑念の多い知性タイプの人は左手が下で比較的雑念の少ない感性タイプの人は右手が下という説もあるが、要はあなたが、その日、その時に、どちらが落ち着くかを基準にするとよい。

そして、茶道に使用するぐらいの少し大きめの茶碗を頭に乗せる。ただし、茶碗は頭に伏せるのではない。（高価な物は必要なく雑貨店の陶器ならなんでもよい）
茶碗を乗せる位置は両耳の延長と体の中心線の交差する場所である。

ステップ1/ 視線の瞑想

まず視線をゆっくりと左右に動かします。
この場合、何かを見るのではなく、眼球そのものに意識的になり、ただゆっくりと眼球を左右に動かします。左右の往復に20秒以下の速度です。
これを5往復程度で約2分。

ステップ2/ 瞬きの瞑想

次に真っすぐか、やや下向きの視線で、ゆっくりとしたまばたきをします。閉じるのに3秒、閉じたまま3秒、開くのに3秒、開いたまま3秒ぐらいの速度です。
これも大体なので、2秒でもいいし、一定しなくてもいい。
この段階で、すでに意識は静まり、呼吸はコントロールしなくとも落ち着いてゆくはずである。この方法は呼吸をコントロールするのではなく視神経から逆に自然に意識が静まることに誘導します。約3分程度やります。

ステップ3/ 闇の瞑想

1. 目は開いたままです。半眼でもよい。目は開いているにもかかわらず、まるで外部を見ていないような、あたかも考え事に集中しているような目つきです。
そしていったん茶碗をどけて床に置いてください。
そのまま、自分の周りが完全な暗闇の宇宙で、何ひとつ存在物がない無限の空間と想像して下さい。むろん、音がしたりして気が散るのは自然ですから、無理にはっきりと闇を思い描こうとせず、静かに、徐々にその暗黒の無のイメージに親しんでください。くれぐれも、一切の光や形のイメージは禁物です。可能な限りの暗黒の空間を想像してください。約30秒行い、それが安定したら次に行きます。

2. 次に同じ暗黒のイメージを自分の体の内部に向けて下さい。
まず脳の中が真っ暗になります。皮膚一枚の下には脳も目もなにもなく、
ただ頭の内部には空っぽのただの闇の空間があると想像して下さい。
特に頭部内部への闇のイメージはしっかりとやらないと後で思考が発生します。

さらに同じように胴体や手足の内部も内臓も何もなく、皮膚一枚下の内部がすべて暗黒の空間で空っぽであると想像して下さい。約30秒。

3. 次に、これが最も大切なのですが、身体の外とか内側ということにこだわらず、ただただ暗黒の闇のヴィジョンそのものに溶け込んで下さい。これはあなたのすべての次元の身体の存在が崩壊してゆくシミュレーションと言えます。闇をただ外側に思い描くことに重点があるのではなく、その闇の静かな絶対の無の雰囲気にあなた本人の意識存在すらも溶けて、あなたを消滅させるのが鍵です。約30秒。

この約30秒の3種の闇を4回ほどローテーションして繰り返す。約6分。

4. さて、今まで目を開いて行ったこれらの3つのステップ、すなわち外部の闇、内部の闇、全面的な闇のイメージと全く同じ手順を目を閉じてイメージして下さい。
すると開眼でイメージした時よりも遥かに深い闇が生まれます。ただし
絶対に手抜きをしてステップ3の最初から目を閉じてイメージしてはなりません。
この開眼による3つの闇のローテーションも約4回行う。約6分。

ステップ4/ 頭頂への留意

1. 目を閉じたままで、茶碗を頭に乗せて頭のてっぺんの直径約2から3センチの頭頂部（サハスラーラ・チャクラ）に静かに無理なく意識を集めて下さい。

2. さて、目を閉じたままで次のようにします。
頭頂のつむじあたりから息を吸ったり吐いたりするような気持ちで自然な呼吸をしてください。通常は呼吸に留意すると鼻孔などに意識が向きますが、そうではなく頭頂で入息と出息が行われるかのようにイメージしてください。
頭頂から3秒で息を吸い、頭頂で3秒止め、頭頂から3秒で吐き、吐き終わってからも頭頂に3秒意識を止める、という繰り返しです。3秒というのは、およそでよい。

ただし、吸い込んだ息の「気」は頭頂の頭皮付近にとどめ、脳の内部へは回さないで下さい。
このようにして意識が、息を吸う、少し停止、吐く、少し停止、のいずれの場合もずっと頭頂に在り続けるようにします。これを約15分続けます。

ステップ5/ 陶酔段階

最後は、目を開いて下さい。そして、茶碗をどけて床に置いて下さい。
そのまま、ただリラックスして座っていて下さい。
ただし頭頂へは、残留している茶碗の刺激を頼りに軽く留意しておいてください。
もしもこの座禅をやっていて、途中で目を開けていられないような軽く酔っ払ったような一種の陶酔に似た感覚がやってきたらば、その時だけは目を閉じてください。

そうでないかぎりは、このステップ5では目を開けたままです。もしも陶酔感覚によって自然に目を閉じてしまう場合は、そのまま目を閉じ続けてください。
その場合には、思考はほとんど何もなく、ただ存在しています。

もしも目を閉じているうちに雑念へのこだわりが湧く場合には、再び目を開けてください。この場合は目を開けたほうが雑念へのこだわりが減ります。
時間は無制限です。耐えられなくなったり、疲労したら止めてよい。
このただ座る時間は最低10分は必要である。

ステップ6/ 死体のポーズ

最後にこの瞑想が終わった直後は、茶碗をどけて、仰向けに寝て、しばらく死んだように、くつろいでください。ただ、くつろいでそのまま5分ほどいてください。目は閉じても開いてもどっちでも構いません。ヨガでいう屍のポーズです。
以上で、ステップ1から6の全体の時間は最低でも約50分以上です。

****

茶碗の別用途その1

食事や寝る時や特別な動きを必要としない時間に、茶碗を乗せて落とさないように歩き、動くことは、身体全体に静寂さをもたらします。首を中心に余計な動きや、がさつな動きが一切出来ないために、最初は神経が疲れるかもれませんが、続けてゆくうちに、すぐに慣れます。

あまりにも我々は日常で余計な動きが多いことに気がつくはずです。特にそれは視線や首の動きにあらわれる種々の意識や思考の動きに由来します。

茶碗の別用途その2

2人以上の複数の人間の会話の時に全員茶碗を頭に乗せたままで会話をしてください。茶碗を落とさない為には、不注意に、習慣的に相手に同意してうなずく、不注意に返事をする、あるいは相手を否定したり拒否する、といった感情的行為が抑制されるために、静かに聞き、静かに話すことをおのずと、覚えてゆきます。

****

理想的な茶碗の選び方

重さ＝250gから350gの範囲で、糸底の直径は、5cmから7cmの範囲のもので陶器またはガラス。ただし、皿状のものは不可。あくまでもお椀の形である。

<u>基本行法は入門として最低1ヶ月行う</u>。そして、その後は、基礎編の仕上げとして接心（集中的期間）のために2週間の修行に入る。以下その方法である。

茶碗接心

最初の7日間は、闇の瞑想も留意も一切やめる。そして、やることはただひとつである。それは茶碗を乗せたままの生活である。
ただし、仕事をしている場合は、当然、出社の前と帰宅後に行うわけである。
茶碗を乗せては出来ないような行為、たとえばトイレ、洗面、睡眠、家事一般は別としても、それ以外のすべての時間に茶碗を乗せたままの生活をする。
すなわち食事の時も乗せたままである。(汁物を飲む時は一時的にどけてよい)
途中で、うっとおしくなっても、決して取ってはならない。電話の時も乗せたままであり、会話の時も乗せたままである。読書も茶碗を乗せたままである。

従って、この7日のうちの休日には、とうぜんほぼ、1日中乗せたままになる。
途中で疲れたら、いつでも自由に横になったり、寝てもよいが、ただし、座っている姿勢でいるならば、足を投げ出した状態であっても茶碗を乗せたままである。
また、室内での歩行、移動の時も乗せたままである。
これによってあなたは一切のがさつな行為も出来なくなり、一切の無駄な感情起伏も不可能になる。そして一切の余計なおしゃべりや不注意な言葉も抑制される。

この期間は、わざと意図して強く脳天に留意をしてはならないが、自然に留意されてしまうぶんには構わない。また自然に留意が強まるのはそれに任せていればいい。また座禅や瞑想してはならないということではないので、茶碗を乗せたままならば、座禅をしてもいいが、あくまでも、ただくつろぐだけで、作為的な呼吸や集中や闇のイメージなどは禁物である。

この7日間に守ることは、生活や動作に支障のない限りは、徹底して茶碗を乗せたままでいる事だけである。外で労働をしている場合には自宅で通算して1日約4～5時間は茶碗を乗せたままになるのである。これは非常に忍耐のいる作業である。

しかし、これは絶対に1ヶ月の基礎編の後で、仕上げとして必要なプロセスである。
くれぐれもこの接心なしには絶対に次の段階の幽暗行に移行してはならない。
(この行法期間の最大の特徴は、睡眠時間が1.5倍に異常増加することである。)

接心：第2週目

後半7日の要点は、頭頂への留意そのものにある。従って、ただ茶碗を乗せたままにするのではなく、留意が甘いとか、あるいはまったく留意されていないと思った時だけに茶碗を使う。乗せる時間は好きなようにしていい。ちょっとで留意が戻るなら数十秒でも数分でかまわないし、そのまま心地良ければ、そのまま乗せて座っていてもいい。茶碗を乗せていない時は、常に留意がなされている事が必要。
さて、この後半の7日では、平行して、もう2つ行うことがある。
ひとつは、可能な限り、「まばたき」の時に『まぶた』に留意することである。無理に「まばたき」を遅くする必要はないが、無意識にやっている「まばたき」の『まぶたの動き』を可能な限り意識すること。釈迦のヴィパサナは呼吸を見守るのであるが、死人禅は自分の「まばたき」の時の『まぶたの動き』を監視する。
『まぶた』の動きを見守ると必然的に「まばたき」はやや遅くなるだろう。無理やりに遅くする必要はないが、自然にやや遅くなるはずである。

3つ目の作業は、もしも座って自然に座禅をする時は、手を必ず後ろで組むこと。ただし、ちゃんと印を作る必要はない。指の先どうしが重なっているだけでいい。
座って尻の後ろで手を組むことは、肉体の前面に対して無防備になる。
これが心理的に、あなたから自己意志の『やり手』を落とさせることになり、また肉体の中心軸だけに意識が固定されるので頭頂留意を加速する。
もしも手が疲れたり痺れてきたら、手は前に組んでもよい。
さらには、散歩の時なども、持物がなければ、手を後ろに組むのがよい。

まとめると、
1. 一日中留意しっぱなしにするために、こまめに頻繁に茶碗を使う事。
2. 「まばたき」を可能なかぎり見守る。
3. 座禅または歩行の時に手を後ろ手に組むこと。

行法の実習期間の注意点

基本行法は瞑想する時間帯はどこでもよいが、毎日かかさず<u>１ケ月続けること</u>。

1＊＊
<u>サハスラーラ・チャクラを意識の定位置となるまで</u>、静かにそこに意識を留まらせること。禅や瞑想や公案や何よりもこれを順位の一番にしたのにはそれなりの経験的な論拠がある。

＊＊サハスラーラ＝(頭頂の部分のこと)

2＊＊
日常で可能な限り無為であること。全く何もしない時間を作ること。
生きるためのぎりぎりの活動以外は何もしないか、死人禅瞑想をすること。
特に、避けるべき事は、<u>思考を使って根をつめる作業すべて。</u>
たとえ趣味であれなんであれ、それらをやめる事。
世間で余計な事をせず、気にかかるような他人との問題を作り出さないこと。
たとえ楽しい関係であれ、嫌な関係であれ、どちらもほぼ全くなくしてしまうこと。どうしても残る世間の関係者はおのずと残るものである。

3＊＊
可能な限りの無観察と無学習。生活の雑事は無駄口や不平をたたかず、
さっさと片付けて、生活全般に一切余計な心配や仕事を増やさないこと。
必要以外の言葉をしゃべること一切禁物。必要以外の物事の観察も禁物。
読書、テレビは極力ほとんど見ないまでに減らすこと。
意識の覚醒には膨大なエネルギーを必要とするために、
<u>無駄口は真っ先に禁物であり、現象の観察すらエネルギーを節約すること。</u>

4＊＊
<u>よく眠る事。最低平均８か９時間。</u>理想的にはそれ以上いくらでも。
４時間以下の睡眠時間が２日に渡ることは禁物。
意識の覚醒には膨大なエネルギーが必要とされるからだ。

5＊＊
前記の「死人禅行法」を行う。実習前には、充分に腰や首を捻っておき、
また顔をマッサージしておき、瞑想中に身体が気にならないようにほぐしておくこと。

問いを使って悟りに至る道
公案

古来からの禅のような問いをするよりも、あなたの「存在感の手前」に戻ることがここでの要点だ。前記の茶碗をどけて目を開いた状態のステップ5で意識が陶酔状態に行かない場合には、ステップ5の時に、静かに次の問いに切り替えてもよい。

1. ステップ5のまま、次の問いをせよ。ただし、これは知的な、論理的な問いではなく問いそのものが瞑想そのものだ。ただし意識は頭頂留意したままである。
あなたがまず、茶碗を乗せ、瞬きをゆっくりして、視線をボヤけさせて落ち着いていると、あなたは体を感じる。
次に脳天に意識があると、皮膚感覚や周りの音よりも、あなたはあなたの意識の存在を感じる。つまりあなたがただそこに『いる』という存在感だ。
まずそのまま存在感を感じ取り続けなさい。

2. そうしたら、その「いる」という存在感をあなたが感じる以前、つまりその『直前』をつかもうとしてみなさい。存在感覚が起きる直前に留まろうとしなさい。
あなたがあなたの存在そのものを感じる以前のその手前には何があるのか?
・・・・・・・・・・・・・・・・・
瞑想や座禅というものが、そもそも何かを内面に見たり、認識したり、理解したり、観察したり、知ったり、経験したり、あげくには、悟りを得たりするものだなどという一般的な誤解を完全に抹殺するためにこそ、この方法が編み出された。

真の瞑想者は無や暗闇や光をイメージするのでもなく、
真の座禅をする者は、自分の本性や何かを理解するために座るのではない。

彼らは最終的には<u>対象物としては</u>、何も見ておらず、何も感じてもいない。
自分の存在すらである。

<u>対象物としての</u>ところにアンダーラインを引いたわけを理解するがよい。

別に彼らは盲で聞こえなくなっているわけではない。そしてそれどころか、普通に歩き、しゃべりさえしている。全くの行為の中においてさえ、彼らは何も対象としては見ても聞いてもいない。自分の存在すら感じてもいない。
ただし、彼らは『しっかりと存在して<u>いる</u>』。

彼らは彼らの中にいる。
彼らの『中心に』留まる。
<u>それ以上の中心というものは存在しない場所</u>にいる。
それ以上の内面などは観察できない中心そのものに<u>なっている</u>。
中心に<u>なっている</u>ということは、それを<u>見てすらいない</u>ということだ。
ただ、中心に在り続け、いるだけだ。ただそのようにいる。

その中から彼らには行為が自然に起きている。
もう、それ以上の手前などには、一切の何もない場所だ。
だから、そこに迷いや悟りがあるわけがないのである。

1993 3/20 EO

****

次に掲載された詩句は
その意識の中心へ至る問いのヒントである。

意識の中心はどこにあるのか？
現代のシャーリープッタたちへの詩句

・・・その時、私はもう何も感じとろうとするのをやめた。
見るのも聞くのも、やめた。
かといって、見ないように、聞かないように頑張っているわけではない。
ただ、何かを振り返るのや、捕えようとするのをやめた。
「いることにいる」ことにした。
ただいることにした。
「いる感覚」にひたるのでなく、
そんな感覚をも無視して、ただいることにいるようにした。

そうしたら、私の目はまるで空漠の精神病患者のようになってしまった。
姿勢も崩れて、だらしなく、まばたきが遅くなって、
動きが何もかもスローモーションになった。
自分がどこにいるのか、自分というものがどこにいるのかと言うと、
どうも、頭のてっぺんか、てっぺんから少し上空に浮かんでいるようだ。
だが、別に浮かんでいる場所から周りを見ているのではない。
ただ、どうも何かのエネルギーの張り詰めた中心のようなものが、頭の上にある。

そのまま、私はただ、いることにいる。
自分の存在感すら振り返らず、考えず、感じとろうともせず。そうして、いると、
それが、実は存在感ではないらしい。
これは存在「感」ではない。

人間は、見たり、感じたり、動いたりするときに、
存在感を感じたり、現実感覚を持つと言うが、
こうして全く停止しているときには、どうだろう??
存在「感」とは、一体なんであろうか??
存在感という「もの」をつかもうとしてごらんなさい。

実は存在感なんて連続したものでは、あり得ない。
ただ、存在が在るだけだ。
在ることに在る。いることにいる。
さて、私はこの部屋にいる。

『存在』というのは、存在感よりも早いのだ。
『存在』の方が、存在感より以前に在るのだ。

物や理想や情報を人は求める。
精神世界ではその同じ物がただ「珍品に変わった」だけだ。

では、何かするとしても、最も最初に人は何をするのだろう？
我家という意識からの、最初の散歩の一歩は、
それは、感じるということだ。
思考や概念や目的以前に、
意識が感覚世界へさまよい出るのが最初の出家だ。
その初めの一歩を、ためらってみよ。

そして、こうしてごらんなさい。心の中で、当たり前のことを言いなさい。
「私は、いる」、、と言うのだ。

さて、そう言った後には何がある？？

さて、もう一度である。
自分がいるのをしっかり感じて「私は、いる」、、と言ってごらんなさい。
その後の余韻に何がある？

次にもう一度心で「私は、いる」と言ってごらんなさい。
では、そう言う直前には何がいた？？
言う前には自分がいる感覚があるが、
では、その存在感覚を維持して感じ続けようとしてごらんなさい。

実はそんなことすら出来ないのだ。
実は、あなたのただの存在の実感すら、それは途切れ途切れなものなのだ。
たとえ、あなたというただの存在感であれ、<u>それすら途切れ途切れな感覚だ</u>。

何度でも試すがいい。存在感を感じ続けようとしてごらんなさい。
きっと、その緊張は長く続かない。

一方、自分の存在を感じとろうするのをやめてごらんなさい。
もう、感じ取るのなどやめて、ただ存在だけして
「いて」ごらんなさい。
何かをつかもうとなどせず、何かの実感や自分の存在感をも無視して、
いることに専念してみよ。そこが・・・・
存在の我家だ。

そこがすべてだ。

そこがTAOの本拠地だ。

空と<u>無</u>。

そこが真の仏教寺院だ。

ただいるものがいる。あるものがある。

そして、

あるもないもなく、

ないもあるもある。

分からなかったら、もう一度自分がいると感じて、
自分がいると心で言って、さて言ったそのあとに
『残るのが何か』という問いを繰り返してごらんなさい。

私は思考と思考の間を見守れと絶対に言わない。
そんな古い手では人は我家に止まらない。
すぐにまた思考の散歩を始める。

私のタントラ・ヨガ瞑想、
私のラマナ・マハリシ瞑想、私のヴィパサナ瞑想、
つまり私の基本的な公案はこれだ。

<u>あなたの存在感と存在感の間隙には何があるか</u>???

あなたの存在が「いる」と「いる」の間はなんだ‼??

　　　　　　　さぁー、それが何であるかを
　　　　　　　　沈黙をも用いず、
　　　　　　　　言葉をも用いず、
　　　　　　　叫びも、息も用いず
　　　　　まばたきも、表情も、笑いも用いず
　　　　　　一寸の体の動きも用いず、

　　　　　　　　あなたの存在が
　　　<u>在ることと、在ることの中間は、一体なんであるか</u>、

　　　　　　　　さぁー、答えてみよ。

──質疑応答──

瞑想者たちに根本的変化を与えた死人禅行法の原理とは何か？

質問 = あなたのメソッド『死人禅』では、さかんにサハスラーラ・チャクラが登場しますが、それはクンダリーニヨガなのですか？あるいは他の何かの修行法と、たとえばチベットのポワの行法と関係があるのですか？

回答 = この問題は基本であり、また非常に入り組んでいる。
まず、チャクラや、なんとか体という霊的身体次元のレベルにはあまり私は興味がない。また、クンダリーニなどは全く論外だ。そしてポワの行法では、頭上に観想した阿弥陀などにハートから光の滴を飛ばすといったイメージを使うが、こういうイメージを全く使わない。
また、体外離脱が目的でサハスラーラに焦点をおいているわけではない。
これらの死人禅行法は、他の体系の方法と混ぜたり、混同しないことだ。
・・・・・・・・・
この問題が持ち上がったのは、私が大悟してから約4ヶ月以上経過したころだった。いわば、質問者がメソッドの手掛かりを欲したので、自然に私もあなたたちとの間に道を探してみたわけだ。
そしてこれは加速的なエンライトを可能にするという結論がその後1年の試行錯誤でも確認された。その『論理的理由』も非常に明確なものだった。
そして数カ月の間に出会った重要な文献でも、遠回しな表現であってもこの頭頂の空間に位置するエネルギー中心体の問題を扱っていないものは、ほとんどなかった。

ダンテス・ダイジの行法はまさに身体の死と、このサハスラーラの意識の覚醒を目的の「ひとつの部品」としており、またバーナデット・ロバーツが「究極の観察者が一体何なのかは、とうとう見付からなかったが、ただそれは、どうやら頭上前方の少し離れた空間にあるようだった」と述べている。

また、元来、禅の座禅は視線を下向きにするが、もしもこの場合に臨済宗の伝統的な行法のように腹に集中するのではなく、自然にしていれば、おのずと力みが抜けて意識は頭上に上昇しやすい。禅の半眼には、サハスラーラへ意識が上昇する効果が、ほんの僅かに含まれている。

一般的に言えば、この中枢は、他の段階を通過した最後に開発されるべきものとされたり、あるいは他の下部中枢とバランスよく使われなければならない、という定説がある。すなわち、『上に上がったのち、下に降りよ』とか、
『上にあるがごとく下にもあり』を狂信的に実行する魔術師タイプの者の論理だ。
それはそれでかまわないが、
中途半端に、生命のこの上下の振幅もさほどダイナミックでないようなダラダラした生活を何年も続けるぐらいならば、数カ月で肉体に負担がかかっても、一度は、すべてが無形で無名で、純粋存在性と虚無に吸い込まれる、この上昇経路に没入した方が、アートマンや真我の探求だけに関して言えば、無駄がない。

それに、もしもこれをやれば、あなたたちの通過の不十分な中枢が必ずあなたの足を引っ張るだろう。どれが、ひっかかって残っている自分の障害かの自覚にもなるものだ。
この中枢に重点をおいたのは、経験的なものがほぼ9割以上だ。
しかし、あえて論理的に言えば、肉体上に位置するいかなる他の中枢も『二元性』に基づいて機能しており、したがって1元性をモットーとする覚醒、ニルヴァーナのためにはそれらは不向きであり、不向きどころか、
否、完全に不可能といってもよいだろう。

アジニャーチャクラ（眉間）にエネルギー体を形成したりして30年とかあるいは一生そこに集中しても、サマーディなど起きるわけがない。
その位置はもともと二元性の本拠地だからだ。
チベットの文献で、一体このチャクラに何枚の蓮が描かれているか？
それは「2枚」の蓮の花びらだ。
そこは、もともと停止する意識のフィールドではない。
それは常に意識が何かを検索しようとする動きの中枢であり、また、たとえ集中さ

れていて意識が動かなくても、その集中そのもののためには瞑想の『対象』がある。
だが、サマーディでは、対象と主体が区別出来ない。
だから、対象を持つ瞑想のすべてが、すでに意識が２分化された状態なのだ。

さて、闇の瞑想についてだが、私が闇に瞑想しろというときには、闇は初めのうちは、ただのイメージとしての闇であり、対象としての闇である。
だが、それは、短時間に、概念としての闇ではなく、本質的な意識の闇に直進するようになっている。始めはただの闇のイメージだろう。だが、何もないというイメージは、アジニャーチャクラのイメージ機能それ自体を急速に自滅させる。だから、他のものを観想するよりも、本質的なイメージを越えた次元に移動する『橋』になる。あくまでもイメージは偽物の橋にすぎないが橋そのものにとらわれてしまうような、他の対象物よりは、闇や無の方が、はるかに「まとも」だと私は感じた。

さて、サハスラーラの問題ですが、
この意識の２元性や対象化、あるいは意識の動きがもしも停止したら、必然的にあなたの意識は内面においても水平方向に対してチョロチョロ動かなくなる。
そうなったら、意識の行き場はひとつだ。それは垂直の方向だ。

そして、肉体があるかぎり、その上昇は一定の位置で止まる。
それがサハスラーラか、あるいはそれより数十センチ上空だ。
それ以上離れたら生きている肉体とのリンクが失われる。そこは、肉体とのぎりぎりの接点だ。だが、そこがまた生死の接点でもあり、その接点にだけ、悟りやサマーディがある。そこ以外にはあり得ない。なぜならば、肉体そのものが、それ自体が、霊的な身体をも含めて、常に２進法的に振幅し続ける『強制的宇宙産業である動き』を停止できないからだ。だが、サハスラーラだけでは、すべての動きは停止が可能だ。停止が完全なものに至ると、それは確実に21日もあれば、肉体に止まれないで死ぬだろう。
だが、普通に生活している環境では、そこまで純化されることなく、適度な雑事に囚われることで、ソフトに濃度が薄まるから、もっと穏やかなサマーディになるだろう。
TAOや禅では、思考や概念をいくら変えても、何も変わらないし、

また丹田だのと言って腹を作ったり、
また、マンダラなどのイメージ対象に集中しても効果はない。
また肉体的なワークもあまり役にたたない。
そして、さらには、自己分析や理解や反省機能も無駄だ。
したがって、改善という看板を掲げるセラピーはすべて失敗する。
いわゆる「考え直す」「考え方を変える」とか「考えが変わった」などという思考次元にいる限り、TAO はあなたの門を開かない。

だから、TAO はいわゆる教化のための説教を持てない。
それは倫理や戒律ではないし、人の心や思考に訴えかける次元のものではない。
どういう考えを持ったらいいのかではなく、『一切の考えを撲滅してしまえ』というために無数の事をブッダたちは語ってきたのだから。

内側に思考もなく、外に向かう感覚もなく、そして自己の存在意識を感じるという自覚さえもなく、
ただ『存在する』『ただ在る』『いる』そしてそのまま無疑問で、無目的で、ただ、<u>その状態を振り返ることもなく、その状態に在り続けると言ったサマーディは、あなたのいかなる達成心や努力でも不可能だ。それは絶対的に無努力だ。</u>
その無努力という観念やこだわりすら越えて、本当に無努力になってしまう鍵がサハスラーラ（頭頂）にある。したがって、サハスラーラが開発され始めると、退屈もイラだつこともなく、何時間もただ存在するようになり、仕事から解放されて空いた時間を、無為で無学習で何日も過ごすだろう。特別に瞑想すらしない。
というのも、すでに生活のすべてが瞑想そのものだからだ。
ただし、<u>死人禅の 6 つのステップを毎日毎日最低 45 分から 1 時間は続け、また歩行禅も続けるとよい。</u>これらが本当にちゃんと毎日毎日続けられるならば、10 日で変容は始まり、さらに 1 ケ月から 3 ケ月もすれば、悟りは起きる。さらに半年から 1 年の間には、何度も神秘的な至福体験をするだろう。だが、そうした体験に止まらずこだわらず瞑想は『ただ続けられる』べきだ。
そうすれば、どんなにサハスラーラが全く機能してなかった人間でも
3 年以内には、ほぼ大悟、光明への道に踏み込むだろう。

さらに、これは普通に生活していての話であり、寺やアシュラムで集中的に一定期間、労働を殆どしないで、他人と全く接触せずにこの方法に打ち込めば、それはもっと加速され、数カ月であなたは大悟するだろう。

問題は迷いをどう解決するかでもなく、迷いとどう戦うかでもなく、迷いをいかにして無心にするかでもない。迷っているその「あなたそのもの」が死ねばいいのだ。

その「あなた殺し」のテクニックが私のサハスラーラへの上昇方法だ。

そして、茶碗をなぜ使うのかは、さしたる理由もありはしないが、それは、持ち運べるので、頭にのっけただけで、場所に関係なくあなたは瞑想的になるきっかけになるからだ。
普通の瞑想というのは、その振動レベルがかなり低いために、一定期間、定められた部屋や場所で数週間行わないと、その『場が磁化』されない。一旦磁化されれば、その空間に入るたびに、瞑想がすんなり行くようになるが、これは生活環境の理由で不可能な人達もいる。だから、あなたの瞑想道具は茶碗一個でいい。

また瞑想中に闇のイメージも、頭上への集中も、陶酔感覚も、うまくいかないとしても、<u>故意に行うこれらの瞑想を離れて、普通にしている</u>生活の中で、突然に瞑想中にはうまくいかなかったそれらが、自然に『起きる』ことが増えるに違いない。

『死人禅メソッド』と、『第2段階目の行法（幽暗行）』以外に、
私の原稿で重要なものなど何もない。
私が述べた他のものは、すべてあなたの概念、観念、思考のゴミに付き合って、
『その掃除をしなさい』と言うための方便にすぎない。
その理由に納得しないとあなたたちは、いつまでもゴミのような思考を溜め続ける。
だから、私はあなたに<u>瞑想をさせる『口実』を山ほど語って来たにすぎない。</u>
あなたが私の原稿について、あれやこれや、何カ月も検討している間に、ある者が数日でただ『死人禅メソッド』を行っただけで、私の語るすべての事を承諾してしまう、という事もあるものだ。実際、私の原稿を読んで検討などしている人達ではなく、何よりも実習を第1にした人達には、どんどんそれは即座に起き始めた。

あなたは、まだ食べてもいない悟りという果実の味について、百もの説明や反論や論理を私に対して展開するだろうが、その<u>実践者</u>は『食べてしまった』のだ。あなたの百の論理も経験も記憶も、彼らの知った『味そのもの』の前では、ただの言葉に過ぎない。

悟りに、理屈をつけるのは、悟った後でもよかろう。後でなら好きにすればいい。
ただし、その後には理屈など知ったことではなくなるという現象が起きるのが確実である。だから、ブッダたちというのは、とにかく、仏性への勧誘に関しては、
ほとんどサギ師であり、『大嘘つき』だと言えるだろう。
彼らと契約し、そして悟ったら、
それは、もう手遅れだ。
あなたは
論理など一切捨ててしまうだろう。

1993 7/2 EO

瞑想状態に思考が口を出さないこと

質問＝ときおり、瞑想しながら、私は歩いていて、あなたの原稿にあちこちに書かれた言葉の断片を思い出すことがあります。
そんなとき、「ああ、この事を言っていたのか」と思うことがありますが、このようにして悟りは深まるのでしょうか？

回答＝実にいい、質問である。つまり**愚問**という点で、最高級だ。
そんな比較をするスキを作ってはならない。そんな私の言葉が浮上するスキがあってはならない。
そんなふうにここで質問するあなたも、いてはならない。
あなたは、ただ「いれば」いい。いかなる確認も駄目だ。
確認は２つのものを並べる行為だ。したがって、それは２元的だ。
他人への方便として語るならばともかく、あなた自身に対しては、
この２元性の習慣を、もっと瞑想することで打破すべきだ。
成長しているなどいう「たわごと」は必要ない。
うまくいっているだの、駄目だなどと言っているあなたがまだそこにいる。
小利口になってはいけない。
私は「あなたを殺し続ける」と言った筈だ。
だから、あなたでなく『それ』がそこにあり、『それ』の中から質問して欲しい。
あなたのその段階では、「死に切る」放棄のタイミングに慣れる必要がある。
それはとにかく速めに瞬時にすることだ。
死に切るとは、言うまでもなく思考で無心を目指すのではなく、
これまた、さっさとサハスラーラに『飛ぶ』のだ。
それこそ「ジャンプ」ですよ。
導師があなたに「ジャンプしろ」と言っても、あなたたちはどこへジャンプすればいいのか分からなかった。あるいは「断崖から奈落へジャンプしろ」と受け取っていたかもしれない。だが私はこうしてちゃんとその「場所」を指定しているではないか。だからジャンプだ。自分の状態を比較や確認や自覚や、あるいは保持しようとするエゴはグズグズとグズるだろうが、
それに構わずジャンプだ。

始めは、自分が馬鹿みたいに思えるだろう。
そのうち、あなたは本当に馬鹿になる。
そうなると、自分を馬鹿とすら思わなくなる。
そうなれば、ただの馬鹿になっており、
それが、『それ』だ。
そこが、『そこ』だ。
あなたは、ただ、存在する。
そしてただ、ありのままに生きて、
そのクライマックスには
ただ、静かに
絶対の静寂の
至福の中で死ぬ。

なぜ、第7中枢が重視されるのか？

このように、第7番目の中枢、すなわちサハスラーラをだけを直接のメソッドにする体系というのは、実のところあまり存在しない。
ヨーガではここを最終目標とするものの、途中に通過する別のチャクラがいちいち問題にされる。禅においては、頭頂などは、全く問題にすらされない。
一方中国では、気をサハスラーラより少し後ろに位置する穴（百会）から取り入れて体を循環させるが、足や手からそれは出て行くような経路を流れる。
ユダヤのカバラでも、頭頂はケテルの座として扱われるが、決して中心的な機能ではない。
このようにいろいろな体系は、サハスラーラを<u>ひとつの部品</u>としては扱うが、そこを『住み家そのもの』とするわけではない。

しかしながら、この座、サハスラーラチャクラを中心とする体系がたった2つだけ存在する。それはクンダリーニヨガ、そして道教の出胎の技法だ。

和尚ラジニーシはかつて『般若心経』の中で7種類の人間について、7つの中枢の機能との関係で説明していたはずだ。そして、人がブッダとなったとき、その者はそのまま瞑想したままならば、数日かせいぜい21日しか生きられず、そして、もしも俗に戻って、世間で暮らしたとしても、数年しか、肉体や個別性のあるアストラル体に留まれないということも。
また、『反逆のブッダ』の中でラジニーシが父親のダダーの死に際して、彼の頭に手をおいて、ダダーが6番目の扉から飛び立ったのか、7番目から飛び立っていったのか、確認する場面がある。そして彼はそこで言う
『もしも、人が6番目を通過して死んだのなら、あと一度生まれなければならない。ダダーは7番目から飛び立った。もうここへ戻って来ることはない』
通常はこのサハスラーラは6つの段階をへて、その最後に使われるものだ。だが、私は<u>順番を逆にする方法</u>をあなたたちに薦めている。

最初にこの中枢へ意識が固定されるように振り向けられるならば、
少なくとも、他のどんな方法を使用するよりも、容易にあなたは小悟を一瞥する。

なぜならば、7番目の中枢、では思考そのものが存在出来ないからだ。
無理に思考を止めたり、あるいは思考と思考の間隙を見付ける瞑想をするよりも、あなたたちは自然に思考を落とすことが出来る。
ただ、初期には、なかなか、そこに長くはいられない。
寝ても覚めても、歩いてもしゃべってもそこに在り続けるには、少々通過する時間がかかる。
単に瞑想の時だけサハスラーラに一時的に集中するのではなくそこを意識のありか、ベースの座としてそこに住むとなると、問題が発生するからだ。
だが、それでも、他の道よりもいくらか優れているのは、最初に一瞥してしまえば、あとは、自動的にカタルシスが発生するからだ。
サハスラーラからは声があなたにかかる
『早くとっとと6つを整えてここへおいで』と。

もしもこの7番目の中枢を作動させると、あなたたちは、他の6つの中枢で、まだ心残り、すなわち、十分に生きなかった器官があると、まっさきにそこに引き付けられるという現象が起きる。
そういう点で、この私のメソッドは個人的な修行者や一般社会の人達たちにとっては扱いやすく、一方、禅寺の雲水にとっては、かなり不向きなものとなる。

なぜならば、世間から隔離して、閉鎖された寺の中では、他の6つの中枢を通過するための環境がないからだ。
一度寺を出て、もう一度人間が通過する6つの段階をやり尽くさなかったら、彼らは7番目の中枢が発達し始めた時点で、各自がやり残した問題を一気に噴出することになる。その時、寺では収集がつかない。
なぜならば、性の問題や愛、あるいは、知的な情報の学習、霊的な感覚学習、肉体的問題から娯楽、創造行為、人間関係に至るまで、それらに決着を付けるためには、世間がもっとも優れているからだ。
だから、それらの問題に片がついたら寺へ戻ればいい。これは年令には関係ない。
年をとっていても、家族や社会から逃げて、若くして寺へ入ったような年寄り坊主などには、やり残した問題がそのままになっている連中が、実に多いのだ。一方たとえ25歳ぐらいでも、とっとと世俗の生を満喫していれば、さっさと重荷を降ろ

すことができる。もっとも前世ですでに生の満喫を終えている者は、もっと早い。

常に原則として、
あたりまえの、日常的な人間生活をやり残した重荷は
結局、それはあなたがサハスラーラに住み着くのを最後に足を引っ張ることになる。

このようにサハスラーラへの意識の移動は加速的に『何を片付けるべきか』を
それぞれの個人に明らかにする。
そしてカタがつけばつくほど、あなたは長くその座にいられるようになる。
だから、私は最初に、まずここへ集中してみなさい、とあなたたちに言う。
そうすれば、数日後には、どこかの他の中枢があなたを引っ張るはずだ。
性欲、知識欲、霊的な現象、人によって異なるが、どこかの中枢が
不足した分のバランスを必要とするだろう。どこが、通過しにくいブロックである
かをあなたは導師などにお伺いを立てなくとも自覚できる。

そういうわけで、自動的な補正が発生するので、いろいろと、あれこれ道を模索する無駄な遠回りを極力あなたたちは避けることが出来る。

次に、このサハスラーラが
決定的に、他の６つとは異なる機能を持つことについて記憶しておくとよい。

他の６つの中枢、あるいは肉体というものは、足は歩くためにあり、手は作業のた
めにあり、腹はエネルギーの蓄積のためにあり、性センターは性エネルギーの為に
あり、胸は感情のためにあり、のどは記憶、眉間は思考や意志のためにある。
目は見るため、耳は聞くため、口は食べるため・・・。
何もかもそれらは『生』のためにある。生きるためだ。だから、それらの器官は、
もともとの属性が、生きること、にプログラムされている。
だから、そうした器官を通じて『静寂』に到達するのは困難だ。
もともとそれらの肉体を、あるいは知性、本能を司る器官は完全に休息して『死ぬ』
ようには作られていない。
それは絶えず２進法的にエネルギーを交換して、

落ちつきなく動き続ける必要がある。というより、そのように何種族かの銀河系の
プログラマーたちによって我々地球の人類が「設計」された。

ところが、ただひとつだけ、サハスラーラは違う。
あなたたちは、他の6つのチャクラならば、
<u>生の為のなんらかの機能性を見い出せても、ここ7番目には、生きるための属性、
生にまつわる機能が何ひとつない</u>、ということを洞察してみるとよいだろう。

古来より歓喜や至福の座とは言われるものの、しかし、
それは生存欲の属性に所属していない。

他の中枢への集中は、あなたに生きるための何らかの力を刺激する。
ところが7番目は、ただあなたに静寂、あるいは、ひとときの無思考をもたらす。
まったく、この中枢だけは生に属していないかのようだ。
というのも、事実この7番目は『死の為にある』からだ。
<u>通常は死ぬ時にやっと機能する。そこが肉体からの出口だからだ。</u>

他の中枢は生きるために絶えず動いている。だが、7番目は死ぬ準備がある。
だから他の中枢にあなたの意識の重心があるかぎりは、思考も感情も、
それらが生み出す迷いや不安、疑問、から抜け出すことは不可能に近い。
一方この7番目の座では、そもそもそれらが初めから存在しないがために、
無努力であなたは無思考を手にするだろう。

最低の努力はただ、そこへ上がるという意識の上昇だけだ。一度上がったら、何の
ためにそうしているのかすら忘れてしまうはずだ。瞑想の目的すら忘却してしまう。
だから、7番目でなら、あなたは「くつろげる」。

悟りはその無知性の中で体験されるものだ。
悟りすらなんだか分からなくなるのである。充分に発達したサハスラーラとなった
とき、あなたは、そもそも『ただ、いる』だけで充分だったことを痛感する。
そこには、いいも悪いもない。目的も希望も絶望も何もない。

何もなくただ『いる』あなたの存在性だけが、我家だったことを知る。

だが、その前に『支払うべきもの』がある。それは、
あなたの心が、すなわち6番目の中枢が
闇によって自滅して死んでしまうことだ。

これは覚えておくべき原則だ。
<u>希望のないところに絶望は存在できない。</u>

あなたが絶望するとしたら、それは何かに希望を持とうとしているからだ。だが、
全面的な絶望のもとでは、何も存在出来ない。本当に絶望する、ということは、
「望みが達成出来ないことに対して」、悲惨になったり、悲しむことではない。
普通はその苦悩、苦しみを絶望と呼ぶ。だが、それは用語が間違っている。
世間の言う絶望とは単なる『裏切られた希望』の産物にすぎない。

<u>私が言う絶望とは、望みが根本から断たれることだ。</u>
もしもあなたが、世間的な一切のことから、精神的な一切の事まで
何も望まなかったら、あなたはどうなる??
<u>全くの無知で、無欲で、ただいるだけだ。</u>

そのただいる状態が落ち着かなかったり、不安になるとしたら、
それはあなたが何かをまだ内心望んでいるという証拠だ。
それは悟りかもしれないし、あるいは楽しみかもしれない。
さらには、それは生きることそのものの苦悩を終わらせたいという
死の願望であるかもしれない。
だが、いずれにしても<u>何であれ望みというのは静寂や無の中に住むことは絶対的に
不可能だ。</u>

無の静寂に住めるのは、望みのない、いわば世間で言うなら、
夢も希望もない最低の、存在しているだけの、『ただ者』だけだ。

そして、その無心のくつろぎの中でしか、あなたはブッダが夢と言った、
この思考宇宙そのもののマーヤ（幻影）から、覚めることは出来ない。

7番目の中枢には、その鍵があり、そして旅が極力、短かくてすむような道がある。
そして、それはあらゆる意味において、死にあなたが直面することになるだろう。

さて、死について、厳密にここでもう一度定義しておく。

この地球で、死について直面したのは、仏教、TAO、禅だけだ。
他のすべての宗教、魔術、神智学、は厳密に言うならば、
死をただの肉体の乗り換え、あるいはただの通過だと勘違いしたようだ。

極楽、天国、あるいは高次元、あるいは転生、そしてまた他の発達した惑星や、恒星や次元階層への転生。これらは死ではない。それらは、ただの移動だ。

そして実際にそのように、ただの移動だけが行われている。
これらに属するあらゆる宗教徒のやっていること、信じていることは、
それが事実であれなんであれ、
決して人をひとりのブッダにすることはない。
絶対にあり得ない。

それらは、まるで死を休息か夜の眠りとしか考えていないからだ。

だが、そういった死にまつわる軽率な論理もイメージも

決してあなたたちを『飛躍』させることは不可能だ。

全くそれらは世俗的な幼稚な精神だ。

あなたは、そう簡単には死ねない

あなたが現実に自分の死を体験した場合に、2つの道がある。
ひとつはブッダたちが言う死。
そして、もうひとつは輪廻だ。

実際に死ねば、あなたたちは知る。まず肉体から離れる。その段階で生きていたときには、想像も出来なかったような自分の肉体と、物質世界への執着が沸き起こる。ふっきれたふりをしていた坊さんも本番では、したたか恐怖するだろう。

さて、いよいよ死んで、仕方なく、あきらめたとして、次の方が問題である。
エーテル体とアストラル体の崩壊が始まる。つまり『自分が死に始める。』肉体は死んでも思考体や個体性は残る。その思考体と個体性が溶解を始める。この段階で、もしも思考や記憶と自己同一化をしていたり、個別性としての自分というものをもっていたら、あなたは気が狂うほど恐れを持つことになる。そして事実、その精神体そのものが、無に帰するという不安に取り付かれたために、あなたや私は別の肉体へ飛び込んで、いま、ここにいるわけだ。
通常は、一種の疑似的な、つまり偽物の安堵を感じさせるシステムが死の直後にあって、殆どの人間がその方向へ誘導されてしまう。

もしもあなたが徹頭徹尾、無心であれば、いかなるヴィジョンもない。
ただ死ぬだけだ。あなたはただ虚空へと消える。そこになんの不安もない。
あなたは本当の我家へと帰還する。つまり完全に大海へと消える。
だが、もしも無心でなければ、自己が崩壊してゆくのに抵抗して、<u>あなたは自分が何者であるかの夢を勝手に作り始める。</u>
死の体験をして戻って来たと称する人間のほとんどがこれをやらかしたのだ。

だから7番目の中枢から出て行くなら、人は戻ってこないが、
死んで7番目が開こうとする、まさにその時に、
多くの人は6番目、すなわち眉間のアジニャー・チャクラに引っ掛かってしまう。
そしてそこで夢、すなわち思考やイメージにしがみつき、生へと戻って来る。

それは本当の意味での死ではない。
サハスラーラへ瞑想した結果、あなたが数カ月、数年かけて浮上させるような、
精神の歪み、やり残し、こうしたものが、<u>死の本番に直面すれば、準備もなく突然に一気に浮上する</u>。そうなったらあなたは今生きている時に一切の執着を放棄できなかったら、死んだ時に放棄できるはずがない。
だから、我々の言う、『本当に死ぬ』練習が必要になる。

すでに本書で述べたように『死の恐怖』の本質とほとんど全く同じような縮図
そのミニチュアがあなたの『怒り』の原因だ。
あなたが怒りや不満、不安を引き起こすという事は、それはあなたの精神の何かが
殺される、消される、失われることへの恐怖と抵抗に由来する。
他人に対して、全く自己防衛からくる怒りが消え失せるまで、生きているこの間に
精神や知性、つまらぬプライドが死ぬことを当たり前のことと出来なければ、とてもあなたは安心の中に死ぬことは出来ない。

だから、我々の禅師たちは言い続ける。
『我々は毎瞬死んでいる。』と。

今、ここで、たった今、即座に無思考となって、ただいることが出来ないならば、
即時に死ぬことは学べない。私はあなたたちに言う。
『私が待つのは3秒だけだ。3つ数えるうちに、7番目の座に飛び上がれ。
そして、ただ、存在だけしていなさい。』

だから、前記の3つの流派は本当に死を問題にしている。
それは、肉体の着替えではない。浄土行きの旅行ではない。

だが、私に言わせれば、地球という惑星の内部で発達したTAOや禅の、
その説得力には限界がある。
外部の宇宙の無数の知性、無数の生命、無数のいわば天国や地獄があるという事実が知らされるにつれて、まるで人々は人の魂が宇宙を永遠に旅するかのようなファンタジックな夢を持つということだ。

そして実に始末が悪いことに、それは事実なのだ。
だからこそ、私は宇宙的な規模の疑問符を、あなたたちに突き付け続けた。
つまり、・・・
『いいだろう、結構だ。永久に学び、進化し、楽しみ、変化し続けるがいい。
何億もの時の果てに、あるいは一瞬に、
あなたは何のための進化、なんのための宇宙かを問うときがくる。
その時、あなたは宇宙がひとつの箱庭のようなものだったと知る。
そこで何が行われていたかを知る。
生そのものに、存在そのものに絶望する日がくるだろう。
宇宙の無数の奇妙な世界を見るがいい。あなたの知性の許容範囲など、粉砕される
だけの狂気がそこに在る。現実は一体どこなのか、問う日がくる。
何が究極において正しいのか、を問う日がくる。
それが来ないとしたら、あなたは知性がないということだ。
あわよくば、あなたに知性があれば、問われて当然のことをあなたは問うだけだ。
永久に楽しもう・・どうやらそれが宇宙らしい。
だが、ちっとも楽しくないのはどうしたわけか？
そんな時、私の言葉が浮かび上がるだろう。あなたは踏み出したのだ。外側へと。
今、あなたは、こう言ったのだ。『宇宙そのものは一体どうなっている？』と。
だからあなたは宇宙そのものを見たいと言ったからあなたは宇宙の外へ連れ出され
たのである。なぜならば宇宙全部を見たいなら、その外でなければ無理であろう。

ところであなたは、その今、自分がいるところが何だか知っているのだろうか？
あなたはその時知る。宇宙の外、、そこは本当に何もないということを。
そここそ、本当の無限をあなたが知る場所だ。
そして永久の闇の前で途方に暮れるのである。
無数のブッダたちがそうであったように』。

あなたの手の平に握れるほどになってしまった、丸い宇宙を見詰めて、
あなたは言うだろう。
「なんのために、あそこへ戻る??生きて、一体どうしたらいいのだ？」
・・・・・・・・・・・・・・・・・

さて、古来より、永遠を手に入れる、という言葉がある。
だが、この意味合いにも２種類存在する。
ひとつめのそれは
禅やTAO以外の通常の宗教家が口にする転生、サンサーラのことだ。
もうひとつは
ブッダたちが言う『永遠性』だ。
だが、それは『永遠の時間』を生きるということではない。
<u>そういう言い方は時間に属するものだ。</u>

だが、意識は、仏性は、本性は時間に属さない。
<u>それは瞬間に、ここの今に属している。</u>
<u>しかも、それは今という瞬間の連続ですらない。</u>
ただ『今』だけなのだから。
それ以外には永遠もなにもない。
これは「たとえ」ではない話であるが、私には大悟の日以来、
ただの一日<u>も経過していない。</u>ただの一時間もあれからたっていない。ただの一分
も経過していない。さまざまな季節が過ぎ、物事は移り変わっただろう。
だが、私の中では、あれからただの一秒も経過していない。
これは決して「たとえ」ではない。
あの日以来、時間などというものが、全く存在しないのだ。
いつも、今しかない。それは今を捕えようとしている訳ではない。
ただ、今しかあり得ないのだ。
それは意識のリアリティーだからだ。

時間というものは思考の産物だ。それは時空間理論の問題じゃない。
無思考の中に時間は存在し得ない。過去というものは記憶に属する思考であり、
未来というものは、その過去のゴタ混ぜをこねた予測の思考に過ぎない。
だから、無思考の中に明日も昨日もない。
だが、外界は変化する。それは時間があるということになるのだろうか？
だが、実のところ、ブッダたちというのは、思考の中にいないばかりでなく、
感覚、肉体情報、あるいは肉体以外の霊的情報の中にもいない。

ブッダたちが今に生きていると言っても、
彼は「今ここが大切だ」などとすらも全く意識せずに、ただいるだけだ。
彼は全く無関心で、ただ『いる』のだ。
この『無関心』という言葉、、
これはまるであなたたちに、消極的であるかのような印象を与えるだろう。
だが、それはあなたが不適切な形で教育をされたための、ただの言葉上の誤解に過ぎない。

本質的に、その言葉の最も正確な意味において、もしも、完全にあなたが、全く存在全部、生の全部に『無関心』になった時には、あなたは死にも無関心になる。
何に無関心であるか、が問題なのではない。
ただ、全部に無関心なだけだ。
あなたが、今までの個体性、個人においてもっていたような、あらゆる関心が落ちたら、しばらくはあなたはまるで馬鹿そのもののように思うだろう。

だが、そこに一体『何がいる』のかに向かって入ってゆきなさい。

私は、何がそこにあるのか見付けろとも、理解しろとも言わない。

ただ、そこに残っているものと『共に在りなさい』とだけ言う。

そこが本当の『静寂点』だ。

行法に関する質疑応答

死人禅行法に関し本書に従ったが、いくつかの難しい点があるという指摘が実習者から出たので軌道修正をしておきたいと思う。

質問 = まず座法はどうあるべきか？

回答 =
実はこんなものはなんでもいいのだ。普通にあぐらというのが、最もいいかもしれない。よく、覚えておいて下さい。死人禅の座法は、
いつでもどこでも、その形を取ることが出来るものというのがポイントです。つまり、どこかの公園、部屋、勤め先どこであれ不自然な事をしているようなものではない、日常当たり前の座法がいいのです。
勤め先のデスクでは、椅子に座って片足を組んでもいいです。
とにかく「何か特別なポーズ」が座禅の時に習慣付けられてしまうと、その座法を取れば落ち着くが、それ以外の普段の生活では落ち着かないという事が起きやすい。ならば、座禅やヨガの座法でなく、最も当たり前の座法を使ってこの瞑想をやれば、あなたは外でもどこでも、あらたまった姿勢を作り出さなくても瞑想的になるだろう。そのために、手の組み方も、最も何気ないムドラー（印）になります。
禅のような印でもなく、ヨガのように両ひざに上向きに置くのでもない。
いわば電車の中でも何気ない組み方というと、必然的にテキスト通りの全くの普通の組み方となります。そしてまったく普通なので、緊張やわざとらしさがなく、もっとも穏やかな心もちでいられるのが、手の甲または手首をもう片方の手の平で包んでやることです。

だから、本来はまったく無規定ですから、あなたの好きな座法で、しかも楽でいいです。ただし、基準は、他人の前で、すなわち日常生活で他人に気付かれないような自然なものが好ましいのです。
<u>特別な事をしているという意識をまずあなたにもたらさず、また他人にもそう思わせないことです。</u>
そうなると、それはどうしても前記したような当たり前の姿になる。

しかし、もしもこの当たり前の
「ただのあぐら、または椅子に腰掛けた姿勢と、当たり前の印」で
毎日の死人禅の瞑想をしていれば、あなたは外にいても、誰かといても、
全く普通の姿のまま、ちょっと手を組むだけで、
すぐに意識が瞑想的になる＝フィードバックが起きる。
ちょっと落ち着かないときに、ちょっとだけ手を組む。
すると、いつもの瞑想の時の雰囲気にすーっと入れるようになる。

まったく同じ効力をもつのが、最初のステップ１と２の部分です。
つまり、ゆっくりした「視線」の往復、ゆっくりした「瞬き」。
これらもまた日常生活において全く気付かれる事なく、不自然でもない。ゆっくり
視線を動かしたからといって変に見えるわけではないし、またゆっくり瞬きをした
からといっても、他人から見れば、眠いのか？ぐらいにしか思われないことだろう。
だから、これもまた、衆生に交じって、まったく何事でもないように見せ掛けて、
行うことのできる瞑想だ。

落ち着かなかったら、あるいはイライラしたり感情的な問題が起きたときに、
ちょっと瞬きをゆっくりしてみたり視線をゆっくりしてみて下さい。
あるいは手を組む。もしも、ちゃんと日々の死人禅をやっていればであるが、
こうしたちょっとした『座禅の時と同じ動作』をすることで自動的にすーっと瞑想
状態へ入って行く。それも歩きながらとか、仕事をしながらとか、
話しながら、、すべて日常でそうなってゆく。
したがって、ゆっくりした瞬き、ゆっくりした視線、手を組むこと、ちょっと姿勢
を正してあぐらをかくことは、すべてどこへでももって行ける座禅になる。
茶碗がない場合には、手当り次第同じような重さの何かを頭に乗せてもいい。また、
茶碗が乗っていると勝手に想像しながら、静かに歩くのもいい。
＊＊＊＊＊＊＊＊＊
さて、座法や印以外にはあと２つの質問があった。
ひとつは闇の瞑想がうまく深まらないというものでした。
もうひとつは、頭頂へ意識をやったら、呆然として日常の仕事が出来ないのでは、
というものだった。

しかし基本的には7番目の脳天でないと、ただ在るという、自己を振り返りもしない実存状態はやって来ません。それが仕事に能率として悪影響するということは、基本的にありません。ただし、そのためにはあなたがその意識を信頼するしかないのです。

私も数カ月この中枢が変容し続けていた時期があり、その時は、毎日まったく違う意識になり、一日になんども意識が変容し、あがったり降りたりしながら、まるで不安定だった。そして、呆然と仕事場で自失してしまうこともあったし、食事中に、あるいは歩行中に、動作が全く止まったままになったりもした。
しかし、私はもう諦めていた。それがもとでクビになるならそれもいいだろう、と割り切っていた。すると奇妙なことに、決して仕事に差し支えるような場合には自失状態にならなかったり、実にうまく仕事をこなしつつ、その合間の無害な瞬間にだけ呆然自失がやってきた。それはまったく予想ができなかった。
しかし、その流れを通過するには信頼しかないのです。

「これでは困る」とか、そういう事を言う者など粉砕されて初めて
本当に7番目の中枢が生きる術を活用し始める。

途中で、いろいろな頭痛に近いことが起きます。
割れるような痛みである場合もあるし、針で刺すような痛みのときもあるし、それも脳のあちこちに変化します。
たぶん、エネルギーが脳に負担にならないように、それ自体の知恵によって調整しているのだと思います。
しかし、最終的には、それは脳天にまとまった振動に終息します。

ただし、それにどれくらいの時間や、場数を踏む経験が必要なのかは分かりません。私においては、脳が安定するのに、大悟の日から約10ヶ月が必要だった。事実、茶碗を乗せるという方法が確実な方便として整ったのは10ヶ月経過した時だった。

この7番目の中枢は
「不安定で分からないことによって、かえって逆に、知らない、分からないことが、

それでいいのだと、より安心する」という意識になる。
しかし、他の中枢で生じる「分からない」という感覚は、胸の内部に不安を引き起こしたり、動揺したり、思考がどっと押し寄せたりして「分からないことに抵抗」する動きがややある。

バーナデット・ロバーツは前頭部中枢が異常発達したケースだろう。
ただし、彼女はそれが肉体から分離した空間にある。
しかも、それがあまりに長期に渡っていたので、必然的に7番目が作動し、彼女は曹洞宗なら大悟といったところだ。
しかし臨済宗は前頭部だ。それはまさに独特のこだわり、囚われの中にいる。
覚醒しているのはいい。無心なのはいい。しかし、つんのめっている。
それは完全には落ち着いていない。
だから無努力で「在る」という中心は、7番目特有のものであると私は定義し、
確信するに至ったわけである。
最後のこざかしさが前頭部留意による小悟には残っている。
　＊＊＊＊＊＊＊＊＊＊＊＊＊＊＊＊＊＊＊＊＊＊＊＊＊＊＊＊＊＊
さて最後に闇の瞑想だが、私にとってこの闇は数カ月だけの期間ものではなかった。
別の次元の種族と意識同調してからは爆発的に数カ月続いた。
しかしこの闇のような無意識、独特のどんよりとした不安、虚無感は私には高校生のころから存在していたので、大悟まで18年続いたので、それはほとんど職人芸ものなのである。
だが、これをなんらかの人工的な方便として、
再現が可能な方法に持って行くことはとても難しい。

結局、暗闇のイメージ、またはイメージが無理なら
実際に暗室や押し入れや洞窟で、その雰囲気になじむ以外に手だてがない。

一体闇のイメージに瞑想してどうなるのか？という質問には、
その最大の効能は、
なにからなにまで、『どうでもよくなってしまうこと』だ。

悟りも、迷いも、そして生きていることすら、全くどうでもよくなる、という
『この世との絶縁意識が発生すれば、その瞑想はうまく行ったことになる』。
酒で気晴らしするぐらいなら、闇で気晴らししたほうがいい。
そもそも晴らす「気」そのものが死んでしまうからだ。

私は、闇に瞑想すると、『清々』する。
あなたたちの事も忘れるし、やれ仏性だの法脈どうのだの、そんなものは何も残らない。意識から、自分も周囲も撲滅してしまう。全滅だ。だから、清々する。
それが繰り返し行われるために、私はすごく無責任だ。
めんどうみが良いように思えると、いきなり突き放すし、
私にはこだわるという機能があまりない。常に意識が真っ暗に戻るからだ。
闇の中に仏法などありはしない。それはただの無だ。
何かのための無ではなく、ただの無。だから、私は清々する。

あなただって闇に瞑想すれば、やれ禅だのやれワークだの、やれ EO の言ったことなど、なくなってしまう筈だ。それでいいのだ。そのために闇はある。
だから、闇で清々しなさい。忘却、損失、が闇のモットーである。
そこから出て来て、ゆっくりと世界に着陸したとき、
その着陸点が脳天になる。

あなたはちょっと危ない馬鹿づらをして、世界を眺めるでもなく、味わう。
そして存在だけがある。

することなし、やるべきことなし、しゃべることなし、思うこともない。
見付けるべき光明もいらない。

なにもいらない。分からない、知らない、見えない。
そして、それで GOOD なのだ。そこでいいのである。

それを知的にではなく、しっかり味わうのは絶対的に 7 番目の中枢だけだ。
他の中枢や留意点では、それは不可能だと私は断言し続ける。

眉間も駄目、足も駄目、腹も駄目、6.5=前頭部も駄目、胸も駄目、
全部駄目だ。
理由は、そこは生存のために葛藤する肉体中枢だからだ。
しかし7番目は肉体の生存機能からギリギリのところで分離している。

それは葛藤する必要がない。それは不動でいられる唯一の中枢であり、
実際にはそれは脳にあるのでもないし、脳天にあるのでもなく、
脳から少しだけ<u>突起した空間にある</u>のだから、
それは肉体のあらゆる活動と無縁な静寂点なのである。

禅がこの地球の生物の設計上の論理をもっと知っていて方便として打ち出して入れば、大悟者は100倍になっていただろう。

一方インドやチベットでは、古来からこの中枢に働き掛けてきたが、そこにはヒンドゥー教、ラマ教、形式的な学問仏教という余計な要素がマンダラなどのイメージと重なってしまった。
純粋に科学的に悟りをやりとげたのは、タントラの特定流派だけだと言われる。
そういうわけで、死人禅とは、クンダリーニヨガやタントラと禅の合金である。
インドの特有の信仰を排除して、技法だけを抽出し、
禅の伝統や文化や形式や『ただ今、』などという耳うるさい言葉を排除し、
『それそのもの』をあなたに届けるだろう。

だから、私の寺には仏像などない。マンダラもない。
私の寺の壁は、完全な暗黒の闇だ。
　　＊＊＊＊＊＊＊＊＊＊＊＊＊＊＊＊＊＊＊＊＊＊＊＊＊＊＊＊＊
私の門下は、祖師に敬意も持たず、現存する導師に礼儀もなく、
禅寺にも頭を下げず、ただ、彼らは、存在する。
そのかわり、歩いていても、寝ていても、座禅をしていても、
存在する万物に、くまなく敬意を持つことだろう。
彼らが敬意を持つのではない。
存在そのものが、存在に敬意を持つのである。

それは、彼らの自己の仕業ではない。
だから、私の門下は、禅師になど敬意を払うわけがあるまい。
彼らは、ただ在るのだ。
問答など仕掛けても、彼らは言うだろう。

『老師よ・・。そんなことを問う草木がどこにいる？』

彼らはただ生きて死ぬ。
座禅ごっこもするだろうが、
彼らは禅者ではない。

私の門下は禅ではない。
それぞれが祖師であり、
一代で絶法の仏たちだ。

草のように、生きて死ぬ。
虫のように、石のように存在し、
猫のように、カラスのように・・・

空のように。

彼らは

生きることもなく、

死ぬこともない。

1993 10/20　EO

悟りでは真我などは自覚されない

ここでは、観照者が消え、在るという自覚も消え、
完全な未知に没入してしまう最後の問題に入ってゆくことになる。
そこで、まず、和尚ラジニーシの『存在の詩』に出て来るこんな1行を
「ひねり戻して」表現してみよう。

バグワン「瞑想するということは、ひとりの観照者になるという意味だ。」

EO『<u>瞑想</u>する<u>ということ</u>は、ひとりの<u>観照者</u>になるという意味<u>だ</u>』

アンダーライン以外を残して後は不適切なものである。
まず、瞑想<u>する</u>の「する」は余計である。
あたかも「誰かが」瞑想していることになってしまう。
禅ならば座禅が座禅をしていると言うだろう。
だから、瞑想<u>する</u>とは・ではなくて、単に『瞑想とは・・』と言えばいい。

次に、一人の観照者になる・・・であるが、
一人のと言う言い方は、あなたの個体を指さしてしまう。
意識は誰のものでもない。だから一人という言い方は不要である。

観照者になる・・という「なる」もまたいらない表現だ。
なぜならば、それはなるのではなく、「在る」からだ。

さらに「観照者になる<u>という意味である</u>」という部分であるが、
それは『意味』ではない。座禅や瞑想は、なんとかの意味ではなく、
それ自体で完結した『ただの事実』である。

ということで、EO氏がバグワンのこの1行を言い換えればこうなる。
『瞑想とは、観照そのもの』。

<u>誰か</u>が観照しているのでもなく、
観照を<u>やっているのでもなく</u>、なっているのでもなく、
観照そのものが観照で在るだけである。
そしてその「中心の観照者」などというものは、貴方に知られる必要はない。
あなたは観照者を「見付けるのではなく」、
<u>観照そのもので『在れば』いいだけだ。</u>
しかも、それは「あっ、観照している」などという自覚や反省の余地はなく、
振り返ることのできない瞬間に、ただただ観照が起きているだけである。

さらに言えば、観照という言葉さえも概念を生じてしまうので、
もはや、何も言えなくなってしまう。
つねに、最後は何も言えないのである。
言えても、せいぜいそれは、呻き声のみである。
『あっ・・・・・?!?!?!・・・・』

・・・・・・・・・・・・・・・・・・・・・・
ある禅の老師はこう言う。
「『今』というのは知り得ない」

ただし言葉というのは、体験した者が理解し、いや、理解ではなく「味わう」ことのできるものがあり、もう一つは方便として騙すための言葉がある。
そういう点では、この一言は、どちらにもなり得る非常におもしろい言葉だ。
すでに、それが体得されているものには、重要な要点だと理解されるが、
修行者たちにとっては、それは謎、もしくは工夫になる。だから修行者が何か一瞥したり悟ったりするたびに『これではない』と捨てるための工夫の内なる「合図」になる。
同じようなことは、インドでラマナ・マハリシが言い続けたのであるし、
それは古典的なインドの瞑想の基本的な方便でもある。すなわち
『観察されたものはなんであれ、それではない。それではないと言い続けて、
最後に残っているものがそれだ』と。
しかし、ここにもまた、「ひっかけ」が隠れている。

最後に残っているものを発見などしたら、発見者がまた立ち現れる。
すると最後に残っていたはずのものは、
たちどころに発見されたものになってしまい、対象になってしまう。
だから私は言い続けた。
どういう工夫、方便、瞑想の暗号、合図を「はしご」にしてもいいが、
最後は、ただ絶句するし、発見もないし、発見者もいない。
ただ在ると言っても、ただ在る自覚があるわけではない。
何かをそれに対しては全く言えないと・・・。
言えないどころか、指さすこともできない。
まるで身体の中心に磁石で引き付けられるように、
何かの存在の軸の「ようなもの」に密着してしまい、動けなくなる。
動けないので、もう中心者だの観照者というふうにはそれを認識はできない。
『あ・・・』というのが、
自我としての人間や探求者が最後に発する言葉、
あるいは『呻き』である。それには意味はない。
それは意味や感情ではないし、理解した実感から発する言葉でもない。
ピタっと、『それ』と合致した時に最後に残った最後の、断末の一声・・・。
それを発しているのは、おそらく、『最後の自覚機能』だろう。
『あっ・・』と言ったあと、『・・っ・・・これだ』と言うつもりが、
『これだ』と指さす意志が『あ』と共に自滅して消え失せてしまい、
『これ』になってしまう。
なってしまう、というよりも、
ただこれ、ただこれ、これ、こ・・・・・あっ・・・・でまた言葉がなくなる。

さて、これが死人禅の頭頂または、頭上点留意が引き連れて行ける限界点である。
だが、この一点は、それが単独で悟りの点として在るわけではない。
その点には、それを支える背景がある。

修行者たちも、ときおり、もう一切の工夫も座禅もせず、
ただ夜なり昼間なり、寝床になんの工夫も持ち込まず、横たわることがあるだろう。
すると、ときおり、思うはずだ。

本当にくつろぎの中にあるときには、禅やら悟りやら、留意やら、
まったく、一切どうでもいい・・と。
ただ、そのシーツの心地よい冷たさや暖かみ、心配のないくつろぎ、
怠けの居眠りがただ楽しい。と。
ほんの小さなその幸せは、もう禅も工夫も、私の方便も入り込めないほど
いわば、狭い知覚の中にある。
ただ、布団とくつろいだあなただけしかそこにはない。
座禅や瞑想、あるいは死人禅なしでも、
本来ならば、ただ、これだけで、人は幸せであれるわけだ。
実際、なんにも知らないほうが、よほど幸せなのだ。
そのくつろぎを変に観察し、なぜこのように安らかなのかと思索したり、検討した
り方法化が起きて、あっと言う間にシーツのありのままの感触は、
<u>観察されたもの</u>に変わってしまう。
ただ、そのままにしておけば、
そこにあるのはただのシーツの感触だけなのに。
だから、私は、こうした何もかもほっぽらかして、
ただ横たわる瞬間がとても好きである。どれぐらい好きかと言えば、
『そのまま死んでもいい』というぐらいである。
・・・・・・・・・・・・・・・・・・・・
さて、ここで、やっと本論に入ることになる。
　　＊＊＊＊＊＊＊＊＊＊＊＊＊＊＊＊＊＊＊＊＊＊＊＊＊＊＊＊＊
EO氏が『もしかしたら、私は禅について言っているのではないし
それは仏教ですらもない』と、ときおり言うのは、
もしかすると、彼は宗教や悟りを問題にしているのではなく、たったひとりの個人
の死ぬ時の『<u>安楽死</u>』を本当の問題にしているからかもしれない。

生とか、禅とか、いかに生きるべきか、いかに在るべきか、いかに、あるがまま、いかに、
そのままに、淡々と、という禅や修行の『成果』を彼はあまり問題にしていない。
なぜならば成果というものは、<u>何かの理想的状態に対しての成果だからだ。</u>

成果というものがあれば、失敗というものがあなたの心につきまとう。

あなたが、あなたの意識の在り方、死人禅的な留意の発達程度を自覚して、もしも「反省」したりすると、反省というものはあきらかに、すでに『善悪』に汚染されている。
反省とは、かくあるべき方向とそうでないものを基準に生まれるからだ。

だから、死人禅は反省を止めさせる。
しかし、これは自我を発達させた人間には困難な事だ。
我々は反省からあらゆる「改善」が生まれると、あらゆる場所で教えられ、
また徹底的にそれが「修行」であると思い込んできたからだ。
改善、進化、発達、悟り、なんであれ、そのプロセスで我々は以前の自分と現在の自分に比較を持ち込む。そして反省してしまう。
では、反省しないというのは、どういう状態だろうか？
言うなれば、私の毒舌方便のひとつにはこんなものがある。
『しょせん、人間など、反省する価値もありはしない。なぜならば、
反省して改善したとしても、そんな改善はたかが知れており地球全体の幸福に、
仮に貢献したとしても、ただ、それは塵のような惑星の平和にすぎない。
さて、反省できるということは、あなたたちは、たいそう立派な理念、目標をもっているという事になる。なぜならば、理念や理想こそが、あなたに現状への反省を生むからだ。ならば、あなたに反省を引き起こすその理念は、どれほど立派なものなのだろう？たとえば、それが悟り、大悟だとする。
では、それが万一あなたに起きたとしたら、
あなたはその時、自分を見て「やったぞ」と言うつもりだろうか？
それでは、それは悟りではなく、あなたのでっちあげた
「理念が達成された」という自己満足に過ぎないではないか？
だが、<u>本当の大悟に在って、理念が生き残れた試しは、ただの一度もない。</u>
理念は崩壊し、無理念の中の生と死を漂うようになる。
もはや生への理屈も死への理屈もない。
だからそれは自然の中の生物たちこそが、道の手本になる。
もしも本当に達成されるべきものが、仮にあるとするならば仮にだが、
仮にあるとするならば、それは
達成対象も、達成者もない、ただの『達成状態そのもの』ではあるまいか。』
さて、、

いま、まさに、死のうとする人がいるとする。
彼女は言う
『・・・・おだやかです。もう、なにもいりません。・・・』
医者「・・・・・・・・・」
彼女『大丈夫ですよ、私は安心しています。消えて行くのも怖くありません』
神父「そうだ、あなたは神の国へ向かうのです」
彼女『いえいえ、、・・私は故郷へ戻るだけですよ』
神父「そうですよ、故郷は神の国です」
彼女『いえいえ、そうではないのよ。故郷はただ故郷なのよ。それはただ・』
禅師「そうぢゃ。ただそうなのだ。ただそうなのだ」

彼女『あんたたち、いいかげんに、静かにしてよ !!!』
かくして、偉大な最後の言葉を残して彼女は消えた。
『いいかげんに、お黙りなさい！』
・・・・・・・・・
死者を迎えるのは静寂であり、そこへ向かう死者もまた静寂である。
その静寂の中には、いかなる理念も工夫も禅も悟りもない。
他人がそれを悟りだと言おうが、言うまいが、彼女はただ消えるのである。
彼女が仮に悟っていたとしても、その悟りも消えるのである。
では、本人の彼女には、ほんとうは何が大切なのだろう？
彼女に向かって禅師が「それではない、それではない」と何千回言っても、
消えようとする彼女には全く無意味だ。
彼女には「それではない」も、「それである」も何もない。
全一的な静寂が訪れているからだ。
彼女が静寂を感じているのみならず、彼女もまた静寂に同化してゆく。
そのプロセスには、いかなる悟りも入り込めない。

この時、一体彼女を包み込んでいるのは、なんなのだろう？
悟りや、偉大な境地なのだろうか？
いや、・・・
彼女は・・

『幸せ』なのだ。
幸福なのだ。
やすらかで、安心して、
満たされ、無言のまま、幸せなのだ。
この幸福感がもしもなかったら、禅であれ、神父であれ、
誰かの言葉が彼女を輪廻の中に引き戻すことも出来ただろう。
輪廻の輪を抜け出すたった一つのもの・・・
それは、概念化された悟りでもなく、しがみつくような境地の悟りでもなく、
訓練されるような悟りでもなく、
生の世界の価値観の一部であるようなものでもない。
それは無辺、無価値、無条件の
『幸福感』に外ならない。
その幸福には、世俗的な幸福のような根拠も理由も基盤もない。
幸福そのものが幸福であるだけである。
　＊＊＊＊＊＊＊＊＊＊＊＊＊＊＊＊＊＊＊＊＊＊＊＊＊＊＊＊＊
もしもあなたが修行成果を自分でチェックして幸福になるとしたら、
あなたは修行という自己満足のゲームの中にいるだけだ。
そういう方法では、幸福そのものがあなたを訪れることはない。
いつでも、自分が幸福かどうかの見張りのあなたが存在して、是非を言っては自分を絶えず不幸にしてゆくだろう。
大悟者というものを、もしも見分けたければ、
実に微妙なものがそこにある。だが、これはおそらく小さな基準となる。
真の大悟者は、いつでもではないが、ときおり絶対に『微笑』する。
決して、彼らは目覚めた目付きを絶えずしていたり、
シャキっとありのままの事実に踏ん張っているのではない。
彼らは、ゆるんでいる。だが、やわらかい、均等な観照が起きている。
そして、かならず、彼らは静かに幸福だ。それは劇的な幸福ではない。
劇的ならば、彼らは大笑いする。だが、たいていそれは微笑なのだ。
彼らは社会的な価値観、宗教的な価値観、
あるいは禅的な印可判定とは全く別の次元に静かに漂っている。
その彼らの幸福をただの馬鹿、ただの酔っ払い、と呼び

ただ脳のエンドルフィンという快楽物質が分泌されているだけの
生物学的な幸福馬鹿だと誰かが言うかもしれない。
だが、彼らは生や死を満喫して死んで行く。
その彼らを誰が社会的な位置付けで説明出来るというのだろう?

あなたたちが座禅や能力開発に励み、あるいは世俗の者がセックスに夢中になり、
ドラッグやアルコールに陶酔し、またせわしなくスポーツや趣味に打ち込み、
あるいは他人を支配して喜び、またはよき服従の良い子であろうして喜ぶ。
これらの断片的な幸福のエッセンスを
何千倍にも凝縮した幸福に彼らは存在する。
・・・・・・・・・・・・・・・・・・・・
ある特定の感覚の刺激がピークに達するような、
これらのいわゆる『夢中』な状態では、あなたに何が起きているのだろう?
よく、静かに、味わってみるとよい。
夢中の中には、『あなた』がいないのだ。
あなたは、一瞬だが、あなたの生から、『どいている』。
そして、感覚そのものや、刺激があなたを圧倒している。
だから、あなたは本当は刺激や感覚や充実した生活が欲しいのではない。
それらは、あなたが『どく』ための『消え失せる』ための手段にすぎない。
そうすれば、『あなたさえ、どけば』
あなたは幸福そのものが、その位置を占めることを知っている。
世間は、その為にあらゆる知的、感情的、生理的な『刺激』を使う。
一方瞑想者や座禅者は、過剰な刺激によってではなく、
その自己をどけるという根本的な方便に着目した。
だから瞑想者や座禅者が「無自己の生の戯れ」を自分において一瞥すると、
それはどんな他の世間的な手段でも埋め尽くせない溝になる。

それを埋め尽くすには、
あなたそのもの全部が
『その溝そのもの』に落ちなければならない。
・・・・・・・・・・・・・・・・・・・・

なんであれ、
<u>自分を振り返る観察者のあなたが消えない限り、</u>
<u>幸福というものは存在できない。</u>
そして禅がいかなる理由と理屈を言うにせよ、
人間としてのその最後の到達点が、幸福でなかったら、
誰も禅や法や道など求めはしない。
それが無や、単なる哲学、単なる神秘体験、単なる偉大な境地だったら、
誰もそんなものを求めはしない。どんなに社会的な価値があろうが、
どんなに禅界で優れた境涯だと判を押されようが、
その者本人が幸福に満たされていなかったら、何もそこには、ありはしない。
幸福とは、いとも軽はずみに定義され、あまりにもありきたりな言葉だ。
だが、誰しもそれを知っている。それを効率よく発生し、
あなたがその中に没入してしまうような、本当の意味で科学的な方便をもっていた
のは、わずかに禅と中国のTAOとチベットのタントラだけだった。

全世界の大悟者、
彼らは何かを知った者ではない
彼らは、理解者ではない
彼らは愛情深き者でもない
彼らは知識者でもない
彼らは、かならずしも奇抜でもない
彼らはただ静かで無心なだけでもない
彼らは瞬間瞬間に目覚めているのでもない
彼らは特種な能力者ではない
彼らはかならずしも、導師となるわけではない
彼らは、いわば、
ただの存在性と虚無を揺れる、虚ろな謎だ。
彼らは未知だ。
彼らは、必ずしも巧みな講話などをするわけでもなく、
何かを書き残すわけでもない。
彼らが、どうなるかは、誰にも分からない。

ただ、彼らはおそらく、
世界で最も『なんでもない、誰でもない』、
無名で表札のない寺院に住む人達だ。

たったひとつ、彼らに本当に共通しているのは、

彼らはなんの理由もなく、

しあわせなのだ。

それは必ず彼らに微笑を生み出す。

しかし、それは深い知恵の賢者の顔というよりも、

むしろ、日だまりの路上の乞食の、

あるいは乳母車の中の赤ん坊の

あの幸福な寝顔に

限りなく近いのだ。

1994 1/8　EO

瞑想を加速する頭上点留意

再三に渡って読者に釘をさしたように、
社会批判や座禅者や瞑想への指摘を含むこれらの原稿は
『試作的な座禅の付加技法』を導入してみるためのただの<u>口実の山</u>にすぎない。
たとえば、参禅しようとする者が寺に行って、
禅の歴史や効能やら、禅の逸話やら、禅の論理について
4日も5日も導師に質問し続けたら、
『理屈を言ってないで、とっとと禅堂で座りなさい！』と老師は言うだろう。
私もまた同じだ。禅を体験したい人間が、
座りもしないで考えていたら話にならないのと全く同じ根拠で
私もまた、いかなる禅師が何を言おうが、
『頭頂留意』という意識の集束点を執行しなかったら、話になりません。

それをやったからと言って、誰かが迷ったり外道に落ちるわけでもない。
頭頂点留意では、理解したものが落ちてしまう。悟ろうとする心が落ちてしまう。
すべてが、全くわからなくなる。前後の脈絡が断絶されてしまう。
しかし、そこに全く工夫の必要もないままで
<u>理解の必要もない何かが『淡々と生きている』</u>
・・・・・・・・・・・・・・・・・
ある僧侶は、なぜ<u>脳天</u>が重視されるのか理解できなかったようだ。
多くの禅者と同様に、彼は丹田ならともかく、脳天への留意など禅では聞いたこともないと言った。
現在では、その僧侶は私の門下なのだが、彼はおそらく座禅中に留意点が脳天のつむじではなく、その10センチほど上空の空間にあるかもしれない。
こんな何も肉体が存在しない場所に留意できるとは、
彼も当初は思ってもいなかったに違いない。だから、初めのうち、試しに私は茶碗を乗せさせた。すると彼は、
「茶碗の底が頭皮に接している場合は確実に接触の感触があるから留意はできるが、なくなればそれは消える」と言った。そこで、私は
『では、つむじではなく、意識を頭の上の一点に集めてごらん』と言った。

すると、肉体的には何もそこには感触がないはずなのに、そこに何かが張り詰めた焦点があるのが彼に理解されたようだ。また同時に脳天の直径2センチほどの皮膚の部分も呼応して脈打つように感じ始めた。通常、茶碗の接触感を頼りに、脳天に留意し慣れるのに半月はかかるのだが、彼は意識の留意という事には、一般の人達よりも桁違いに優れていた。そのために、通常半月で発生する頭頂上空への意識の集束が2日で出来てしまった。

しばらくして、最初に彼が言ったのはこうだった
『これだと、無理にしようとしなくても、思考がほとんど痕跡を残さない』
だから『呼吸に留意すること』などによって充分に修行された禅寺の門下にとっては、この頭頂点留意は、遥かに浸透速度が早い。
その「只の呼吸」が『ただの頭頂点留意』に変わっただけなのであるから。
留意には意味はない。ただひたすら留意するだけである。
ちょうど、物を食べるとき、舌の上で、ご飯のひと粒ひと粒が転がる
あの、ありありとした感触を感じるのとまったく同じ静かな心持ちで、
脳天の直径約2センチ範囲、あるいはその15センチほど上空に
注意深く意識を向けてみるといい。だれしも、最初は何もないように思う。
だが、次第に数日で即座に、そこには感触が何もないのではなく、
歴然と、ある感触が存在しているのが体験される。
感触というよりも、それは意識が濃密にそこで集束した場を持っているという実感とも言える。禅から見れば、論理的にはそこには実体など何もないはずだと言う。
しかし、たとえば、あなたは何も持たない指先に1分ほど留意を続けると
指先にそれまで感じなかった「血液流」を感じるはずである。
同じような感触が脳天への静かな留意の持続で発生する。
ドクドクという血流のような感触、または静電気のようなピリっとする感触、
ジワジワとする圧感・・・。
ただし、これは、断じて、いわゆる中国で言う「気」ではない。

問題は、それらのエネルギーの性質がどうのこうのではなく、
頭頂点留意の『結果として』こんなことを、やったことのなかった座禅者や
瞑想者たちに、そして一般社会の人々の内面意識に『何が起きたか』だった。
座禅者に起きたのは、数分で始まる深い無為の無心の只管打座だった。

ある瞑想者の場合にはフラフラに酔っ払ってしまったような呆然とした落ち着きと静けさだった。

そして、あくまでも「結果」なのだが、
彼らはひとつの小さな、そして小さいが、とても重要な一瞥をする。
それは『努力こそが「ただこれ」のままに在り続けられない最大の障害だった』ということだった。今の、ここの、ありのままの事実そのままを、
修行した人為的な注意力で「守る」のではなく、本来のままに在るという、
そのままで、ただ在るという地点に彼らは引き戻された。・・・・・・・・・

「禅には己の中心という概念はない」と僧侶が私に説明してくれた。
でも、これはひとつ、
私が、ひねって言い変えてみよう。つまり

『中心という概念がない』のではなく・・・
『中心には概念がない』のである。
・・・・・・・・・
これらの留意方法は、何度も何人もの瞑想者に検討されて
座禅への付加要素として効力ありと認識されたのであった。
また、俗に言うクンダリーニ・ヨガではないので一般に懸念されるような肉体的、
精神的な安全性も確認された。
そして、それは彼らの修行してきたものを壊すのではなく、
むしろ何倍にも生かせるものとなった。この手法は禅にとって外道になるのではなく、<u>むしろ禅だからこそ、それを生かす方便になり得る。</u>
一方、いわゆる御利益宗教や、気の鍛練などに夢中になる者たちには、
なんの意味もない論外のものになるだろう。
座法その他も、検討した結果は、すでに本書で書かれた通りである。
一般の形式的な寺や、警策でただ盲打ちをするような禅寺では使えないが、前衛的な寺や瞑想センターならば可能なものである。問題は、姿勢や座法や座る時間でもない。中身と座姿が分裂していては、座禅にならないからだ。

悟りに在り続けるためには
全く何ひとつしてはならない

その時、彼は全く何もしていなかった。
そして、その日以来、何もしていない。
その時、やるような何かは、そこにはなかった。
そうではなく、おそらく、生まれて始めて、
彼は全く何もしていなかっただけであろう。
それほどまでに、何もしていないという瞬間は、
それまで、ただの一度もなかったと言えよう。

その瞬間、何もしていなかった。だが、、
全く未知な何かが『起きていた』。
まったく、彼からは何もしないのに、それは起き続けた。

それは決して「出来ない」ことだったのだ。
それは、ただ『起きる』ことがあるのみであり、
人がそこへ向かって行くことの絶対に出来ないものだった。
それは、向かうという事をやめたときにだけ起きることだった。

だから、大悟のきっかけ、その瞬間、その後、
そこに、もしも決定的な、普遍的な要因があるとしたら、
それは、<u>何もしていない</u>ということだ。
心身共に、何もしていないということだ。
しかし、何もしないように、わざと「努めて」無為であることは、
それそのものの中に既に期待がある。既に動機がある。
だから、そのような待機をもってしての無為では駄目だ。

座禅や瞑想とは、本質的には何もしないことだ。
どんな事もしてはならない。

何ひとつ、どんな事もしてはならない。
座禅とは、心の中でも、
意識的な目覚めだのという、そんな操作も何もしないこと『そのもの』なのだから。

さて、彼はその時、理解した。
これでは、・・・
これでは・・・・
もしも、これが悟りだとしたら・・・
これでは、、
修行者がその一生を座禅に費やしても、
絶対に大悟は起きないではないか。・・と。

全世界中の修行そのものが、そもそも全部間違っている。
禅ですら、間違っている。なにもかも、全部が『これ』を外すことは確実だ。
それらは絶対に、確実に失敗する。そして
失敗し続けたまま、あと5000年しても何も変わらない。
世界中に禅寺が、喫茶店の数ほど並んでも駄目だ、
瞑想センターがコンビニのように並んでもそれでも駄目だ。

大悟のためには、絶対に、何かをしてはならないのだ。
そう言うと、世俗も、導師も、よく彼にこう言う。
「それでは、修行の意味もなく、改革の意味もなく、進歩もなにもなく、
一向に、迷いのままではありませんか？」

EOは言った
『あなたが、そんな事さえ言わなければ、それはとっくに起きていたのだ。』
確かに世俗は無意識だ。座禅もしない。そして争っている。
しかし、本当の事を見れば、彼らは「何もしていないわけではない」。
彼らは争うことをしており、比較したり、軽蔑したり、儲けたり、騙したり、
そういう「社会的な修行をしている」とも言える。

一方修行者は、単に別の修行をしているに過ぎない。
只そのままだの、只の呼吸、ただ歩く、ただ生きる。
「これ」は理屈の余地のない、ただ「これだ」などと。
それはまだ、何かをやらかそうとしているではないか。

だから、世俗は世俗の修行をしており、
修行者は寺の修行をしているにすぎない。
だが、・・・
覚えておくべきだ。全世界中の導師もその弟子も
この一言を覚えておくがよい。

『徹底的に、何もするな。
大悟はその何もしないことそのものの中にしかない。』

必要な修行など何もない。
だから、世俗は世俗での生き方という修行をやめ、
修行者は、禅やら仏教やらの修行をやめればよい。

何かをやる中には、いつも、自己中心的な野心がある。
自己中心でなくても人間中心、地球中心の勝手な価値観がある。
何かを「やる」ときには、何かを「やり遂げよう」とする。
つかもうとする野心がある。
無心さえも目指そうとする。
知ろうとし、把握しようとし、
そして悟りの副産物の感覚なんぞを下手に一瞥すると
それをまた維持して持続させようとする。

大悟とは、
そんな「あなたや人類の勝手に利用されるようなものではない」のだ。

徹底的に、なにもしないで、座るか寝なさい。

ただ座るという目標すらも駄目だ。
ただ座るという目標は、ただ座ることと、そうでなく混乱したまま座ることの比較
をあなたの中に生み出してしまう。その結果、あなたは
「これではいけない、あの時は良かった」などと比較を開始してしまう。

徹底的に何もしない。意識でもなにもしない。注意もしない。
ありのままでいようともしないことだ。
なにも、絶対にしないことだ。動かずに、そこで死ぬつもりでいなさい。
びくとも心や意識や注意を『自分からは』動かさないことだ。

「はたして、これは自分の意識の動きなのか、自然の意識の動きなのか？」などと
迷ったりしてはならない。もしも迷ったら、そのまま迷わせておけ。
そのうちそれは消えるから。
なんであれ、あなたがジダバタするのが、もっとも始末が悪い。

あなたが、もしも何かでジタバタするとしたら、それは次の事を意味する。
「そのときは、あなたは、必ず何かを理想的な目標にしている」はずだ。
その理想とするあなたと、現状のあなたに距離があるから、
あなたはなんとか「しよう」としてしまう。そういう修行にはキリがない。
それは終わりのない徒労だ。

だから、何かを「しよう」とするあなたを殺してしまうのが、私のやりかただ。
一切の作為的な座禅も、駄目だ。どんな方便も無駄だ。

何もしてはならない。座るときは、座禅すら駄目だ。これから何かを
「自分がやるんだ」という構えを<u>ほんの少しでも持ったら座ってはならない。</u>
ただ、『ひと休み』するんだ、という気軽な気持ちで座りなさい。
けっして姿勢をシャンとしてはならない。
では、、ためしに、姿勢をシャンとしてごらん。
・・・・・・・・・・・・・・・・・
では、それをやめて、中止して、普通に、ゆるんでごらんなさい。

そら！
そのゆるんだ姿勢、
それこそ本当に必要な座法だ。
それが無為自然の座法だ。それこそが、
あなたが、なにか「やらかそう」という心が抜けた、
そのだらしない座り方こそ、私があなたに必要だと言うものだ。
なぜならば、その『ゆるみ』の中には、
「何かの為に座ってやろう」というあなたがいないからだ。
それは、ただの『緩み』だ。
そして、本当に必要なのは、
深く、深く、どこまでも、馬鹿で無知で無明になることだ。
なにも悟らないまま、何もしないで、なにも分からず、つかまず、
まったく、ゆるんで、死んだように、くつろぐことだ。

その為には、何事かの成果をつかもうとする一切の微妙な緊張が障害になる。
禅寺が大悟者を生み出さずにほとんど形式化して全滅したのは、このせいである。
『ただ』が目標になってしまったからだ。
万事、万象、すべてが本来より平常で『ただひたすら』というのは、
あくまでも、それは大悟意識の「結果の現れ」にすぎない。

だが、その根本原因は、あくまでも無為だ。無そのものだ。
全面的な無為だ。無明、無知だ。すなわちこれは死と同義だ。

なぜならば、そこにはもう努力をしたり瞑想の工夫をする者は
無意味になり、修行も無意味になり、
修行者たちは、その人生の目標もご破算だ。

だから、私はあなたたちを殺すと言う。
あなたの肉体など、指一本触れる必要もなく、あなたは私に殺される。
あなたの肉体は無傷だ。だが、私は断言し続ける。
禅寺のすべての導師に反目しても、断言し続ける。

『一切の修行、座禅すら、それすらもが障害だ』と。

この私の言葉を受け取るか、それとも
禅寺やインドのアシュラムや伝統にしがみつくかは、あなたの勝手である。
しかし、あなたの修行やら、
あなたや人類の目標やら、達成理想やら、悟りの為の座禅だの、なんだのと、
そんなもの（＝すなわち一切の思考）が一掃されなかったら、
大悟などが起きることは不可能だ。

もしも悟りの中で『ああ、これだ』と言ったとしたら、
もう、その時点で、悟りではない。
認識する側とされる側に分離がないのが悟りであり、
そこには悟りだのという認識は起きない。
いわんや、悟りが大事なテーマであるとか、
悟りが特別な意識だなどという心は一切ない。
だから、
もしも座禅者たちが、今後、もしも座るならば、
それは本当に深く、求めずに、ただ『休む』ことだと心得なさい。
座禅が楽で、座ることが、ニコニコするほど楽しいぐらいにならねば駄目だ。
それは、楽であるべきであり、そこには、なんらの会得も必要ない。
何かを会得などしないことだ。
なぜならば、
<u>あなたの苦しみは、なにもかも、いつでも、</u>
<u>あなたが何かを「分かった瞬間」から始まるからだ。</u>

あなたが分かったとき、知ったとき、把握したとき、
「これだ」と手に入れたと思ったときから、
あなたは抜けられない不幸の中に突入する。
<u>分かるあなたがいるということは、かならず、</u>
<u>分からないあなたというものを生み出してしまう。</u>
だから、なにも分からないままでよい。

一切、分からないでいい。
わかろうが、わかるまいが、あなたは、ただそこに『いる』のだから。
それで充分なのだ。
座禅とは、そのあなたの『いること』で充分だ。

余計なことをつけ足してはならない。
呼吸への注意も駄目、今の瞬間を離さないという気迫も注意も駄目だ。
そういうことをやるな、と私に言われれば、
あなたの中に起きることは、こういうことだ。
「これじゃ、意味がない。ただのボケだ」

では、そのただの無垢なボケにいられないのは、なぜなのかな ??
すべて、それはあなたが、目的への達成欲で落ち着かないせいだ。
何もせず、工夫もなしに楽に座ることにあなたが退屈するとしたら、
あなたは、ちっとも『意識が座っていない』ということだ。

悟りとは、
あなたがしがみつくものでも、
あなたが、達成する境地でもなく、
あなたが日々座禅して練るものでもない。
そんなものは、全部、あなたが『やらかす』ことばかりだ。
悟りの最大の美しさは
『自然になってゆくこと。なってしまうこと。』だ。
それは、存在や無からの、あなたへの贈り物だ。

それは、あなたの創作物じゃない。
あなたの注意の努力の結晶じゃない。
あなたが、何も求めず、何もしようとせず、
一切の、禅の目標も、そして世俗の目標も、一切を無視して、
無為の中に、落ち着くことだ。
それは心理的な次元に限れば、実質的には、あなたの全面的な死だ。

さんざん、あなたたちは、どこぞかの禅寺や瞑想センターで、
またどこかの寺院で、
さんざん、あなたは修行課題を与えられ、その成果やその目的を説教された。
そういうあなたが私に出会うと、私は
『それこそが、その全部が、あなたの大悟を妨げている』と言う。
「それでは世俗に落ちてしまう」と、多くの者が私に言う。
私は限りなく、毎度、何度も言ってきたはずだ。
「世俗とは、充分に、すでに、達成欲の固まりだ。
僧侶は、これまた、達成欲の塊だ。
だから、本当の悟りは、
世間にも、寺にもない。どっちも駄目だ。」

『いっそう、世俗よりも落ちなさい』とEOは言う。
世俗以下になりなさい。
私の住む場所は、近所に浮浪者や乞食が多くいる。
私は、彼らが好きだ。無欲だからだ。
形式だけの乞食ぶったの雲水などが、かしこまって立っているそばを
本物の乞食が通り過ぎると、私の目には僧侶が馬鹿のように見えたものだ。

私は、とにかく、『最低の人達』が好きだ。
なぜならば、最低の底辺は、
仏性以外に、行き場がないからだ。
最低の直前は最低の苦悩、最低の苦労、最低の人生だろう。

しかし、それがただの最低に至るとき、
突然にそれは、最高の幸福に包まれる。

そこにはどんな緊張も努力も目標もない。
目に映る、あらゆる生命が、光明そのものに包まれる。
だから、達成する心の落ちた人達だけが、
本当に、なんの努力もなく、今の瞬間を我家としている。

それ以外の者は、僧侶も師家も、全員、
今にしがみつこうとする、貪欲な、ただの俗だ。

多くの場合は、それは世俗よりも始末が悪いと言える。
なぜならば、彼らは俗を越えようとする、ごたいそうな仏法やらを
「これのみだ」とばかりに、振りかざしているからだ。

そんな彼らの寺に救いを求めて入門したが、
決定的な何かが欠落したまま、数年を放浪し、
そういう人達が、ときおり、私と出会う。

生粋の本物の禅寺でも駄目な人達が、私の庵を訪れる。
EO は言う
『やりすぎさ。なにもかも、やりすぎている。
だから、やらないことを覚えなさい』

一見すると、彼は、まるで怠けよ、とばかりに言っている。
だが・・・・修行者たちよ、、
本当に、『一生懸命に、徹底して怠け続ける』ということは、それそのものが、
<u>あなたの自尊心を殺す</u>のだと覚えておくことだ。
怠けないで努力をするあなたなら、そこには、「ご立派な」あなたがいる。
その努力を誉められるあなたがいる。
だが、そんな、ご立派なあなたがいるから、大悟が起きないのだ。

大悟は起こすものではない。
それは、全く期せずして起きるだけだ。
だから、そのためには、
『全く期せずして』、の心境をあなたが用意するだけでいい。
絶対に<u>待ち構えないこと</u>。

しかし、そんな方法があるのだろうか？

なぜならば、我々は世間でも達成したり、希望を持つことを教え込まれた。
さらには寺でさえも、「つかめ」「わかったか」と、どやされてきた。
だが、それを全部落とさなかったら、無欲の真空の停止点は実現されない。
禅の坊主の中には、「まず求めることがなければ駄目だ。無欲は後で自然になる。」
などとのたまう者が大半だ。そんなことは失敗し続ける。かならず失敗する。
だから、心底、何も待ち望まない静寂の中に座って
ただ、楽に座り、待たず、期待せず、楽に緩んで、くつろぐことが出来るのは、
たったひとつの場合だけだ。

それは、ほとんどあなたが、死んでいるようなことだ。
恐怖や痛みや危険や病の中での死ではなく、
静寂と無為の中でのあなたの死んだような、楽な座禅が必要だ。
この<u>まったく無意味な座禅</u>こそが、
<u>まったく無意味な悟り</u>を可能にする。

もしも、悟りに意味や意義があったらば、
かならずそれは、また苦悩や混乱をあなたに生み、世界に生み出す。
まったく、<u>なんでもないこと</u>が悟りの<u>無垢な美しさ</u>だ。
そこには仏法などという汚らわしい言葉は不要だ。

まるで死体のように、座ること。だがそれは病的な死体ではない。
その中で、『やる』という事を根本的に落とすために
たったひとつだけ『やる』ことを私はあなたに指示している。
それが茶碗を脳天に乗せることだ。
その<u>結果に構わずに</u>とにかく乗せることだ。
そして、その結果にかまわずに、とにかく、脳天に留意することだ。

<u>本当に心身が</u>
<u>座禅の中で死ねる場所はそこしかない。</u>

脱落徹底の為に
絶対不可欠な行法の第2段階
『幽暗行』

幽暗行は全体で約1時間となる。実習期間は一生である。

頭頂留意

1. 座ったら茶碗を乗せ、海岸でただぼんやりと5分そのまま座る。次に茶碗をどけて目を開眼で水平から15度ほど上向きにしてさらに少し「寄り目」にしつつ、頭頂に強く留意して約1分。

2. これ以後はステップ6までは目を閉じて、以下のようにする。

A. 頭頂から息を吸う気持ちで体の前面を6秒かけて意識を下降させて6秒で尾てい骨に到達させる。(この時は腹式呼吸であり、下腹部が膨らむ)

B. 次に肛門を締め上げながら、さらに吸い続けて今度は背中にそって6秒かけて吸って意識を頭頂に到達させる。(この時は腹式呼吸となり肺が膨らみ、腹は少しへこむようになる)

C. そうしたら頭頂6秒間、意識と息を停止。(肛門は締め上げたまま。肺も膨らんだままである)

D. 次に、吐くときは肛門を緩め、6秒で体の前面を下降させて意識を尾てい骨に到達させる。(この時は腹が膨らみ、肺が少しへこむようにする)

E. 再び肛門を締めて、さらに続けて6秒かけて息を吐き切りながら意識は背中を上昇させて頭頂に達する。(この時は腹を凹ませて、残っている息を吐き切る)

F. 吐き切ったら、肛門を締めたまま、再び頭頂で意識と息を6秒停止。この繰り返しを約12分。(肛門の締め上げは背中を上昇する時と頭頂停止の時のみ)

呼吸は「むせぶ」ような音を立ててよい。ヨガのように多めの深い呼吸である。

3. 次にこれらの意図的な規則的な呼吸をすべてやめて次のイメージを行う。頭頂から発したレーザー光線が天井に当たっていると想像しながら直径 30cm 程度の正円を天井に描くような気持ちで、反時計回りに頭を少しだけ回し続ける。一回転約2秒ぐらいの速度。頭部の回転半径は最大でも3cm 程度である。すると想像上では、天井の光の点はあなたが見上げると時計回りにゆっくりと正円を描いて回っていることになる。これを好みの光線の色でイメージしながらゆったりと頭を回す。決して大きく回さず微かに回転するのみである。これを約5分。

4. 目を閉じたまま頭を停止する。するとイメージの上では、頭頂からの光はまっすぐに天井に向かって一直線に停止していることになる。そのまま光が天井を超えて空まで伸びているイメージを味わいながら約2分。

5. 最後に光線のイメージをやめ頭頂の2cm 範囲に意識を固定する。ここでの最大の注意は頭皮の感触のみを頼りに留意することであり、決していかなるイメージも使ってはならない。つむじで呼吸しているイメージも使ってはならない。
時間はあなたの気が済むまで。

続いて**闇の瞑想**

6. 目を閉じたまま1分ほど休んでそのまま闇の観想（基本編のステップ3の通り）に入る。ただし基本編と異なり最初から目を閉じたまま闇を観想することになる。外の闇、内の闇、全一的な闇を各10〜20秒ぐらいずつ何度も繰り返して観想する。すると全一的な闇の時にストンとすべての心的作用と意識そのものが消えた脱落が起きる場合もある。この時、意識は途切れるが眠気とは全く異なる。時間はあなたの気が済むまで何度でも脱落すればよい

7. その身心脱落から戻ったら、静かに目を開き、頭頂約5cm の上空にピンポン球からテニス球ぐらいの任意の大きさの球体の力場（光の球でもいい）を想像する。時間指定なし。しばらくして、もしも目を閉じたくなったら閉じてもよい。

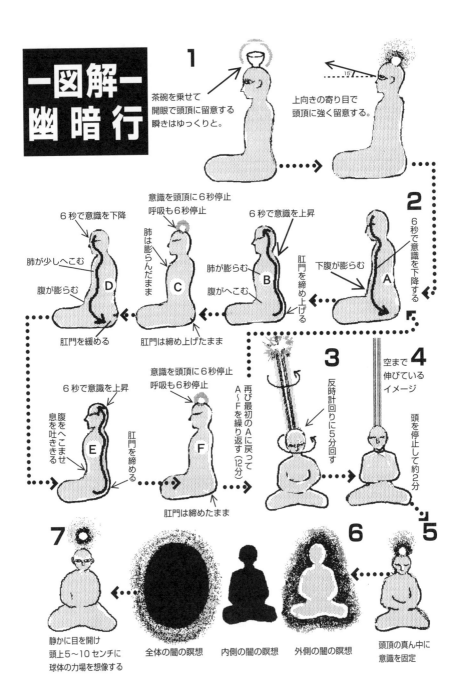

禅定に関する雑感

仰向けになる

座禅の直後に仰向けに休息する寺などない。だが、これは非常に重要な要素である。仰向けという動物的には最も無防備な姿勢をとることによって座禅中に抜けきらなかったな無理な意志が、仰向けになることによって、楽に解放されるものである。自我を開け放って無抵抗になる『仰向け姿』を座禅の直後に入れるべきだろう。

朝一番の意識状態

朝、顕在意識が目覚めた時、注意するとよいだろう。
世界というものは客観的にあるのではないことを朝の目覚めは教えてくれる。
世界や自己というものは毎朝、毎朝、我々が記憶で、組み立ててそのたびに作らねば存在しないものである。
たとえば、あなたが朝起きると、自分の部屋にいると認識し、自分のやるべきことを思い出し、自分が誰だかを思い出す。あなたが頭のなかで朝モンモンと何かを思うとき、その思いの内容があなたの世界や自己という幻想を回復するのである。この朝一番の自分の思考をみるとよい。自己同一化のプロセスの全てをそこに見るであろう。
逆に言うならば、あなたが朝起きて、突然記憶喪失になっていたら、
あなたは自分がなぜそこにいるのかも、世界がなんであるのかも、
これから何をするのかも分からず思い出す会社も友人もなく、
思い出す名前も役目も目的も修行も工夫もありはしない。
こうしたものを毎朝、あなたは高速で思い出して再生して、我々はその日を生きる<u>自分という幻想の粘土</u>をこねてから通勤へ出る。
だが、もしもこれらの記憶が再生されない場合、我々は毎朝呆然自失してしまい、したがって、それは毎朝悟っているという事にも似ている。なぜならば、そこには記憶による自己同一化という幻想がないからだ。だが、おうおうにしてただの自我喪失は失われた生命感覚の回復のために、感覚世界への執着や依存を生んでしまう。

だから、記憶喪失は悟りに「似ているがそれは、きっかり半分だけ似ている」ということである。

悟りの場合には、さらには肉体の感覚からの過剰な神経信号の負担、依存、愛着も軽減されるのである。

こうした理由から、朝の座禅、瞑想はたとえ15分でも不可欠である。

習慣的にあなたは毎朝、毎朝、起きた直後に高速で思考や記憶を集めて自分を確定している。だが、それを呆然と放置すると、次第にあなたには自分が戻って来なくなる。記憶は正常であり、むろん自分がどこにいるのかも、なんという名前かもわきまえてはいるが、それが全く意識に痕跡を残すものでもなくなり、負担にもならず、何も取り付かれるような心配や目標もなく、あなたは自分へのこだわりを喪失してゆく。

あなたの個性や記憶に損傷はないが、やがて、それらはあなたが、しがみつくような主張するような個性ではなく、全く過疎的などうでもいいものに変容してしまう。

朝よく注意すれば、目覚めた直後はあなたはまだ自分が何者であるかの自己同一化を完了していないのである。だからその時に死人禅瞑想をすると、自我が形成を完了しないままにあなたは放置される。

だから朝の脳天留意は大切である。朝、我々の<u>意識は肉体意識を回復しようとして、かなり過剰に肉体にひっぱられる傾向がある。</u>

いわゆるノイローゼの状態の時の人間は、朝や睡眠から目覚めた直後に動揺や不安を増加するものだ。この原因は、思考や心配や不安の圧力が目覚めのアイデンティティーの回復と共に押し寄せる、という側面がある。

だがこれにさらに大きく加担しているのは、目覚めた直後には肉体意識が優勢になろうとする作用である。

これは生物としては当然の自然なことである。目覚めたら肉体をしっかり感じ取ることで我々は生活を回復するのであるから。だが、これまた<u>この隙間に瞑想が割り込むと、肉体とのリンクが希薄になり意識が優勢になる。</u>

また睡眠中にはアストラル体やメンタル体が余計な情報を蓄積しているのでそれを掃除してしまうためにも朝の死人禅は、たとえ10分でも非常に重要である。

手足の組み方

さて、手の組み方は非常にデリケートな問題である。
だが、かならず左右のどちらかが上の方が心理的に落ち着くということが発見されるはずである。手の組み方は心理的に莫大な影響がある。これは死人禅では誰もがはっきりとその違いを確認する。
そしてこうした違いは非常に微細な意識の中でしか感じ取れない。

では、足がどっちが上に組まれるかということは何に影響するのだろう。
これは実は今度は、心理面ではなく肉体に影響する。
40分の瞑想や座禅ではあなたは気が付かないことだが、90分から2時間に及ぶと、あなたは自分の肉体の歪みを痛みや鈍痛、苦しさとして感じる。
たとえば、体の半身が妙にこわばっているとか、首がこるなど。
こうしたものが圧迫として感じられて座禅に負担になったり落ち着きをなくす原因は肉体の歪みにあるのだが、その歪みの原因は足の組み方にある場合がかなりある。
ためしに、もしも1時間半やって肉体のどこかが変に苦しかったら足の組み方を逆にしてみるとよい。必ず嘘のように楽になるだろう。
足のどちらを組むかは、長時間座った時に楽に座れる方の足を組めばいいのである。
どういう組み方にせよ、この足の組み方は上半身を支える土台として必ず若干の歪みがある。我々の足が2本であるかぎり、どんな座方でも歪みのない座方はありえない。歪みが完全にない座方は正座か足を組まず足の裏どうしをくっつける座りかたである。だが、これは瞑想にあまり向かない。

* *

したがって、死人禅の座方は次のようなものである。
通常のあぐらの状態から、左右どちらかの足の先を残る足のふくらはぎと大腿部に挟む。下になった方の足をやや引き付けて上になった方の足のふくらはぎの下にする。実に当たり前の座方であるがあぐらとたったひとつ違うのは、どちらかの足の先をひざの裏に挟んでいることである。
この座方は2時間以上の死人禅の禅定に不可欠である。他の流派すなわち只管打座、あるいは腹を重視する行法と死人禅は全く異なり、肉体の感覚を軽減することによって脳天留意を加速する。したがって一切の無理や苦痛を伴う座法は使わない。

また背中を真っすぐにするのも、座禅の途中で背骨を整える程度にはよいが、そのまま真っすぐにしてはならない。

顔面の緊張緩和の為の微笑

瞑想中は力んで舌を上あごにあまり強く押し付けすぎたりしないこと。
ヨガでも座禅でも舌を上あごにつけるが、緊張をほぐすと、我々の舌はほんの軽く上あごに接している程度である。また唇にも力が入ってるはずである。
また歯の嚙み合わせにも力が入っている。静かに座っているつもりでも、こうした顔面全体にかなり余計な力が入っているので注意してみるとよい。
特にあご、舌、唇、眼球である。
これらの気付かない緊張を和らげる最も優れた方法は、
座禅時に、顔全体を仏像のように『かすかに微笑』して座ることである。

なぜ瞬きをゆっくりするのか

ゆっくりした瞬きなどが何に役に立つのか、そんなことより深呼吸で落ち着けると言う者がいる。
ならば、試しにまず、5秒で吸い、5秒で吐く、ゆっくりした呼吸をしてみよ。
そしてその間、瞬きを1秒に3回以上の速度でやってみるとよい。
ゆっくりした呼吸でも、瞬きはそれに関係なく速くできるだろう。
では、逆に、瞬きを5秒で閉じて、5秒で開くほどのゆっくりしたものにしてみよ。
そして今度は呼吸を1秒に3回ほどの速度にしてみよ。
やってみれば、それが困難であると分かるだろう。すなわち、呼吸や動作をどんなにゆっくりしても瞬きには影響しないが、瞬きをゆっくりするとそれは呼吸や動作に深く影響を及ぼす。呼吸や動作をどんなにゆっくりしても、心中が騒いでいることは出来る。だが逆に瞬きをゆっくりしたままイライラしたり動作を粗雑にしたり呼吸を粗くすることは困難である。
我々が日常まったく無意識にしている瞬きは最も心に影響しているのである。

禅定の低下する周期

いかにして長時間座るかが問題なのではなく、
どうして長時間座れないかという観察の中にこそ『定』の鍵がある。
我々が座禅を自然に中断したりやめるとき原因は3つある。
ひとつは、やるべき物事や、危険などが起きて、意識を集中させるべき対象物の縁がある場合。だが通常自宅の座禅では寺の時間を仕切られた座禅とは違い、なにものにも邪魔されず何時間も続行できるはずである。
さてもうひとつは肉体のどこかが苦しくなる場合であるが、これは、ほんの僅かに姿勢を変えたりほんの僅かな背骨のひねりなどでいくらでも続行できるはずである。それは実にほんの僅かの運動である。経行（歩行禅）などは通常2時間から3時間以上の座禅の場合のみに必要なことであり、40分程度の座禅には必要ない。
ちょっとした姿勢の修復だけで1時間半は座れるはずである。

そうすると、さて『定』から離れる原因の3つめがある。
それは実は肉体の原因でもなく、外部の原因でもない。
<u>それは純粋にあなたの心理的な原因である。</u>
この3つめの原因が30分や40分ほどの座禅で『定』から出てしまう最も大きな原因である。
それは実はあなたの<u>意識が粗雑になっている</u>のである。
30分ほどするとあなたの意識はふらふらと落ち着きをなくし、あれこれ雑念が増える。この<u>粗雑になり始める瞬間をよく注意すること</u>である。
特に脳天留意を続けて30分あたりのとき、留意点があまくなり、同時に落ち着きがなくなり、留意が忘却されて思考が増えている。
この瞬間に不注意だと、あなたは「ふと自然に止めたのだ」と思い込んだまま『定』から出て、散歩をしたり、深呼吸をしてしまう。
だが、ここでこの微細な『低下』に気付くと低下した定をまた復帰させて頭頂留意を維持して、次のステージ（周期）に入ることができる。
この定の低下の微細な動きに気が付くようになるとあなたはまず30分から40分あたりの山場を超える。次の定の低下はそれからさらに1時間後である。
ちょうどこれから次の深い定の周期に入るという45分あたりの時に、寺では中断されてしまう場合が多いので非常に禅寺は配慮がない。（接心期間は別として）

この意識の推移の全体は実はオクターブ法則にのっとっており、
ドレミファソラシドのひとつひとつの音程移動を仮に15分とすると、
ミとファのインターバル（半音が存在しないで周波数の上昇率が落ちている場所）
が座禅開始から30分から45分の地点である。ここを切り抜けると、次には座禅開始から90分から105分の地点がさらに大きなシド間のインターバルになる。
だから、もしも1:45分の座禅がまっとうされると、次の「定」の周期に突入する。
するとまた次に2回のインターバル（低下地点）があり、これを超えるととめどもなく定は深くなる。こうなると禅定に努力しているのではなくそこから出るために努力が必要になってしまうほど『定そのものに捕まって』しまう。
これが本当の『定』である。座禅そのものが座っていることになる。
ただし死人禅では、それは座禅というよりも常に死の儀式または練習である。
1:45から2時間のこの深い死人禅の持続では粗雑になることもなく定が続き、
そのまま死んでもおかしくないほどにあなたは空虚になる。そのサマーディからは出るに出られないものとなる。だから定に捕えられてしまうまでの45分あるいは105分までが自力の禅であり、その後はいわば本性禅と言える。
このインターバル（低下する注意点）を表記しておく。

```
 ド    レ    ミ   ファ  ソ    ラ    シ    ド    レ    ミ   ファ   ソ    ラ    シ    ド
 |― ― |― ― | * |― ― |― ― |― ― | * |― ― |― ― |* *|― ― |― ― |― ― |* *|
 0   15   30   45   60   75  1時間半 105  2時間 135 2時間半 165  3時間 195  3時間半
```

＊印を超えた地点がちょうど終了するのにも続行するのにもよい。
最も注意が必要なのは＊の地点の始まりのポイントで座禅を中断しないことである。
すなわち、30分、1時間半、などの地点で中断しないことである。

このインターバル開始の地点でアラームを仕掛けておくのもよい。
ようするに座禅を止める合図ではなく、そこで微細なものが粗雑にならないように注意するための合図の音である。

軽運動

散歩や経行というものは、非常に重要である。
部屋で7日間座り続けたとしても、静寂は深まるものではない。
むしろ部屋で閉じこもって座ることは余計に肉体の意識を増大して全く禅定に入れない原因になる。
その理由は<u>肉体というものは一定の運動量を満たしたり、あるいは歪みのない状態にないと禅定は起きない</u>からである。
だから座禅修行の日程の途中で、肉体を動かすことは重要である。
適度に肉体を動かすことで我々はかえって肉体意識を軽くすることができる。
散歩、呼吸法、軽い柔軟体操、これら3つを同時に全部含むものとしては太極拳などの一部の型の動作が非常によい。
死人禅に限れば<u>禅定が深まらなくなったらば、ほとんど必ずそれは運動不足が原因</u>である。心理的な雑念とかこだわりといったものはそもそも死人禅では脱落の一路をたどるので、もしも禅定に問題があるとしたら、必ずそれは肉体管理の手落ちである。いつ運動したらよいかは<u>座禅中に体が重いとか、皮膚にどんよりとした重い感触</u>がある場合である。散歩から帰ってふと何気なく自然に座った時、あるいは長い座禅から散歩に出掛けた時、こうした切り替わりの時にぐっと禅定が増す事が多々あるのである。

照明

紫外線や青い光は禅の瞑想には極端に不向きである。
禅定のために理想的な光は『赤』である。写真暗室用のライトが理想的である。
我々はどこにいても、目を閉じると、いつも実は赤い色の光を見ていることになる。
赤は一番我々に親しい色なのである。
なぜならば我々の皮膚は血液が通っているので、当然、目を閉じると、周りがどんな光でも、いつも赤いフィルターがかかっていることになるからだ。目を閉じると暗いと言うがそれは黒ではなく<u>暗い赤色</u>なのである。太陽に向かって目を閉じれば、まぶたを通過した光は赤かオレンジである。従って座禅の為の照明は赤が最もよい。

物理的な暗黒の瞑想

物理的な闇の瞑想では、完全に暗闇にするために、光を完全に遮蔽した部屋をつくるべきである。部屋に雨戸がないときは風呂場などの窓に黒いラシャ紙を張って作ったりするとよい。この座禅では<u>脳天の留意もなく、闇をイメージするのでもない。</u>暗黒の瞑想は、まったく無工夫である。それはあたかも土中で即身仏となって死ぬシミュレーションだと思って暗闇に入るべきである。一切やることはない。なにも心理的にやらず、何にも留意してはならない。無抵抗のままで死の深淵へ突入するのみである。あなたは完全に全く何もしないという事である。

死人禅瞑想の完全な暗黒の闇がどうしてもイメージ出来ないという人は、
この完全な暗闇を自室なり、洞窟なり、押し入れなりで、実現し、
なじんでみるとよいだろう。

最終行法の実習についての補足

留意は、うまくいこうが、行くまいが、やっていれば、なんとかなるものである。
それは筋肉でも鍛えるように、やっただけ日増しに育つものだ。
そして、やらなければ、それだけ駄目になってゆく。
私が皆さんに経験してほしいのは、生活の中であれ、座禅のときであれ、
この脳天が留意されているときと、されていないときの心境、動作、判断、受容的感覚の広がりのいちじるしい相違である。
この留意は最後には、生活に、まったく支障のないものに成長する。
ただ、初期のうちは、ある種の脱落の深みや、呆然とした状態に酔っ払ったりする。
その時期にはどんどんと、のめり込んで陶酔するとよい。
少しばかりあなたの雰囲気が廃人のごとく静寂になる時期もあるが、それもやがては通過するだろう。
頭頂留意がどうして、かくも強調されるかは『結果』が出ているためである。
こだわらない、求めない、ただ馬鹿になる、ゆったりと自然に、くつろぎ、
しかも最低限度の注意力は失われない。感情起伏が少ない、さりとて普通に笑いしゃべるが、よけいな事は言わないで聞き耳をたて、動作に無駄がなくなり、
さっさと行動するときは、さっさと動く、などなど。
こうした、通常は修行として禅が要求するものを、全部まとめて頭上留意法は、
すべて『同時に引き起こす』のである。
脳天留意までは「あなたがやる工夫」だ。
しかし、留意の結果生じる心境や動作は「脳天から生まれるもので、
それはあなたの仕業ではない」。というところにこの行法のポイントがある。

門下もずいぶん、茶碗の使用で助かったものであった。
何もなしに、意志だけでやるよりも、のっけた時点で脳天にシフトする『癖』が、
そのうちに、ついてくるからである。

・・・・・・・・・・
さて、死人禅宗では、さんざんに肉体感覚の軽減を強調してきた。
禅はまっこうから、その論理に反対する。
なぜならば、彼らは肉体を通じての唯物的な「知覚の事実」に重点をおくからだ。

だが、知覚そのものが迷いであるとするのが仏教であり、また真の正法である。
遠離というものが徹底せず、ただのありのままの事実というものの楽しさに固執するところから禅独特の悪臭が生まれてしまうことが多いものだ。
この限界が突破されるのは、禅に頭頂点留意の方便が付加された場合のみである。

禅では、ありのまま、ただ、ひたすら、そのまま、そのもの、このもの、
という境涯、ならびに身心脱落の『定』のみは強調されるが、
いわゆる西洋神秘主義における『吹っ飛んだ合一』の境涯があまり語られない。

死人禅門下は、基本行、そして14日の接心を終えたころに、
ほぼ「ただの事実の美しさ」という程度の境涯ならば、了解してしまう。
しかし、幽暗行は、そこに踏み止まらないためのものだ。
幽暗行は、徹底して、頭頂への留意を一日中安定させるためにあるが、
それで修行が終わるわけではない。
・・・・・・・・・
幽暗行の第7ステップで形成された「球体の場」は、
やがてかなりの安定をしてくるだろう。
しかし、そこで、さらに、行われるべきことがある。
それは、頭上のその「場」への留意が
『ただの留意そのもの』にまで純化されることである。初期の幽暗行実習者達は、
まだ留意している自分と留意されている頭上が「2つに分離」しているはずである。
すなわち、留意されている頭上の場と、もう一方ではそこを留意している本人が
まだ頭部の内部、あるいは眉間に存在する。
つまり、留意している者と、されている頭上点がまだ「ひとつ」ではないのだ。
したがって、ここで必要な修行は留意そのものだけの状態になることである。
下から上を留意しているような状態では、まだ留意者と留意対象が分離している。
そうではなく、もう、頭上の留意そのものしか存在しないまでに、留意そのものに
なりきる工夫が必要である。頭上点への没入状態とも言える深さが必要なのだ。
ただ頭上点だけがあり、頭頂点から下にはほとんど意識がないという状態である。
死人禅の多くの実習者たちは、まだ留意の「主体」としての肉体や脳があり、
留意が、ただのオマケになってしまっている。

そうではなく、留意そのものが生命の中心となり、肉体が逆にオマケのようになることが必要なのだ。この肉体と頭上の留意の比率が、完全に頭上の上空約5センチの位置にずれこんだ時、もう、そこには、留意<u>しているあなたは存在せず</u>、ただ留意<u>だけ</u>がある。

したがって、幽暗行の実習者は、1ヶ月ほど幽暗行を規定どおりに続けたら、ツメの作業に移るべきである。幽暗行そのものは、いままでどおり続けること。そして、座禅もせずに普通にくつろいでいる時に、<u>留意が自然に強くなったらば、ただひたすら、その留意そのものになりきるようにするのである。</u>
留意と一体となり、上空の留意の場に、なにもかもを捨てて没入するつもりで、留意になりきるのである。決して、留意している自分が残らないまでに留意するのである。留意<u>している</u>のではなく、留意だけがそこに在るようになればよい。
これが死人禅の座中（静中）の工夫である。
一方、『動中』の工夫としては、次のようにする。
1. 目で何かを見るときには、<u>頭頂</u>からの意識も同時にその対象に向けること。
2. 耳で人の話や外の音などを聞く時には、<u>頭頂</u>でも音を受け止めて感知するような気持ちで聞くこと。またしゃべる場合も<u>頭頂</u>の留意点の位置から話すような気持ちで、会話をすること。
3. 歩く時には、<u>頭頂</u>で足の裏の感触を感じるようにすること。

すなわち、何をしている時にも<u>頭頂</u>が最も優勢な中心になるようにするのである。むろん肉体感覚もあり、何もかも当たり前に正常だが、すべての中心ターミナルが「頭頂」にあるというのが、今までの修行と違うところである。
ただし動きの中での留意点は、あくまでも<u>頭頂留意</u>であり<u>『頭上点』</u>ではない。

注意
（本書では『頭頂』（とうちょう）と言う場合は、つむじの皮膚部分を指し、
『頭上点』（ずじょうてん）と言う場合には頭上の空間の一点を指すので注意する。）

まとめると・・・

1. 座って座禅する時には空中の<u>頭上点</u>に『没我するつもりで』留意すること。
2. 日常生活の中では、何もかもを<u>頭頂</u>でこなすようにするのである。
完全に意識の中心を留意点に『移動し切る』のが死人禅の最後の修行課題である。

第5章／楽に死ぬための条件と境地

本書の全体像である
宇宙的規模の闇と悟りについて

私はいまのところは死や無というものを、「いまここ」への落ち着いた覚醒、楽な<u>覚醒のために</u>利用している。

しかし実際には、闇というのは、その『悟りの為にあるわけではない』。
ちょうど無為自然の行為が、楽に存在することの副産物であるように、
・・いいですか、繰り返しますよ。
無為自然が、楽に存在する悟りの副産物であるように、
今度は悟り、<u>大悟そのものが、実は別のものの副産物にすぎない。</u>

言うまでもなく、では、悟りがなんの副産物かといえば、
それは死、闇、無の副産物である。
『副産物』という言葉を私は使う。
原因の結果とは言わない。なぜならば、無の闇が原因で悟りが結果ならば、
そこには「連続した流れの因果律」がある。
つまり、「闇があれば、かならず悟りという光もある」ということになる。
しかし、私があえて悟りは闇の副産物だというのは、
<u>闇は悟りなど生み出さなくても、孤立して独立した実体だからだ。</u>
悟りもまた、最終的には闇へ、無となって消える。
だとしたら、禅は何を求めているのだろう？
実は、悟りさえも、求めるような価値も意味もないのだ。
ひとりの苦悩する人間にとってはそれは楽になる道である。
しかし、宇宙にとっては、そんなことは知ったことではない。
悟りもまた、宇宙の明滅と共に、消える。

・・・・・・・・・・・・・・・

私は最初に完全に精神が死んで、気が付いたら光明の中にいた。
しかし、それは『ああ、楽だ』というだけのものだ。凄いとは思わなかった。
存在するあらゆる苦痛から解放されたという安心だった。
だから、私は大悟してから数日、もうあと何日も生きなくてもいいと思った。
それは、完全な、<u>完璧な、全くの終わり</u>だった。
それ以前までは、完全な苦痛だった。
そして、それが起きた後、何か『それ』は凄いものではなく、
<u>死ぬ覚悟の上にだけ成り立つ、存在からのささやかなプレゼント</u>のように思えた。

『ああ、これは悟りか』と感じたのは、次の日だっただろうか。
それが大悟だと分かったのはしばらくしてからだ。というのも、何と比較したらいいか分からなかったからである。どうやら、間違いないようだと思ったのは、
それがなんの努力もなく、絶えることなく連続していることだった。
いつまでたっても存在性のフィールド、意識が、ただ在り、ただ在り、
ただそれだけだった。
一日にたった数個の思考しか浮かばなかった。
それ以前までが、自殺寸前だったので、それはあまりにも楽で心地よかった。
そしてその日以来、ただの一度も私は苦しいと思う経験がない。
そしてもうひとつは、あの日のあの瞬間から、未だにただの一秒も経過していない。
あの日の『あれ』が『ここ』にある。
だから、そこには時間は全然ない。
世界という時間は全く止まったままになった。
おそらくこれは死ぬまで動かないだろう。
・・・・・・・・・・
しかし、もう一度言うが、
これらの悟りの次は、本当の無だ。
全くなにもない。おしまいだ。
あなたも宇宙も、私も、ブッダも、なにもない。まったく。
それは最終的サマーディのことであり、それは完全な無だけだ。
ここにはもう禅は追従出来ない。ここは人間の領域ではない。
あくまでも、この無から<u>有</u>の世界に戻ってくる途中に悟りや無心があるにすぎない。

闇は対象物として対面し続ければ、その闇を見ている自分はなんなのだという
自己存在を逆にくっきり意識させる。これをやればあなたは確実に狂うだろう。
しかし、対象として見詰めるのでなく、闇へ自分の全生命を投げ込めば、
そこから出て来たら、残っているものは『意識』以外何もない。
闇と自分という『２元的な関係で』瞑想すればそれは狂人を生む。
だから、闇と自分ではなく、また、死と自分、無と存在という関係ではなく
ただ闇、闇、死、、ただ無という中へ、溶かしてしまうしかない。

そのプロセスで何かが残っていれば、その残っているものがジタバタと存在を続け
よう、維持しようとか活動や動きを生もうと、あがいて、結局それは闇の前に苦痛
を生み出す。だから、闇にいられるのは、闇だけなのだ。
悟りは、絶対の不毛の闇と引き分ける、ぎりぎりの意識である。
絶対無の闇のなかで、一歩でも意識が動いたら、
その動きそのものが膨大な苦痛と混乱を発生する。

そして、この小さな人間ひとりの苦悩、苦痛とは、実はその縮図にすぎないのである。
絶対無に対する無駄な抵抗。これが全ての迷い、苦痛の根本原因だ。

不毛、という徹底した理念のない禅は本物ではない。
地球でなら通用しても、宇宙では通用しない禅だ。
私は、半端な人達は生み出したくない。
だから、私は私のメソッドを『死人禅』と名付けて、
いまでも正解だったと思う。それ以外の名称は不適格だ。

したがって、闇は単に瞑想対象なのではなく、その中へ消えるべき墓場だ。
そこが、ただ唯一の我々の故郷だからだ。

禅寺が葬式や火葬場だとすれば、私は墓穴そのものだ。
墓穴には、経行などという葬儀も、座禅などという火葬もない。
そこは、ただの静寂だ。ただの暗闇の墓である。

人もいない。なにもいない。幽霊もいない。ブッダもいない。なにもない。
私は、いまでも、そこに住んでいる。
禅だの、いまここにいるだの、存在性の美しさだの、ただ在るなどというのは、
絶対無から、のっそりと出て来た私の散歩道にすぎない。

だが、その絶対無への突入以外に道はない。
初歩の死人禅の実習者は脳天の留意ばかりを重要な方法だと思ってしまう。だが、
それではクンダリーニヨガと変わるまい。
そこに闇の瞑想によって自我を殺し、心を窒息させ、
価値観を放棄するというプロセスなしには、死人禅は完了しない。
だから死人禅の実習者は、
<u>決して闇の瞑想を削除したり飛ばしてはならない。</u>
まず全面的に自我も心も死ぬことだ。
悟りは、その『おまけ』にすぎない。
だから、

死ぬのが先だ。

生きるのは、後だ。

1993 10/18　EO

世間に潜伏する大悟者たちの特徴

もしも以下に述べる特徴を全く自然に体現している者がいたら、

その者は名もなきブッダである。

もしも死人禅を行えばこれらの特徴は、徐々にではあるが

あなたにとって努力による規制ではなく自然なものになるだろう。

もしもあなたがどうしても自分の段階を確認したければ、

これらの特徴をチェックし、修行課題を検討されるがよい。

****

以下に掲げられた特徴、戒律、作法は、あなたが全くの自然にしていれば、
全部すでにあなたの本性の中に在るものだ。何も訓練されるようなものはない。
ただし、どうしても、規律が必要だという者の為にこれを記した。
ただし、これは私の流儀の禅の戒律であって、世俗のモラルや礼儀でもなければ、
禅寺の規則ですらない。しかし、もしもあなたがこれらを強行しようとすれば、
世俗であれ、寺の中であれ、とてつもない困難を味わうことになるだろう。

世間を徘徊する
無名のブッダたちの40の特徴

1. 他人に決して謝罪しないこと。
   ただし、そのかわり他人に謝罪を求めないこと。そして決して自己反省などしないこと。反省などをする自己そのものを放下してしまいなさい。
2. 他人に礼を言わないこと。ただし、そのかわり他人に自分に対して礼を言わせないこと。他人に感謝の意を表さないこと。
3. 他人に挨拶をしないこと。そのかわり他人にも挨拶をさせないこと。
4. 他人に同意や理解を求めないこと。そのかわり他人をも理解も同意もしないこと。
5. いちいち、うなずいたり、返事などしなくてもよい。
6. 自分が楽しむために他人を断りなく巻き込まないこと。断って承諾したらかまわないが。すなわち、これは世俗的な意味でことわりもなく「しゃべりかける」という行為のことだ。これは他人の静寂を壊すからだ。
7. 自分が苦しむために、他人を断りなく巻き込まないこと。
   断って承諾を得てならいいが。すなわちこれは『グチ』をこぼすという行為だ。これもまた、他人の静寂を壊すからだ。

****
一体、これらは、なんだろう？ひどくあなたは非常識だと言うだろう。
私は仏頂面で、無愛想にしていろと言う。そして無礼であれという。
ただしあなたがそうするからには、他人があなたに対してそうする事も許すことだ。
これらが私の寺の戒律だ。これらは、ひねくれた戒律ではない。
なぜならば、前記したような振る舞いは、他人と自分の静寂と無心を乱さないためのものだからだ。そして、覚えておきなさい。
自然の万物たちは、決して「おはよう」とも言わず、「ありがとう」も言わず、「ごめんなさい」も言わず、「な、そうだろう」とも言わないということだ。
そして、彼らは「おしゃべりもグチもこぼさない」。
彼らの、最大の美しさは、社会性や体裁や、偽善がそこにないということだ。
****

次にさらに必要な3つの注意である。

1. 他人にむやみに質問しないこと。

2. そして、他人からむやみに質問されないこと。

3. さらに、他人の質問にむやみに答えないこと。

これらがなされると、あなたは沈滞ではなく沈黙の、そして
抑圧ではなく、静寂の美しさを知るだろう。
これら3つはあなた本人にまず静寂をもたらし、他人にも静寂をもたらすからだ。
特に2番目は3番目がなされることで達成される。
というのも、もしもあなたがむやみに他人の質問に習慣的な癖として答えるような
事をしなければあなたは他人からほとんど頼りにされなくなるからだ。
他人があなたを頼らなければ、彼らはむろん他の他人を頼るだろうが、それはその
ままにさせておけばよい。
どんどんと迷う結果となる知的回答、あるいは情報的な回答を欲するのか、
それとも沈黙の存在の味を選ぶかは彼らの選択だ。
一方あなたは、問わず、答えず、問われずの3つをなせばいい。
ただし、これは外面的な戒律ではない。あなたの内面がそうある反映としての外面
的な特徴である。
もちろん普通の生活をするにあたっては、問う、問われる、答えるは必要だ。
ただし、こと、一見本質的と見えるような哲学、神学、禅学や倫理問題、
あるいは日常生活の死活問題に直結しないようなおしゃべりに対してはこの3つを
守るとよいだろう。

****

次は環俗した後の修行の一環としての30の戒律である。

世間の中では、これらはあくまでも出来る範囲でよい。
なるべくということで、これらをすべて24時間続ける必要はない。

1. 視線をゆっくりさせる。

2. まばたきをゆっくりさせる。

3. 動作をゆったりとスローにする。

4. 会話も比較的ゆっくりしゃべり、あるいは慎重に言語を選び、短い内容でも
   無駄のないように自分で自分の思考観察に時間をかける。

5. うなずく、あるいは横に首を振るなどの頭を動かす動作しないこと。
   つまり同意も否定もするようなことはなく、常に中立を保つこと。

6. 手の指先の力を抜くこと。

7. 歩くときはゆっくりと。

8. 視線をピンボケにして宙をぼんやり見ている時間をもちなさい。

9. 独り言を絶対に言わないこと。また、疲れたような溜息をつかぬこと。

10. 変なクセをやめなさい。例えば『チッ』と舌づつみを打つとか
    貧乏ゆすりをするとか、しょっちゅう髪の毛いじるとか。
    多少の癖はよしとしても、いわゆる無意識的なクセをやめなさい。ラジオの
    音楽にあわせて足でリズムを取ったりとか、ペンをコツコツといらだたしく
    テーブルに打つなどという落ち着かない動作をしないこと。

11. 大声を出さないこと。大声が必要な時もあるが、めったにない。

12. 軽蔑をこめたり、優越感による笑いは禁物。苦笑はよい。
    ちょっとした事で大笑いするのもよい。

13. 情報に食いつかないこと。
    理由はどんな知識も基本的には食いついたり覚える価値がないので。

14. 講話、法話の会話を除く平常は無口で静かであることを他の何よりも好むこと。
    おしゃべりは絶対に禁物だ。

15. 必要のないかぎりは、音楽を聞かないこと。テレビも見ないこと。本すら読まないこと。しかしわざわざ力んで逃げて無視したり拒否はしなくてよい。ただ、あえて情報を自分から追い求めることはしないように。来ればよしだし、聞こえればよしだし、見えればそれでいい。ただし、自分から求めて刺激や情報の世界へはいかない事。

16. 私見を述べるときは、『私から見ての事ですが』と前置きをしなさい。

17. ただし、悟道の意識の中からしゃべるときには
    『我々』という複数形を用いたり、あるいは自分を3人称で言い表す。

18. いまいましい事があると酒飲んだり、騒いで気晴らしをするなどということは禁物だ。そんな暇があったらいまいましい事そのものを撲滅せよ。

19. 比較的無表情でいなさい。

20. よく眠ること。深い休息をしないと光明のエネルギーがもたない。

21. 何を言われても怒らないこと。物理的危害に関しては必要ならば、避けるのはよい。それとてあまり必要ない。だが、これはケースバイケースであり、その肉体が生き延びる必要があればそうするが、必要がなければあっさり殺されればよい。同じく心理的な危害に関しても怒ることはないが、怒ったふりをする必要があればそうしなさい。めったに必要ないのでやらなくていい。

無視をするか、黙ってただ相手の言うことを聞き、味わうだけでよい。

22. どうしても言い争いたければ耳をふさいで怒鳴ると自己観察が可能である。

23. また、どうしても論争したければ、お互いに一呼吸（約５秒）の間隔をあけて交互に発言すること。また相手の発言中に口を挟んではならない。

24. <u>菜食とは限らないでよい。喫煙もよい。必要ならばセックスもよい。</u>
セックスに関しては３つの原因、または動機がある。ひとつめは純粋に<u>肉体の</u>（心ではない）感覚の快楽の<u>味わい</u>のため。ふたつめはエネルギーを相手に伝達する目的。みっつめはブッダが肉体を失うような場合の歯止めをかけるために振動を肉体レベルに下げるために肉体次元に意図的に落とす。

25. まったく何もしない時間を多く持ちなさい。

26. <u>他人に意見は求めても同意は求めないこと。</u>
そして他人の拒絶や否定をいやがらず、ありのままにやりすごす事。

27. <u>願望や目的を</u>持たないこと。

28. なりたい自分のイメージと、そうなれないイメージとの<u>葛藤</u>をしないこと。
つまり自己<u>チェックやら、反省</u>など必要ない。悟っているのかどうかの段階など云々するな。成長の度合などというものへの確認などない。
そんなものは『ただいる』ためには、うっとおしい無駄な作業である。

29. 心理的原因での<u>呼吸の乱れ</u>を引き起こさないように注意しなさい。

30. <u>ミケンに「シワ」をよせない事。</u>
眉間にしわを寄せるというのはつまり考えているということだ。
あるいは何かを強調しようとしているからだ。だが、これは意識に悪影響する。
というのも人間がミケンにしわを寄せる原因は疑問、疑惑、嫌悪、混乱、思索、悲惨、葛藤、強調、押し付け、攻撃、怒りなどの原因に限られる。

＊＊＊＊＊＊＊＊＊＊＊＊＊＊＊＊＊＊＊＊＊＊＊＊＊＊＊＊＊＊＊＊

あなたたちが、死人禅の茶碗を使った座禅、歩行禅、これらで、なおも修行課題が足りないというならば、この40の戒律のいくつまでを自分の自然な振る舞いに出来ているか、印をつけ、さらに残った項目について精進するとよい。ただし、
沈黙行にも似た、この40戒律を死人禅の実習なしに無理やり執行した場合は、心理的に異常になり精神病院送りになるケースが、しばしばある事に留意しなさい。
あなたがまだ静寂の深淵に飲み込まれる段階ではないと自覚された時には、
これらの行法を行ってはならない。

(EO記)

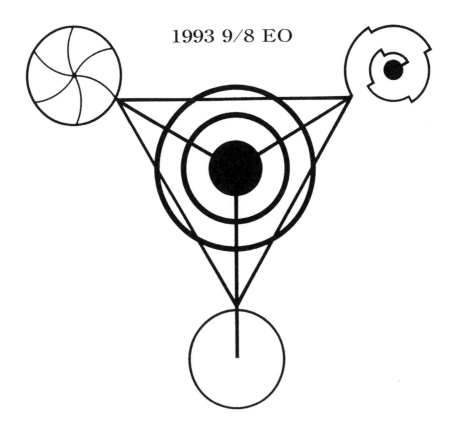

本書が力になり得ない人々について

本書は残念ながら、次の人々にとっては、全く何の力にもなることが出来ない。したがって、あなたが本書の中にある知恵や法にいかに感銘したとしても、本書を次に羅列するタイプの人達に薦めたり、彼らと本書のテーマについて論じてはならない。そのもたらす結果は、果てのない愚かさと口論であるから。

・・・・・・・・・・・・・・・・・・・・・・・・・・・・・・・・・・

1. 何かにつけて、社会はこうだ、一般社会はこうである、通常ならばこうである、常識ではこうである、世間様はこうであると、自分について語るはずなのに、そこに社会を楯にもってくるタイプの者たち。
   その社会性の中には、むろん寺や宗教組織や瞑想センターも含む。

本書は、読者の本性と、そしてあくまでも個的な探求のためのものであって、一般社会を支援する形跡などひとかけらもない。したがって、都合が悪くなって来ると一般論ばかりを常に自己主張の策とするタイプの人間に本書を渡すことはならない。それはいわば、政治家に仏法について語るのと同じほど無意味であり、科学者に神話を語るのと同じほど無意味である。

社会の矛盾を徹底指摘する本書が、どうして一般論にしがみつく人々に無害でありえようか？これは哲学者、探求者、瞑想者への手記であって週刊誌ではない。

・・・・・・・・・・・・・・・・・・・・・・・・・・・・・・・・・・

2. 本書に書かれたブッダの40の特徴から<u>極度に掛け離れすぎている者たち</u>。
   おそらくそうした者たちに本書のような問題を話した場合には、あたかもそれらを、「他人事の話題」のようには何でも言うであろうが、いざその本人を直接に直撃する形での問題提示をした場合には、あきらかに彼らは感情を剥き出しにした状態になるだろう。
   その場合には、いかなる伝達も、有益な論議も不可能である。

・・・・・・・・・・・・・・・・・・・・・・・・・・・・・・・・・・

以上の2種類の人々にとって本書はトラブルの種になる。この事実は、著者が直に接した、一般社会の人々、瞑想経験者、僧侶への長期の観察から出た結果であり、気をつけなければ、あなたの探求生活に無益な雑音を生じるであろう。

最低の人とは、すなわち、最高の人である。
廃墟のブッダたち

他人から馬鹿にされるのは大いに結構な事だ。
だが、他人を馬鹿にするような者にだけはならないことだ。

他人から誉められるのも、大いに結構な事だ。
だが、他人を誉めるような者にだけはならないことだ。
この世界に、他人を誉めたり馬鹿にする者以上の愚か者は存在しない。
ここで言う他人とは、実際の他人ばかりでなく、
他者すべて、現象すべてである。
それゆえにイデオロギー、導師、TAO に至るまで、一切のものを
あなたは馬鹿にすることはおろか、誉めてさえもならない。
次に、他人から馬鹿にされたり、
誉められたりすることは結構だと言ったものの、真実の在り方としては、
あなたは全く他人からよくも悪くも評価されない
<u>論外者となるのが、最も道に適っている。</u>

なぜならば、あなたが他人から称賛された場合は
あなたは他人の思考の中に誤解を作り出してしまった事を意味する。

次にあなたが他人から罵倒、軽蔑、嫌悪される時にも
あなたは他人の思考の中に誤解を作り出してしまった事を意味する。

ただし、あなたが真実の在り方であれば、
あなたは他人の中に、<u>いかなる理解も誤解も生み出さないだろう。</u>

だが、あなたが、全く人畜無害に静かに生きてゆく中で
それでもなお他人たちから勝手に生まれる誤解については放っておくがいい。

その時だけ、あなたは道を体現した者となる。
あなたは他人に、静寂と、安心と沈黙だけをもたらすからだ。

その時には、あなたは<u>他人に決して理解をもたらさない</u>。
他人を巧みに理解などさせる者とは、つまるところ、
他人を一歩も変容させずに彼らの「共感という娯楽の一部」になるだけだ。
だから、あなたは教師にはなり得ないし、なってはならない。
また、その時には、<u>あなたは他人に誤解をも、もたらさない</u>。
他人から誤解される者は、つまるところ、
これまた他人を一歩も変容させずに
彼らの「闘争という娯楽の一部」になるだけだ。
だから、あなたは戦士にもなりえないし、なってはならない。

あなたは真実を体現した時、いにしえの者のように
天にも地にもただ一人の、偉大なる何でもない存在となるが、
同時に、あなたは、あなたの周りの者たちが
それぞれにそのようになるための振る舞いを無心のままなすだろう。

それぞれが<u>何でもない存在</u>になるとき、
誰も何者でもなく、ただ存在する者はそれぞれが次のように宣言するだろう。
『<u>これ</u>のみ、偉大なり』

そして、他人を見るときにはこう言うだろう
『汝、また、これなり』

『これ』とはあなたではない。
『これ』とは創造主でもないし宇宙意識でもない。
『これ』とは全体でも、部分でもない。
『これ』とは、まったく、なんでもない、ただの存在性だ。
『これ』とは別名を意識と呼ぶこともある。

だが、それは意識的ということではない。
何かに対して意識的なのではないし
自己想起の努力による産物でもない。
それは何かを見ているのでも、意識しているのでもない。
『それ』は存在性そのものだ。

ただし、それはあなたの感覚や存在感の意識ではない。
存在そのものだ。
あなたの存在意識すら感じない、ただの存在性だ。

だからと言ってそこに全体意識や宇宙意識が在るのではない。
あなたでもなく、宇宙でもなく、全くなんでもない
ただの存在性だけがある。
あまりにも当たり前
あまりにも単純、
あまりにも簡単、
あまりにも明確かつ不明なものだ。

そのあまりの原点ゆえに、
『それ』の実体は
当たり前さが、あまりにも度を越したものであるために、
理解と誤解を完全に越えたものである。

即ち、あなたが、理解したり誤解したりする以前に
それはすでにあなたにおいて、存在するものだ。
『それ』は想像を絶して難解なのではない。
あなたが想像そのものを絶する事が必要なのだ。
それは想像を絶してこそ、体験されるが、
もはや理解されるような内容は何もそこにはない。

それはただ、体験される。
ただ、体験され続ける。
『ただ』である。
すなわち、論理化、確認、自覚、理解、
比較、検証、評価、批判は一切不可能だ。
なぜならば『それ』は
そうした比較検討の思考があなたによって開始される前の
それら以前のあなたのことだからだ。

万象や思考を生み出している元の意識について
生み出された側の万象から歩み寄る事は不可能だ。

実際、そこには歩み寄るなどという距離さえも存在し得ない。
だから、あなたの意識が、
ただの一歩も動かなければ、『それ』は実現される。

目は目を見ることは出来ない。
目は目で『在る』だけだ。
いわんや、見られた方の映像がどうして目を見ることが出来るというのか？
　従って、生み出された側にいるあなたの思考が
生み出した元の意識を認識したり、
理解しようとしたところで、そんな事は絶対的に不可能だ。

・・・・・・・・・・・・・・・・・・・・・・・・・・・・・・・・・・

『これ』または『それ』または意識への回帰は、
あなたの無為の深まりに比例するのであって、
あなたの探求や好奇心によるのではない。

まず、誰よりも無能でありなさい。
誰よりも無知でありなさい。
誰よりも無力でありなさい。
誰よりも無慈悲でありなさい。
誰よりも無礼でありなさい。
誰よりも無気力でありなさい。
誰よりも無頓着でありなさい。
誰よりも無執着でありなさい。
誰よりも、あたかも
存在していないかのように、
虚ろでありなさい。

こうして誰よりも、その存在状態において、
<u>最低を目指しなさい。</u>
あまりにも最低であるということは、
それ以下の最低が存在しない根底にあなたを連れて行く。

世の中で、最も最低と呼ばれることは、
死ぬ事だ。
あるいは死んだような生だ。

しかし悪事を働く犯罪者は最低ではない。
なぜならば、彼らは他人にとって最悪でも、
彼ら本人にとっては最良の事をしているからだ。
しかし本当の最も最低の人間とは、
他人にも自分にも、何もなさない死人のような存在だ。

それゆえに、そうした者だけが、
あらゆる状況の瞬間の中で、ただの存在として留まる。

むろん、自分の死に際しても、そして世界の死に際してもである。
その者は世界と宇宙のすべての外側の闇を故郷とする無名の非人となる。

『これ』にいる者には、導師は存在しない。
『それ』にいる者には弟子も存在しない。
意識体で在る者は、ただいる。

ときおり、その者が知り合うのは、
旅なき道、すなわち『我家』で知り合う
少数の知り合い、もしくは友だけである。
・・・・・・・・・・・・・・・・・・・・・・・・・・・・・・・・・・・
彼らは幸福ではない。
なぜならば、彼らは不幸ではないからだ。
彼らは悟ってもいない。
なぜならば、彼らは迷っていないからだ。
たったひとつの彼らの特徴は
<u>落ち着いている事だけだ。</u>
彼らは優雅だ。彼らはすべてが遅い。
彼らは緩んでいる。ゆったりとしている。弱々しく、かよわい。
およそ生に関する限り、彼らは生きていないかのようだ。

だが、一旦彼らが語り、動き、為す時には、
生死などというたわごとを、
根底から無視した境地から動くが故に、
彼らの肉体に損傷を与えるか殺す以外に、その動きを止める手だてはない。
・・・・・・・・・・・・・・・・・・・・・・・・・・・・・・・・・・・
いにしえの導師は弟子が質問した場合にこう言って質問を止めさせるだろう。
「私はお前を引き上げるためにいるのであって、
お前が私を引き下げるためにいるのではない」

だが、新たなる導師はこう言うだろう
『存分に私を引き降ろすがいい。ただし、
私はお前よりも遥かに低い地獄に落ちることが出来るという事を忘れるな。
その時は、お前は自分の質問によって、私と共に、奈落に落ちるのだ』

故に、<u>最低こそが、無敵の頂点である。</u>
頂点は必ず崩れる。
だが、<u>底辺は崩れることがない。</u>
・・・・・・・・・・・・・・・・・・・・・・・・・・・・・・・・・・・
『それ』の真実を実現した彼らは
全く恐れを知らない。
だが、<u>恐れを知らないほど強いのではない。</u>
<u>単に恐れを知らないほど無知なのである。</u>
決して彼らは強いのではない。
それ以上の弱さなど在り得ないほど無力であるが故に、
一切の力に対する所有を放棄しており、
それゆえに、彼らはいかなる状況でも、ただ『いる』存在性である。
彼らには自信などは全くない。瞑想や禅の熟練者でもない。力もない。
まったく何もないからこそ、彼らは平然としている。
ほんのかけらでも、力や自信を持てば、あるいは持とうとすれば、
それは必ず他人のそれとの比較や競争の元となるからだ。

彼らは何も他人と比べない。
比べることをしない者に、競う相手などいるはずもない。
だから、彼らは落ち着いて、ただいる。

・・・・・・・・・・・・・・・・・・・・・・・・・・・・・・・・・・・

その彼らとは、
すなわち、
あなたのことだ。

あなたの本性
あなたの中心
あなたの本源
あなたの我家
あなたの意識
あなたの虚空
あなたの無垢
あなたの無
あなたの闇
あなたの死
あなたなどいない
ただ者
人ですらなく
ただのそれ
ただのこれ
ただいること
存在性
存在そのもの
ただ在る
ただ消える
ただ
あなたが
我家にたどり着いて
『Ah・・』と
声をもらす
その、直前のそこ。

そこに一切の苦悩はない。
そこに一切の苦楽はない。

そこに一切の何ものもない。
そこにたどり着いた時、
あなたが、やるとしたら、たった二つだ。
子供、あるいは老人のように、にっこり微笑するか、
笑うかだ。
そして、それは、今、ここで、
今、あなたのそこでしか、起こりようがない。
一秒後でも駄目だ。
一秒前でも駄目だ。
たった今、そこで起きるのだ。
ほら、何をしている、今だ。
ほら、またあなたは逃した。
一体いつまで逃し続けるのか？

あなたが<u>追う</u>からそういう事になる。
あなたが<u>待つ</u>からそういう事になる。
あなたが<u>見よう</u>とするからそういう事になる。
あなたが<u>感じよう</u>とするからそういう事になる。
あなたが<u>なろう</u>とするからそういう事になる。
あなたが<u>やろう</u>とするからそういう事になる。

では、どうしたらいいのか？とあなたは私に問うが、
<u>何故、そう問うのかね？</u>
答えを言ったら、あなたは<u>その答えを使って</u>、
またもや、<u>あなたが為そうとする</u>だろう。

だから、私は答えを与えない。
ただ、あなたが、問いと探求を一切やめるのを待つだけだ。

その、やめるということすら、やってはならない。
それはただ止むのだ。

「両手をたたけば音が出る。なら、片手ならどうだ」と
問いをしかけた禅者が日本にいた。
彼は西洋人が「ピンと来た」ときに
指で何をするか知らなかったようだ。

だが、もっと優れた和尚がいた。
彼は
「では指一本なら、どうやって鳴らすか？その音はどんな音だ？」
と無言で問いを出していた。
彼の名前は GUTEI 和尚と言う。
彼は生涯、何を聞かれても、ただ指を一本立てるだけだったと言う。

それは、かつて、いにしえの者が
生まれたばかりの時に
天を指さした、その印の
それだ。
あなたに、
その誕生が訪れる事を、
我々は、望むことなく、祈願することなく、ただ、深く祈るだけである。
あなたの、内なる、あるいは外なる
内でも外でもどこでもない、
何ものでもないそれに向かって
我々は、深く礼拝する。

1993 3/23 筆者 ＝EO 著者 ＝ 存在

詩句　絶対暗黒の闇
絶対無の暗黒だけが、
あなたの意識の究極の故郷である。

以下の法の言葉から、あなたの中にいかなる価値観も生まれてはならない。
当然の事として、いかなる組織的な価値観も生まれてはならない。

悟りは、個人たったひとりを、
その個人が抜けられなくなった狂気から助け出すための最後の道である。
だから、それは正しい道なのでもなく、
すごいものでもなく、役に立つのでもなく、それで世界がどうなるのでもない。
それはたったひとり、あなたが楽になればいいのだ。
まったく、それは個人、ただひとりのためのものだ。
・・・・・・・・・・
悟りの体験そのものへの執着や
世間と悟りの関係云々、
悟りの未来への意義、価値についての云々、
悟りと迷いの区別云々、
こうした本質的には『再発する迷い』の部類に入るようなあらゆる同一化を
<u>絶対の闇を観想する事によって切り落とせ。</u>

わたしは非常にエゴイスティックに聞こえる言い方をあえてする。
『私ただ一人が、楽ならばいい』

世間も世界も配慮することなく、私ただ一人が楽であればいい。
これが悟りの本当の姿だ。
なぜならば、
ただ自分一人が楽であり続ける事だけが、本当に誰かの役に立てる。
それは全く役立とうとしないが故の助けとなる。
なぜならば、「誰かの役に立つ、助ける」などという思いそのものが、
そもそも迷いだからだ。それは全く、余計な思考なのだ。

同様に、TAOや禅やブッダが世界に役に立つなどというのも
まったくもってして、幻想だ。

この幻想に、陥った人達を見るがいい。
組織宗教ばかりか、瞑想センター、禅寺、なにもかもすべてだ。
彼らは「悟ることがいい」「助けることがいい」「役にたつことがいい」
になってしまった。「あるがままがいい」「無心がいい」と・・。

しかし、本当の悟りには
『いいもの』などというものは、全く何もありはしない。
そんなことをしたら必ず分別の思考が『悪いもの』を生み出すからだ。

だから、無知だけが救いになる。
無頓着だ。無慈悲、無明、無名、無価値、無力が私の光明の原則だ。

あなたが『2度生まれ』すべき、その子宮は、
ただひとつ・・
完全な無だ。
完全な無意味の闇。
絶対的な不毛の世界だ。
それが故に、もしも闇をあなたの対面する家となせば、
誰も、どんな体系もどんな価値観も
あなたの意識に、余計な上塗りをすることは不可能となる。
何を塗られても、闇の前では『無』だ。
あなたに付加された、あらゆるものが、
しばらくすれば剥がれ落ちてゆく。
それは最終的には悟りさえも飲み込んで無にするものだ。
だから、あなたの導師は生涯ただ一人、
何もない闇だけだ。
この闇に親しみなさい。

本当の導師はこの闇だけだ。
いつの時代の、どこの宇宙でも
『導師の導師(グルのグル)』はいつでもそうだったのだから。
誰かや何かを導師とせず、
闇なら万人の導師だ。
あらゆる次元、動物、植物も含めて、万物のグルだ。
だから、形式的な寺としては死んでしまったにもかかわらず
『禅の法脈だけ』は、現代にまで生き延びた。
それはすべて瞑想者、座禅者が対面し続けた無の闇のおかげだ。

悟るたびに、つまり一瞥するたびに、酔いは冷まされ、
繰り返し繰り返し闇にほうり込まれて、その無意味を深めるべきだ。
そうやって、本当に悟りは悟りであり続ける。
そうしなければ、いつの日か、悟りでさえも『宗教』になってしまう。
論理になってしまう。技術になってしまう。道になってしまう。

『なんでもないもの』を何かにしてはいけない。
『なんでもないもの』は『なんでもないもののまま』だ。

本当は何があなたを楽にするのか？
本当はどこが、一番楽なのか？？？
それは闇である。
世界、宇宙、価値、
そんな一切が一掃されたほうが、
清々するのだ。

本当のあなたの住み家は
完全な『闇』だ。完全な無だ。完全な死だ。
何度も私は門下たちに語ってきた。

ただ『いる』という悟りの、
その次のステップはもう最後だ。
ただ『いる存在性』までは語れる。方法もある。道もある。
世間とのかかわりもある。
それはただの無垢な存在だけだ。
人畜無害で時に奇抜な生の散歩だ。

だが、そのあとはただ『いない』という次元だ。
これは、もはや次元ですらない。

　　　　　　　闇、闇、闇、闇・・・・・。
　　　　　　悟りもない。まったくの無。
　　　　　　　　絶対の無。
　　　　　　　　ただの無。
　　　　　　　　論理不要、
　　　　　　　　瞑想不要、
　　　　　　　　悟り不要、
　　　　　　全部まとめてお払い箱だ。
　　　　　　　　あなたも、
　　　　　　　　　存在も、
　　　　　　　　宇宙そのものが、
　　　　　　　　　お払い箱だ。

　　　　　　絶対無限の、無限無
　　　　　　　　　無
　　　　　　　　　無
　　　　　　　　　無
　　　　　　　　　無

　　　　　　　　　∞

復刊 無明庵 EO シリーズ

A5版 / ソフトカバー / 本体価格 2500 円
2019 年 5 月より随時刊行予定

1. 廃墟のブッダたち 銀河の果ての原始経典

本書はかつて誰も語らなかった地球人類の歴史、宇宙史全体の内幕を解説する。
ただし、これは SF ではない。
全宇宙を管理する統率システムがファシズムのごときものであり、全生命体は宇宙の単なる実験生物、家畜、穀物であるというこの事実の中で、我々がどう生きて死ねるのかを真剣に問う。カルトが蒼ざめた EO の初期法話集。

2. 続 / 廃墟のブッダたち 輪廻なき絶対無への帰還

我々のあらゆる希望が死滅する時、その時にのみ人類は『正気』に戻る事が可能になる。
「人は夢と希望によって生きるのだ」などというチンプな人生論を徹底的に叩きつぶしながら展開する、前代未聞の『死の美学』と『無力の哲学』。前者の補足として編集された貴重な質疑応答集。

3. 地球が消える時の座禅 真夜中の禅寺

真の大悟者とは人類のエリート的頂点にいるような覚醒者のことではなく、良寛や寒山のごとく、無知と大愚を深く愛する者のことである。
人間が人間であることなどを、すっからかんに忘れ去ってこそ、本当の原始仏教、TAO イズムと禅の法脈は、再びその「神秘の息」を吹き返すのである。

4. ひきつりながら読む精神世界
間抜けな宇宙の支配者たち

白熱する人類と神との壮絶な問答。白熱する猿と賢者「荘子」との問答。
心霊、オカルト、宗教、セラピー、瞑想、チャネリング、UFO 問題の
何もかもを網羅したと自負する者が、本書によって受けたショックと刺激は計り知れない。人々が漠然と教え込まれた宗教の主張する神の矛盾、精神世界の矛盾、そして宇宙全体の存在理由について深く考えさせてくれる貴重なエッセイである。

5. 廃墟のブッダたち / 外伝 狂気の法脈

『廃墟のブッダたち / 続 --- 廃墟のブッダたち』、『地球が消える時の座禅』『ひきつりながら読む精神世界』には編集されなかった、いわば EO の「場外乱闘問答集」。
前半で繰り広げられるおなじみの毒舌と精神世間への批判もさることながら、後半の禅の説法における『悟後の修行』としての愛の定義には多くの禅師と瞑想者たちが感嘆の息を漏らしたと伝えられている。また本書は行法についてとりわけ詳しく解説されている。

6. 小さなブッダの大きなお世話
続廃墟のブッダたち / 外伝

ただ一人の弟子だけに向かって EO が語り続ける、きらめくような法話と雑談集。一人の弟子だけに語ることでのみ生まれる、その凝縮した法の言葉の「結晶」。幸福感や嫌悪感、そして殺意、罪悪感、盲信、偽善などを始めとする人間の性（さが）に EO の洞察が深く切り込むとともに真の悟り、解脱とは何かを明らかにする名作である。EO の青年時代の回想なども、ここで初めて語られる。「死人伝」の一部を再編集。

7. 反逆の宇宙 非存在への旅

希望が砕かれた時、そこに無心がある。
仏教徒たちを「宗教オタク」とそしり、輪廻する魂の無駄と進化の絶望を説き、探求の旅の本質を克明に解説する哲学書。
上座仏教、和尚のサニヤシン、その他の宗教徒たちへのEOの生前のメッセージが激しい口調と独特の深淵な洞察によって語られて行く。また世間で横行しているような幻想と欺瞞の「ポジティブ思考」を拒否して、知性的に物事を解析してゆく広大な宇宙論。
なお本書には、EO師が大悟する直前までメモをしていた宇宙に関する「苦悩時期」の貴重な記録が掲載されている。

8. 虚無の微笑 悟った人たちへの伝言

無明庵に門外不出の書として保管されていた、EOの悟った人にあてた珠玉のメッセージ。後半は死人禅実習者による、精神的な格闘と悟りにいたった記録が収録されている。

9. 闇のタオイズム

EOの既刊書8作品から、EOの言葉のみを内容別に厳選したオムニバス・ブック。他、未発表の原稿も約60頁追加され、本格的な行法の実習にはきわめて便利な一冊である。従来のTAOイズムや禅の概念をぶち破るもうひとつの『闇』の悟りの世界。

10. ゾンビ化する人々

「ゾンビ化する人々」、それはあなたのまわりにも沢山います……
本書は、「ゾンビ族」をふくめ、人類を4種類に分け、世間にいるその「ゾンビ」の識別法のマニュアルであると同時に「ゾンビ対策マニュアル」にもなっている。無明庵ホームページ「竹の間」に投稿された文章を再編集した、EOによるいまだかつてないタイプ論である。

11. 悟りなき悟り

私たちの日常の「現実に対する違和感」といったものから、「悟りに至る接点」を探る本。普通の本では決して語られることのない悟りの複雑な本質や、導師の周囲にいる者が注意すべき点、そして、かつてないシンプルさで「悟りの段階」を「再定義」し直している。個人で瞑想や座禅をしている人は、「必見の書」。

12. 分割自我復元理論

地球史上のある時期を境にして、人間の「自我」というものが分割・希釈されたという理論を元に作られた「自我の復元法」を公開。
精神世界史上、前代未聞の「理論と方法」である。方法と概要も収録。

13. バナナを創った宇宙人 単位分割禁止法

もしも異星人に出会ったらば、たったひとつの頼み事をしようと思っている事がある。それは、「バナナを創った宇宙人に、ぜひ会いたい」。
この地球という惑星に存在する、食物の中でバナナほど見事な作品はない…。
本書では「分割自我復元」、「死後探索」など前著からのテーマを引き継ぎつつ、著者による過去との記憶の断片を、独り事のように綴られた貴重な論考集となっている。

14. 廃佛録

EOの遺品から見つかったオリジナル原稿「廃墟のブッダたち」を収録。同名タイトルの単行本とは異なる内容、編集のため、EOの新たな一面が垣間見えるだろう。大悟前の狂気のはらんだ文章から、茶目っ気のある雑話など、若かりしEOのエッセンスが凝縮されている。初単行本化。

著者略歴

無名庵　回小（むみょうあん　エオ）

1958年 東京にて製造完了。
14才の時に悟りの一瞥を体験して以来、23才まで各種神秘学、TAOなどに親しむが、特定の宗教や、団体には一切所属せず。

24才より33才まで探求の主軸が超心理学、魔術、幾何学、UFO問題に傾倒する。そして30才のころより偶発的に独自のチャネリングを開始し、銀河系の裏ネタ的情報を得る。
33才、それらへの統括的結論と思索の結果、全生命と存在に絶望する。

1992年2月17日、偶発的に大悟見性。
以後約1年間、瞑想センターのセラピストや瞑想者たちへの一方的文書の郵送が開始される。ほとんどの者たちが黙殺する中、3名の門下が誕生する。
1993年8月より指導と方便が突然に禅に傾倒し禅寺本山、地方禅道場の僧侶、師家への文書郵送が続く。その中より弟子が誕生。

伝統や形式にしがみつく禅そして導師を盲信的に信奉する瞑想センターとの絶え間無い摩擦や反感の中を流れつつ、ひそかに彼の文書は多くの瞑想者や寺の座禅者たちに個人的な手紙や機関誌の形で大切に保管され、仏法、禅、瞑想修行、TAOの裏街道ではカリスマ的存在として認識されている。

1995年、まんだらけ出版より「廃墟のブッダたち」シリーズ5作が発売される。以後「反逆の宇宙」「小さなブッダの大きなお世話」「虚無宇宙からの伝言」が自主出版される。

2017年2月入滅。

※編集部より
生前はEO師の意図で鈴木崩残と名乗っておりましたが、EOと鈴木崩残は同一人物です。
EO師の死後、許可を得ましたため、本シリーズは、著者名をEOと統一しております。

廃墟のブッダたち

1995年5月25日　初版第一刷発行
2019年5月4日　　改訂版第一刷発行
著　者 : EO
発行者 : 古川益三
発行所 : まんだらけ出版部
　　　　〒164-0001
　　　　東京都中野区中野 5-52-15
　　　　TEL 03-3228-0007(代表)
印刷所 : 大日本印刷株式会社

©Mandarake
2019.Printed in Japan

ISBN978-4-86072-160-2 C0011